新编公共管理类专业系列教材
（顾问　夏书章／主编　王枫云）

城市群治理：理论与实践

王枫云　任亚萍　编著

·广州·

版权所有　翻印必究

图书在版编目（CIP）数据

城市群治理：理论与实践/王枫云，任亚萍编著．—广州：中山大学出版社，2021.12

（新编公共管理类专业系列教材）

ISBN 978 - 7 - 306 - 07378 - 5

Ⅰ.①城…　Ⅱ.①王…②任…　Ⅲ.①城市群—城市—管理—教材　Ⅳ.①F293

中国版本图书馆CIP数据核字（2021）第255761号

出 版 人：	王天琪
策划编辑：	徐诗荣　井思源
责任编辑：	井思源
封面设计：	曾　斌
责任校对：	邱紫妍
责任技编：	靳晓虹
出版发行：	中山大学出版社
电　　话：	编辑部 020 - 84110283，84111996，84111997，84113349
	发行部 020 - 84111998，84111981，84111160
地　　址：	广州市新港西路135号
邮　　编：	510275　传　真：020 - 84036565
网　　址：	http://www.zsup.com.cn
	E - mail：zdcbs@mail.sysu.edu.cn
印 刷 者：	广州市友盛彩印有限公司
规　　格：	787mm×1092mm　1/16　14.375印张　300千字
版次印次：	2021年12月第1版　2021年12月第1次印刷
定　　价：	49.00元

如发现本书因印装质量影响阅读，请与出版社发行部联系调换

本书是下列教学改革与科研项目的部分成果

2018年度广东省教育厅创新强校工程科研项目（广东省普通高校创新团队项目）："中国超大城市治理模式创新研究团队"（2018WCXTD007）。

广东省教育科学"十三五"规划2018年度教育科研重点项目："构建师德建设长效机制研究"（2018JKZ004）。

2020年广东省研究生教育创新计划项目（研究生示范课程建设项目）："城市治理理论与实践"（2020SFKC055）。

2020年度广东省课程思政建设改革示范项目："城市发展战略与规划"示范课程（粤教高函〔2021〕4号）。

2020年度广东省哲学社会科学规划党史研究特别委托项目："改革开放以来广东流动人口管理历史研究"（GD20TW05-10）。

2020年广州大学第一批校内科研项目（研究类重大项目）："中国超大城市社会治安防控体系的完善路径研究"（YM2020013）。

广州大学2021年度研究生优秀教材建设资助项目。

目 录

第一章 城市群概述 ... 1
- 第一节 城市群的内涵与特征 ... 1
- 第二节 城市群崛起的背景研究 ... 10
- 第三节 国外主要城市群概览 ... 13
- 第四节 中国城市群概览 ... 16

第二章 城市群发展中产生的问题 ... 24
- 第一节 城市群产业结构布局不合理与恶性竞争问题 ... 24
- 第二节 城市群经济增长与生态环境恶化问题 ... 30
- 第三节 城市群协同治理中的政策冲突问题 ... 37
- 第四节 城市群合作治理中的体制、机制不畅问题 ... 38
- 第五节 城市群文化差异与融合不足问题 ... 40

第三章 城市群治理的基本理论 ... 43
- 第一节 城市群治理概述 ... 43
- 第二节 城市群治理的理论指导 ... 48
- 第三节 城市群治理的基本思路 ... 58
- 第四节 城市群治理的主要模式 ... 68
- 第五节 城市群治理的主导机制 ... 74

第四章 城市群治理的主要领域 ... 80
- 第一节 城市群的交通一体化治理 ... 80
- 第二节 城市群的产业协同治理 ... 90
- 第三节 城市群的环境合作治理 ... 97
- 第四节 城市群的公共危机治理 ... 103
- 第五节 城市群的文化融合治理 ... 110

第五章　城市群治理的有效保障 ·· 113
第一节　城市群整体规划的协调统一 ·· 113
第二节　城市群空间布局的合理有序 ·· 119
第三节　城市群协调机制的不断健全 ·· 134
第四节　城市群纠纷解决与信息共享机制的加速建设 ·············· 142

第六章　城市群治理的绩效评价 ·· 145
第一节　城市群治理绩效评价的内涵与原则 ···························· 145
第二节　城市群治理绩效评价的主要功能及内容 ····················· 148
第三节　城市群政府治理绩效评价的基本方法 ························ 151
第四节　城市群政府治理绩效评价的主要环节 ························ 162

第七章　国内外城市群治理的案例研究 ······································ 168
第一节　国内城市群治理案例 ·· 168
第二节　国外城市群治理案例 ·· 184
第三节　国外案例的经验借鉴 ·· 194

第八章　城市群治理的未来走向 ·· 202
第一节　城市群治理的法治化 ·· 202
第二节　城市群治理的协同化 ·· 204
第三节　城市群治理的智慧化 ·· 207
第四节　城市群治理的国际化 ·· 212

参考文献 ·· 215

第一章 城市群概述

城市群是随着区域思想的影响和城市的聚集发展，城市的功能影响范围逐渐超越行政边界，导致城市区域协作出现并逐步加强而产生的一种人类聚居形式。国外有关城市群的研究可以追溯至20世纪初埃比尼泽·霍华德（Ebenezer Howard）的城市集群。虽然当前学界尚未对城市群的概念有一个较为规范的表达，但大体上已经形成共识——将其作为一种新的人类聚居形式进行研究。城市群的相关研究逐渐由发达国家向发展中国家转移，研究层面也从宏观向微观转变，学者们对城市群的人口、经济，以及全球化、信息化对城市群的影响等都进行了研究。

我国对城市群的研究始于20世纪80年代，其概念来源于国外的megalopolis、metropolitan area等术语。长期以来，多名学者从不同方面对城市群进行了诸多研究。2006年，在《中华人民共和国国民经济和社会发展第十一个五年规划纲要》中，城市群首次成为国家城市化发展战略。该战略的提出为城市群规范建设提供了更科学的决策依据，使城市群规划的规范性研究逐步被落实，对城市群的相关研究也逐渐增多。

总的来说，国内外对城市群概念的理解有共同之处，即都认为是对已有的人类聚居形式在概念层面的扩展，反映的都是城市的实际功能影响范围超越了传统单个城市行政管辖范围后，对其在实践和理论层面的思考。然而国内外对城市群研究的深度与广度不尽相同，笔者认为，对城市群的研究应当以了解起源、认识概念和把握特征为基础而展开。

第一节 城市群的内涵与特征

一、城市群概念的起源与发展

城市群概念起源于国外，但由于引述文献的不同以及翻译差异，国内对城市群所对应的英文术语并没有形成统一的认识。通过对已有研究文献的分析，相关研究涉及的英文术语包括town cluster、conurbation、megalopolis、metropolitan area和urban agglomeration。19世纪末20世纪初，埃比尼泽·霍华德第一次将观察城市的目光投射到城市周边区域上，并将城乡功能互补、群体组合的"城市集群（town cluster)"发展为解决当下城市问题的方法。① 之后,帕特里克·格迪斯(Patrick Geddes)提出了集合城市(conurbation)的概念,认为它是人口组群发展的新形态。他论及了英国的8个城镇集聚区,并预言这将成为世界各国的普遍现象。② 而大都市地区(metropolitan area)的概念最早由美国学者提出,并将其作为国家统计范围的单位之一,由于其统计数据完备且相关研究较多,因而成为国外最常用的城市功能地域概念,它指向一个较大的人口中心及与其具有高度社会经济联系的邻接地区的组合,常常以县作为基本单元。③ 1957年,随着琼·戈特曼(Jean Gottmann)有关美国东北部地区大都市带(megalopolis)论著的出版④,地理学界和城市规划学界掀起了对城市群研究的热潮。在戈特曼的影响下,最早接触大都市带,且受其影响最广泛的国家是日本。日本学者提出了以城市服务功能范围为边界的都市圈概念,并进行了大量的规划实践和研究。而对大都市带的概念有所发展性研究的是加拿大学者麦吉(T. G. McGee),他提出了"亚洲乡村城镇化"(desakota)这一亚洲特有的,包括两个或两个以上由发达的交通联系起来的核心城市,当天可通勤往返的城市外围区及核心城市之间的区域。⑤

进入20世纪80年代后,国外对城市群的研究对象逐步从欧美、日本等发达国家扩展到拉丁美洲、印度、印度尼西亚等发展中国家和地区。研究内容也逐步转向对人口、产业等城市群发展的影响要素的研究,以及强调区域协调机制的研究,注意探索全球化、信息化时代背景下城市群的新变化与新模式。与此同时,随着城市管治理论的提出,关于政府政策和政府间合作在城市群发展过程中的作用研究也逐步兴起。

而城市群(urban agglomeration)的概念则见于姚士谋有关城市群的论著当中,国外研究中与此对应的文献较少。城市群指的是在特定地域范围内,具有相当数量的不同性质、类型和等级规模的城市(包括小集镇)所共同构成的一个相对完整的城市群区。另外,在联合国人类住处规划署对世界城市化的研究文献中也出现过urban agglomeration,主要用于统计城镇人口,指在城市边界外或毗邻城市边界的任何已建成的、稠密的区域,也包括城市边缘内的区域。1999年,在我国颁布的《城市规划基本术语标准》中,对城市群的定义是,一定地域内城市分布较为密集的地区,其对应的英文单词是agglomeration——代表集聚、团块、联合体的意思。而事

---

① 参见张京祥《西方城市规划思想史纲》,东南大学出版社2005年版。
② Geddes P, *Cities in Evolution: An Introduction to the Town-planning Movement and the Study of Cities* (London: Williams and Norgate, 1915), pp. 34 – 35.
③ 参见许学强《城市地理学》,高等教育出版社1996年版。
④ Jean G, "Megalopolis or the Urbanization of the Northeastern Seaboard," *Economic Geography*, No. 30 (1957): 189 – 200.
⑤ McGee T G, *The Emergence of Desakota Regions in Asia: Expanding a Hypothesis* (Honolulu: University of Hawaii Press, 1991).

实上，agglomeration 对应的英文含义很多，不太适合特指城市群这一概念。①

值得注意的是，对待大都市带（megalopolis）这一概念，国外研究存在不同的价值取向，代表了学者们对城市化结果的不同预期。伊丽莎白·贝金塔（Elizabeth Baigent）在深入研究了帕特里克·格迪斯、刘易斯·芒福德（Lewis Mumford）和戈特曼对 megalopolis 概念的分歧后指出，megalopolis 主要被格迪斯和芒福德用来表示一个过于巨大而注定走向灭亡的城市区域，而戈特曼则将其定义为一个巨大的、相互密切联系的城市区域，尤其指美国东北海岸的大城市连绵区。相比格迪斯和芒福德对城市发展的悲观预期，戈特曼的研究更容易引起人们的共鸣，因为他告诉人们，他们所建设并生活在其中的城市的存在与发展是有意义的。②

从国外相关概念的起源来看，城市群可以被理解为在区域协调思想的影响下，随着城市的集聚发展，城市的功能影响范围超过其传统行政边界，致使城市区域协作出现并逐步加强后而产生的一种人类聚居形式。而这一概念的核心，在于集聚（密度）和城市功能范围扩展两个方面。从国外研究的发展方向来看，未来可能的研究方向包括区域协调机制研究，人口、产业等对城市群发展的影响研究，城市管治对城市群发展的影响研究，以及全球化、信息化背景下城市群的新变化与新模式研究。

从学术界对大都市带的讨论来看，虽然有反对的声音，但大部分反对者并没有否认这种大都市带的存在，而是主张用另一个概念——大都市地区（metropolitan region）来替代它，而讨论的焦点在于多个大都市地区的集聚是否会发生质变，并形成一个新的城市功能联合体。

二、国内城市群相关概念的辨析

对城市群的概念认识，关键在于探究城市群的本质内涵，且使其区别于其他相关概念。现有研究显示，与城市群有关的、出现较多的概念有城镇体系、都市连绵区等。

（一）城市群

姚士谋认为，城市群的形成和发展是社会生产力逐步集聚与高度集中的显著标志，也是人类社会进步和科学文化事业繁荣的具体体现。城市群指的是在特定的地域范围内具有相当数量的不同性质、类型和等级规模的城市（包括小城镇），依托一定的自然环境条件，人口密度较大，生产高度技术化，土地利用集约化，以一个或两个特大城市和大城市作为地区经济发展的核心区域，借助于现代化的交通工具和综合运输网络的通达性以及高度发达的网络信息，发生与发展着城市个体之间的内在联系。城市

---

① 参见刘玉亭、王勇、吴丽娟《城市群概念、形成机制及其未来研究方向评述》，载《人文地理》2013年第28期，第62－68页。

② 参见刘玉亭、王勇、吴丽娟《城市群概念、形成机制及其未来研究方向评述》，载《人文地理》2013年第28期，第62－68页。

群在发展过程中具有显著的动态特征,在空间网络结构上具有连接性和开放性特点。[1] 吴启焰把城市群定义为,在特定地域范围内,城市个体之间以及城市与区域之间产生内在联系,并共同构成的一个相对完整的城市地域组织。[2] 方创琳则基于国内外有关城市群内涵的综合认识,指出城市群是在特定地域范围内,以一个特大城市为核心,由至少三个都市圈(区)或大中城市为基本构成单元,依托发达的交通、通信等基础设施网络,所形成的空间相对紧凑、经济联系紧密、最终实现同城化和一体化的城市群体。[3] 综合来看,这些学者都将紧密联系的多个城市、以特大城市为核心等看作城市群的重要特征,并认为集聚是城市群的主要产生条件。但这些特征并不能使城市群有效地区别于城镇体系、都市连绵区(大都市带)等概念。

(二) 城镇体系

学界关于城镇体系的研究起步较早,在 20 世纪 50 年代就曾有过讨论,更在 20 世纪 80 年代进入热潮,到 20 世纪 90 年代初期,城镇体系的理论研究便已相对成熟。周一星(1986)提出,城镇体系是指在一个相对完整的地域内,由不同等级规模、不同职能分工、联系密切、分布有序的城镇组成的集合。宋家泰、顾朝林(1988)认为,城镇体系是由城镇组成的有机整体,是系统论在研究城镇关系中的应用,城镇体系的发展机制是集聚与扩散。从内容上看,关于城镇体系的研究也会提及都市带、城镇密集区等概念,这些概念与城市群的概念类似,主要指向城镇体系中一系列紧密联系的城镇。在具体实践中,城镇体系规划的范围往往覆盖某个等级政府的整个行政管辖范围,如省域、市域、县域等,而城市群则主要指向某个热点地区。因此,也可以认为城市群是城镇体系中城市联系相对更紧密、人口和经济集聚水平相对较高的地区。

(三) 都市连绵区 (大都市带)

与城市群最为相关的另一个概念是都市连绵区(或称"大都市带")。1986 年,周一星在讨论我国城镇概念和城镇人口统计口径时,作为与国际对照的人口统计范围而引入此概念。[4] 随后,周一星基于对戈特曼思想的进一步研究,指出都市连绵区不仅仅是一个区域概念,更是一个类型和发展阶段的概念[5],故应以此概念统一国内外

---

[1] 参见姚士谋、陈爽、陈振光《关于城市群基本概念的新认识》,载《现代城市研究》1998 年第 6 期,第 15 - 17 + 61 页。

[2] 参见吴启焰《城市密集区空间结构特征及演变机制:从城市群到大都市带》,载《人文地理》1999 年第 14 期,第 11 - 16 页。

[3] 参见方创琳《城市群空间范围识别标准的研究进展与基本判断》,载《城市规划学刊》2004 年第 1 期,第 1 - 6 页。

[4] 参见周一星《关于明确我国城镇概念和城镇人口统计口径的建议》,载《城市规划》1986 年第 3 期,第 10 - 15 页。

[5] Neil B, "Decoding the Newest 'Metropolitan Regionalism' in the USA: A Critical Overview," *Cities*, 2002, 19 (1).

已有的、类似的各种概念。他把都市区定义为：由一定规模以上的中心城市及与其保持密切的社会经济联系、非农业活动发达的外围地区共同组成的具有城乡一体化倾向的城市功能地域。而大都市带或都市连绵区则是以都市区为基本组成单元，以若干大城市为核心，并与周围地区保持强烈交互作用和密切的社会经济联系，沿一条或多条交通走廊分布的巨型城乡一体化地区。他认为都市圈的概念与都市区和都市连绵区的概念是同源的，只是都市圈是由日本学者开始研究和提倡的。相比城市群的概念，都市连绵区更明确地指出都市而非城市（从语义上看，都市比城市更发达），并提出了都市区与都市连绵区的概念层次体系，与国外概念的衔接性较好。

总体上看，城镇体系、都市连绵区（大都市带）和城市群都强调将城市由相互作用所形成的功能一体化区域作为一个研究对象，集聚与扩散是它们共同的发展机制。城市群和都市连绵区（大都市带）的概念所指向的对象是一致的，但两者区别于城镇体系的地方在于，它们可以被理解为城镇体系中城镇集聚发展的高级形态。此外，还有两个问题需要明确：一是城市群和都市连绵区（大都市带）的集聚和功能整合到什么程度才算是高级形态；二是在普通的城镇体系当中发生怎样的质变才能形成城市群。这两个问题都是在实践中迫切需要解决的，前者指向城市群或都市连绵区的本质特征与存在意义，后者则指向如何引导和推进城市群或都市连绵区的规划与发展。①

三、城市群的内涵

从上述国内外学者对城市群概念的讨论可以看出，对城市群及类似地区的理解主要包含了以下四种角度：一是描述空间组织形态的结果。例如，有些学者认为城市群是具有一定人口规模、人口密度和城市数量的特定区域。二是强调空间组织形态的形成过程。例如，有些学者认为城市群是在城市化自上而下、自下而上的互动过程中逐步形成的，或者认为城市群是城乡因相互作用而形成的区域。三是突出内部的经济社会联系。例如，有些学者认为城市群就是以若干个大城市为核心，并且其与周围地区保持强烈交互作用和密切的社会经济联系。四是强调城市群内部的一体化发展。例如，有些学者认为城市群的目标就是要共享资源、共建基础设施、共保生态环境等等。无论是从何种角度来理解，对城市群的定义都有着以下三个共同点：一是城市群是城市化高度发达的地区，人口和城镇数量密集；二是城市群中大城市的地位突出；三是城市和城市之间相互依赖，内部的经济社会联系比较紧密。这些都为我们理解城市群的概念奠定了坚实的基础。

但在经济全球化的背景下，城市群的概念和内涵都与以往有所不同。城市群不仅仅是一种地理现象，而且是一个国家参与全球竞争的非常重要的组织形式，其产

---

① 参见刘玉亭、王勇、吴丽娟《城市群概念、形成机制及其未来研究方向评述》，载《人文地理》2013年第28期，第62－68页。

业集群共同影响着国家的国际竞争力。尤其是随着专业化程度越来越高及市场分工越来越细化，单个城市需要与其他城市相互合作，共同参与全球竞争，而城市群中的城市也需要具有强有力的竞争力。

城市群是工业化发展到一定阶段的产物，是城市发展到成熟阶段的最高空间组织形式，也是城市化的高级形态，其经济社会发展水平相对较高。内涵是概念本质的体现，城市群的内涵具体可以理解为以下四点。

第一，城市群以一个或几个具有竞争力的大城市为中心。城市群是一个国家或地区参与国际竞争非常重要的一种空间形态。特别是随着全球经济竞争越来越激烈，城市的功能也在逐步被细分，城市与城市之间只有加强合作、整合功能，才能保持强有力的竞争力。核心城市作为区域经济发展的引擎，将在引领城市群参与竞争中扮演越来越重要的角色。从某种程度上来说，核心城市的竞争力甚至决定了城市群的整体竞争力。不论是美国学者提出的11个"巨型区域"[1]，还是《欧洲空间发展展望》中提到的8个"巨型城市区"，其中包含的主要城市都是全球具有一定影响力和竞争力的城市。例如，美国的纽约、芝加哥等世界级城市控制着全球金融命脉，洛杉矶、西雅图、亚特兰大、底特律等工商业中心城市掌握着全球若干行业的话语权；德国的法兰克福是金融与交通中心，科隆是铁路交通枢纽和莱茵地区的经济文化与历史中心；日本的东京、大阪、名古屋等分别是东京地区、大阪地区和中京地区的核心城市，共同组成了日本东海道城市群。[2]

第二，社会联系密切。城市群不仅是传统意义中空间上的联系，更重要的是建构在城市群内部的人流、物流、资金流以及信息流的相互联系之上的。只有城市之间各种"流"量大，实现城市之间经济社会的密切联系才能促使城市群成为有机的整体。

第三，城市群具备完善的结构体系。城市群内部除了一个或几个规模较大的大中心城市外，城市群周边还分布着其他大小不等的腹地城市，这些城市间的功能、分工、规模等相对合理，便于城市之间的合作发展。例如，美国波士华城市群中的波士顿是城市群的技术中心，纽约则是重要的商业金融中心，费城是制造业中心，其功能结构非常明确。再如，我国的粤港澳大湾区城市群中，其内部也有着明确的分工，深圳、广州和香港是其中的三大引领城市，佛山是重要的制造中心，东莞则是制造业中心。[3] 与此同时，城市群内部的城市之间在空间距离上保持独立，从而使生产、生活和生态格局分布合理。

第四，城市群具有完善的功能。城市群集商贸合作、工业发展、文化融合等多职能于一身，区域空间密度大，是区域的政治、经济、文化方面的核心，对地区和

---

[1] 参见陈美玲《城市群相关概念的研究探讨》，载《城市发展研究》2011年第3期，第129-132页。
[2] 参见黄征学《城市群的概念及特征分析》，载《区域经济评论》2014年第4期，第144页。
[3] 参见王枫云、任亚萍《粤港澳大湾区世界级城市群建设中的城市定位》，载《上海城市管理》2018年第27期，第30-38页。

国家的发展都发挥着重要作用。

当前,城市群的发展空前加速。在全球一体化的影响下,城市群的内涵也在不断被更新。作为工业化和城市化成熟发展的产物,城市群应当包含着一定规模的人口数量,由经济社会、区域空间等各方面联系密切的多个城市组成,并由城市化水平高的大中心城市引领与带动,进而辐射周边的中小城市。同时,城市群还要具备完善的交通网络等基础设施,各城市之间有明确的产业分工和单体城市定位,以实现城市群内部单体城市的协调一体化发展。在全球一体化时代,城市群的建设不断促进国家经济的发展,实现国内资源和国际要素流动,不断响应国家政策方针和战略规划,参与全球竞争。

四、城市群的主要特征

城市群是由于生产要素和产业在一定空间内集聚,形成产业和人口在特定区域内双重极化的一种新的空间组织形态。其主要特征如下。

(一) 集聚性特征

城市群地区基本都是一个国家或地区城市化高度发达的区域,其人口密度高、规模大。从城市群发展演变的历程来看,它既不是组合城市,也不是大都市区,而是超越二者的一种特殊的空间组织形态,是随着人口密集流动、信息高速公路发展,以及高速铁路、通信电缆的遍布带来的相互联系而产生的,并且成为更大范围功能性城市区域的一部分。但在不同国家,由于文化和规划体制的不同,其具体的空间形式也会有所不同。在美国,由于私人小汽车的普及,一般是在大城市的相邻地区建设低密度、低调控性的边缘城市(edge cities)或新中心城区(new downtowns);在欧洲,则是通过绿化带和其他形式对城市区域进行约束的方式,建设中等规模的农村市场城镇或规划新城。而它们的共同点是人口规模都比较大,因为只有在特定地域范围内的人口规模超过一定的数量,才有可能形成集聚经济效应和专业化的分工。例如,2010 年美国东北部地区的人口数量超过 5200 万人、五大湖地区人口数量超过 5500 万人[1]、日本东海道城市群人口数量超过 7000 万人、英国中南部地区人口数量超过 3600 万人[2]。

(二) 网络性特征

发达的交通网络体系是城市群非常重要的特征。它不仅促进了城市群内部的联系,对强化城市群内"流动的空间"发挥了重要的作用,而且改善了城市群的区域条件,产生了新的交通区位或城市功能区,从而影响了城市群的产业空间结构。国

---

[1] 参见黄征学《城市群的概念及特征分析》,载《区域经济评论》2014 年第 4 期,第 144 页。
[2] 参见方创琳、姚士谋、刘盛和《2010 中国城市群发展报告》,科学出版社 2011 年版。

外城市群大多拥有由高速公路、高速铁路、航道、通信干线、运输管道、电力输送网和给水排水管网系统所构成的区域性基础设施网络，其中，发达的铁路、公路设施构成了城市群空间结构的骨架。但因初始条件不同，城市群内部选择的交通联系方式也各有差异。例如，美国东北部地区城际交通体系主要以高速公路为主，以轨道交通为辅；而日本东海道城市群建设了以新干线为主的快速轨道交通网，它可以在4小时之内将京滨、中京、阪神工商业地带及中间城市有机地连接起来，大幅度地改善了人员和物资的流通环境。

（三）集群性特征

城市群内部的城市在竞合发展过程中，逐步形成城市功能明晰、产业垂直与水平分工合理，且彼此间紧密联系的若干个产业聚集带和聚集区，共同参与全球产业竞争和经济竞争。例如，美国东北部地区的纽约是全美的金融和商贸中心，有着最为发达的商业和生产服务业；波士顿集中高科技产业、金融、教育、医疗服务、建筑和运输服务业，其中，高科技产业和教育是波士顿最具特色和优势的产业；费城港是美国最繁忙的港口之一，集装箱容量在北美各大港口中位居第二，港口的发展带动了费城整个交通运输业的扩展，使费城成为美国东北部地区的交通枢纽；华盛顿作为美国首都和全美政治中心，在国际经济中发挥着重要作用，全球性金融机构如世界银行、国际货币银行和美洲发展银行的总部均位于华盛顿。

（四）开放性特征

城市群经济是一种高集聚、高能级、开放型的经济。中外城市群大都具有发展国际联系的最佳区位、优越的生产生活条件和巨大的消费市场，是连接海内外市场、利用国内外先进技术、参与国际分工的"桥头堡"。其拥有强大的内聚力和外张力，使城市群与其他单独的区域性中心城市相比，具有更强的经济吸引辐射能力和更高的经济外向度。例如，美国的11个巨型城市区（以下简称"巨型区"）中，除了五大湖区巨型区、皮埃蒙特大西洋巨型区和佛兰特山脉巨型区等3个不在沿海地区之外，其余8个巨型区都在沿海地区，它们都通过沿海的港口城市与世界经济体系紧密融合。其中的3个巨型区虽非处于沿海地区，但也都是美国外向型经济高度发达的地区。欧洲的8个巨型区也与世界各地经济联系非常紧密，其经济体系也是高度开放的。例如，伦敦是全球金融中心城市之一，阿姆斯特丹是全球航运中心，法兰克福是全球重要的航空枢纽，等等。

（五）共生性特征

城市群是由具有不同规模结构和功能结构的城市相互作用而形成的共同体。在城市发展的过程中，城市间的空间结构、产业布局、信息服务、基础设施、公共服务、政府管理与环境保护等都将通过外部效应相互影响,因而需要建立多元化的治理机制,促进城市群实现竞合共赢发展。特别是随着越来越突出的生态环境问题,以及功能性城市区域基础设施共享问题的解决越发迫切,城市之间的相互依赖性显著增强。例如,美国 11 个巨型区中非常重要的合作事项就是生态环境的共同治理。我国城市群在发展中面临的生态环境问题也越来越突出,依靠单个城市治理的效果越来越不明显,只有城市群内城市之间联防、联控、联治,才可能发挥其最大的效应。①

(六) 多中心性特征

中心城市是指在经济、社会和文化等方面都占据主导地位的城市,不仅局限于对经济的带动和引领作用。多中心城市群指的是以多个城市共同担任核心城市的角色,城市群内的其他城市围绕核心城市周围形成复杂的交通网络体系。由便捷、高效的交通系统连接以保证各中心城市之间的必要联系。成熟的城市群一般都包括 2 个以上的核心城市,例如,美国东北部大西洋沿岸城市群就是以波士顿、纽约、华盛顿等为核心城市的;日本东海岸城市群以东京、大阪等为中心;五大湖区城市群则以蒙特利尔、多伦多、底特律和芝加哥等为中心。②

(七) 动态性特征

与世界上的其他事物一样,城市群的形成与发展也呈现出动态变化的特征。特别是城市群内各类不同性质的城市规模、结构、形态和空间布局等各方面都处于不断变化的过程中。③例如,京津冀城市群的城市化率从 1980 年的 19.63% 提升到 2015 年的 58.28%,据统计,从 1980 年到 2015 年的 36 年间,京津冀用地面积增加了 5574.80 平方千米。④

---

① 参见黄征学《城市群的概念及特征分析》,载《区域经济评论》2014 年第 4 期,第 141-146 页。
② 参见赵维良、王呈慧《中国城市群多中心研究》,载《连海事大学学报(社会科学版)》2014 年第 2 期,第 5-9 页。
③ 参见姚士谋、陈振光、王书国《城市群发育机制及其创新空间》,载《科学》,2007 年第 2 期,第 23-27 页。
④ 参见李孝永、匡文慧《京津冀 1980—2015 年城市土地利用变化时空轨迹及未来情景》,载《经济地理》2019 年第 3 期,第 13 页。

第二节　城市群崛起的背景研究

一、背景条件

城市群是一个由区域空间、自然和社会经济等要素组成的有机体，城市群的发展过程也是区域城市发展的自然过程、经济过程和社会过程的结合。城市群形成的背景条件以地理区位等自然环境条件、社会经济条件、发达的区域基础设施网络、政策制度的支持、优良的城镇体系，以及产业协调的分工与合作为基础。

（一）自然环境条件

自然环境条件主要包括以下两点。①气象与气候条件：城市气候除因大气环流和海陆位置不同而形成的大气候外，在较小地区也会形成小气候。太阳辐射、温度、降水量、湿度和风向均会影响城市规模、布局和城市群的发展。②水文条件：江、河、湖水体是城市生产、生活用水的主要来源，它对城市内部和城市间水运交通、排除雨水和污水、美化环境及改善城市小气候具有重要作用；同时，它也会带来洪水、河岸冲刷、河床淤积等问题。而地下水资源对城市用地选择、确定工业项目的性质和规模以及城市发展、城市群的组合形式则起决定性作用。

（二）社会经济条件

城市是经济活动集聚的区域，以三次产业的集中为标志，城市群是一个区域经济发展的实体。人口、文化、历史基础、科技等因素影响着城市本身及城市间的相互作用，而区域内经济社会发展要素的空间差异，也导致了城市间的不同联系，成为城市群演化的动力之一。从社会的角度分析，城市群的集聚就是建立一种具有城市生活方式的地域共同体。城市群的集聚过程，既是建设多层次中心城市的一种形式，也是使地区分散建设的城市过渡到规划建设相对集中紧凑的大中城市的过程。①

（三）发达的区域基础设施网络

城市基础设施指的是为企业、居民的生产和生活提供基本条件，保障城市发展的各种工程和服务的总称，主要包括城市的能源设施、供排水设施、交通设施、环保设施以及通信设施、文化教育等，是城市正常运行和发展的基础和根本条件。城市群基础设施指在各个城市已有设施的基础上，发展具有共享作用的城市基础设施，

---

① 参见薛东前、姚士谋、张红《城市群形成演化的背景条件分析——以关中城市群为例》，载《地域研究与开发》2000年第4期，第50-53页。

不断缩减地区间的差异,实现优势互补,节约建设成本,达到区域内基础设施资源的最优配置。① 交通运输业和信息产业的快速发展是城市群发展的重要条件。从当前国内外城市群发展的现状来看,城市群拥有高速公路、铁路、航线、运输管道等区域性基础设施网络,从而形成了城市群产业和城镇分布要道,并依靠交通和通信实现连接。例如,正在向世界级城市群发展的粤港澳大湾区城市群便实现了水路、陆路、航空以及港口等交通设施的建设,不断发挥其交通便捷的优势以实现城市之间的互补合作。② 可见,城市群的形成与发展是以完善的基础设施网络为基础条件的。

(四) 政策制度的支持

在城市群的发展过程中,政府通过制定政策、完善基础设施建设和实施人才引进与培养等手段向城市群提供有利的政策环境。城市群内各城市的政府通过共同制定相关的产业经济发展政策,制定协调机制进行城市群内部城市间的合理分工,正确规划城市群的产业布局、城市交通运输、通信网络等以促使城市群的形成,或者通过城市群内核心城市的相关政策等促使相邻城市形成城市群。③ 综观国内外城市群的形成和发展,国家和政府出台的相关政策和条文都大大促进了城市群建设。政策是推动我国城市群形成与发育的无形力量,主要体现在国家宏观调控政策的导向性和重点区域发展政策的倾向性两大方面。④ 例如,制度因素就是粤港澳大湾区城市群最重要的特色,包含了政治、文化、法律、经济等多方面制度。⑤ 粤港澳大湾区城市群的提出、形成与发展就是党中央做出的重大决策,以完善的政策制度、出台相关规划纲要以及签署相关建设框架协议等措施以保障粤港澳三地共同建设大湾区城市群。可见,完善的政策制度是城市群形成的重要保障机制。

(五) 优良的城镇体系

良好的城镇体系是城市群形成的必备条件。城市群由多个城市组成,其基本组成结构就是具有一个或几个可以发挥核心带动力的中心城市,以及大量的中小城市。城市的形成与发展是以城镇体系的合理化为前提的,国家城镇体系政策已明确将城

---

① 参见陈奕杉《京津冀协同发展与城市群基础设施建设的研究》,载《廊坊市应用经济学会:对接京津——新的时代战略导航论文集》2018年第1期,第140-145页。

② 参见陈玉光《城市群形成的条件、特点和动力机制》,载《城市问题》2009年第1期,第18-22+34页。

③ 参见陈玉光《城市群形成的条件、特点和动力机制》,载《城市问题》2009年第1期,第18-22+34页。

④ 参见方创琳、姚士谋、刘盛和《2010中国城市群发展报告》,科学出版社2011年版。

⑤ 参见梁经伟、毛艳华、江鸿泽《影响粤港澳大湾区城市群经济发展的因素研究》,载《经济问题探索》2018年第5期,第90-99页。

市群形态作为推进城镇体系发展的主体形态,因而优良的城镇体系可以加速城市群的形成与发展过程,成为促进城市群形成的条件之一。例如,我国北部湾城市群的形成就得益于北部湾城镇体系的不断优化并趋于合理,在职能类型上形成了港群城市与中心城市及两翼城市功能互助的格局,在空间关系结构上强化了以南宁市为核心、辐射带动两翼城市发展的格局,进而促进了北部湾城市群的发展。[①]

(六) 产业协调分工与合作

城市群内部城市之间的交互作用是形成城市群的重要条件,产业间的相互协调、合理分工以及合作可以促进各城市形成整体合力,而在各城市产业结构趋同、存在严重的同质化竞争时是无法形成城市群的。城市群形成的前提是在核心城市的辐射带动下,实现区域内产业结构布局的调整和优化,以实现城市间的优势互补,发挥资源的最大效益。城市群内各单位城市都能发挥自己的特有功能,有自身的优势产业,城市群内形成紧密的分工协作关系是城市群形成的前提条件之一。[②]

二、支撑体系

(一) 城市群的内聚力

城市群的内聚力指的是其所具有的吸纳大量人力、物力和财力的能力。城市和城市群的发展与交通和通信的发展相伴而生。在城市群的发展演化中,凝结了广大地区范围内的文化、科技和教育力量,强化了城市群的内聚力。其内聚力表现在城市群对经济活力的凝聚(规模经济)与经济效益等指标上。

(二) 城市群的辐射力

城市群的辐射力有两个阶段:一是城市群发展的初期,其辐射力表现为单个城市的扩散,由市区延伸至郊区;其核心是工业项目和基础设施的建设,城市用地的外延扩展。二是城市群发展的高级阶段,表现为加强城市间的各种联系(人、财、物和信息),形成区域城市群的网状辐射。即中心城市的规模扩大、作用增强,城市群内部不同规模等级的城市数量增加,使得城市间的联系密度增大。

---

① 参见黎鹏、吴磊、杨宏昌《城镇体系视角下北部湾城镇群空间结构演化研究》,载《广西财经学院学报》2016年第29期,第7–15页。

② 参见陈玉光《从城市群形成的条件看我国城市群发展》,载《江淮论坛》2009年第5期,第22–27页。

（三）城市群内部的功能联系

城市间在人、财、物和信息等方面的交流和传递构成了城市群内部的联系，这种联系包括城市间的横向联系及城市内部的纵向联系。根据联系的方向性可分为向心式联系和离心式联系两种。向心式联系表现为城市群中各城市的要素流向首位城市或较大的城市。此外，也存在大城市与其他城市及城市间的离心式联系，离心式联系主要出现在次级或更低级城市间，较大城市更多地为次级城市提供产品及文化、教育、技术、医疗、生活、商业等方面的服务。如此形成由各级城市间相互交织的纵向、横向联系，以及向心式、离心式联系而组成的联系网络。[①]

第三节 国外主要城市群概览

目前，具有国际意义的城市群包括美国东北部的大西洋沿岸城市群、北美五大湖城市群、日本太平洋沿岸城市群、英国的伦敦城市群和欧洲西北部城市群五大城市群。其中，美国东北部大西洋沿岸城市群包括纽约和波士顿等著名城市，是美国经济的核心地带；北美五大湖城市群包括多伦多和底特律等城市，其与美国东北部大西洋沿岸城市群共同构成北美制造业带，其中，底特律是全球著名的汽车城。日本太平洋沿岸城市群是日本经济最发达的地带，也是日本政治、经济、文化和交通的中枢。伦敦城市群是英国主要的生产基地，其核心城市伦敦现已成为欧洲最大的金融中心，同时也是世界三大金融中心之一。欧洲西北部城市群包括巴黎和鹿特丹等世界知名城市，巴黎是法国的经济中心和最大的工商业城市，也是西欧重要的交通中心之一；荷兰的鹿特丹素有"欧洲门户"之称。

一、国外五大城市群概况

（一）美国东北部大西洋沿岸城市群

美国东北部大西洋沿岸城市群，还可以被称为波士顿—华盛顿城市群，简称波士华城市群。它是首个被世界所认可的，也是目前实力最强的城市群，地处美国北部大西洋沿岸平原，北起缅因州，南至弗吉尼亚州，由波士顿、纽约、费城、巴尔的摩、华盛顿5个大都市和40多个中小城市组成。该城市群几乎囊括了美国东北部所有的大城市及部分南部城市，绵延超过965千米，总面积约13.8万平方千米，人口约6500万人，城市化水平达到90%。该区域面积虽然只占了不到1.5%的美国国

[①] 参见薛东前、姚士谋、张红《城市群形成演化的背景条件分析——以关中城市群为例》，载《地域研究与开发》2000年第4期，第50-53页。

土面积,但却集中了美国20%的人口,是美国人口密度最高的区域,同时也是美国经济的核心地带。该城市群的制造业产值占全国总产值的30%,是美国最大的生产基地、最大的商业贸易中心和世界最大的国际金融中心。[①] 同时,城市群内的每个主要城市都有自己特殊的功能以及占优势的产业部门。若单独地看待城市群内的单个城市,其功能大多为单一的,但城市群的整体性功能远远大于单个城市功能的叠加。该城市群是目前世界上最大的城市群。

(二) 北美五大湖城市群

北美五大湖城市群,也被称为大湖区城市群,该城市群分布于五大湖沿岸,从芝加哥向东到底特律、匹兹堡,一直延伸到加拿大的多伦多和蒙特利尔,其间分布有匹兹堡、克利夫兰、托利多、底特律等7个大城市以及28个中小城市。美国的"钢铁城""汽车城"都分布在这里。钢铁产业集中在匹兹堡,汽车产业集中在底特律及周围地区。这里有美国通用、福特和克莱斯勒三大汽车公司,其产量和销售额约占美国总数的80%,是一个巨大的世界工厂。该城市群与美国东北部大西洋沿岸城市群共同构成了北美的制造业带,这两个城市群集中了20多个人口100万人以上的大都市区和美国70%以上的制造业,共同构成了一个特大的工业化区域(又被称为"北美制造业带"),是美国工业化和城市化水平最高、人口最稠密的地区。

(三) 日本太平洋沿岸城市群

日本太平洋沿岸城市群,也被称为东海道大都市连绵带或东海道城市群,是指从东京到九州的太平洋带状地域,即从东京的鹿岛开始经千叶、东京、横滨、静冈、名古屋、岐阜,到京都、大阪及神户的城市化程度很高的连续地域,由东京、京阪神(京都、大阪、神户)和名古屋三大都市圈组成,包括14个都府县,310个大中小城市,其中,东京、横滨、川崎、名古屋、大阪、神户和京都均为人口超过100万人的特大城市。日本是较早形成发达城市群经济区域的典型国家,其高度紧张的国土资源空间、狭窄复杂的地形特征、外向型经济发展模式以及政府主导的工业化历史,促使日本的城市、人口、经济增长带向东京附近的关东平原,名古屋附近的浓尾平原和京都、大阪附近的畿内平原高度集聚。全日本11个人口在100万人以上的特大城市中就有10个分布在该城市群内。这个带状城市群长约600千米,宽约100千米,面积约10万平方千米,约占日本国土面积的26.45%。该区域人口将近7000万人,占日本总人口的63.3%,同时,聚集了日本67%的工业企业和工业就业人数、75%的工业产值和80%的经济总量,是日本政治、经济、文化活动的中枢

---

① 参见方创琳、姚士谋、刘盛和《2010中国城市群发展报告》,科学出版社2011年版。

地带。该城市群是日本经济最发达的地带，分布着日本80%以上的金融、教育、出版、信息和研究开发机构。城市群内的三大都市圈以及各主要城市也各有特色，发挥着各自不同的功能。

（四）英伦城市群

英伦城市群是以伦敦—利物浦为轴线，由伦敦—利物浦一线的城市构成，其中包括了"世界纺织工业之都"——曼彻斯特、纺织机械重镇——利兹、伯明翰、谢菲尔德等大城市、10余个中小城市以及众多小城镇。英伦城市群总面积为4.5万平方千米，人口约3650万人，是英国产业密集带和经济核心区，由伦敦圈、伯明翰城市经济圈、利物浦城市经济圈、曼彻斯特城市经济圈和利兹城市经济圈组成，以伦敦为首位城市，范围涉及大伦敦地区、英格兰东南部和东部。该城市群是英国产业革命的发祥地，也是产业革命后英国主要的生产基地，集中了英国大约80%的经济总量，成为英国经济的基石。该城市群是国外五大城市群中总地域面积最小、发展最早、城市密度最大的城市群。①

（五）欧洲西北部城市群

欧洲西北部城市群位于大西洋东岸，城市群内的地势以丘陵和平原为主，河流众多，水力资源丰富，多数城市沿莱茵河、塞纳河等河流分布。城市群总面积145万平方千米，总人口4600万人，10万人口以上的城市有40多座，主要城市包括巴黎、阿姆斯特丹、鹿特丹、海牙、安特卫普、杜塞尔多夫、布鲁塞尔、科隆等。②

法国巴黎城市群是以巴黎为核心城市，沿塞纳河而形成的，包括鲁昂、勒阿佛尔等大城市和35个中小城市在内的带状城市群。它是法国为了限制巴黎大都市区的扩展，从而改变原来向心集聚发展的城市结构，沿塞纳河下游在更大范围内规划布局工业和人口而形成的带状城市群。

荷兰的兰斯塔德城市群是一个多中心马蹄形环状城市群，包括阿姆斯特丹、鹿特丹和海牙3个大城市，乌得勒支、哈勒姆和莱登3个中等城市以及众多小城市，各城市之间的距离仅有10～20千米。

德国莱茵—鲁尔城市群是因工矿业发展而形成的多中心城市集聚区，在长116千米、宽67千米范围内聚集了波恩、科隆、杜塞尔多夫和埃森等20多个城市，其中，有5个人口数量为50万～100万人的大城市。

欧洲西北部城市群的鲜明特点是把一个城市所具有的多种职能分散到大中小城市，形成既有联系又有区别的空间组织形式，以保持整体的统一性和有序性。③

---

① 参见方创琳、姚士谋、刘盛和《2010中国城市群发展报告》，科学出版社2011年版。
② 参见李娣《欧洲西北部城市群发展经验与启示》，载《全球化》2015年第10期，第41页。
③ 参见方创琳、姚士谋、刘盛和《2010中国城市群发展报告》，科学出版社2011年版。

第四节 中国城市群概览

在改革开放之前，城市群对中国绝大多数人而言是闻所未闻的。作为一个城市和人口数量众多、空间和经济体量巨大、社会和文化联系极其复杂的综合体，与改革开放以来我国经济社会发展在其他方面的成就相比，城市群不仅是我国改革开放的一种表现形态，也是我国工业化、城市化和现代化进程在空间上的突出反映。

从全球范围来看，戈特曼在1976年就曾提出过存在着一个以上海为中心的城市密集区，这是中国城市群第一次以模糊的面孔进入西方学者的视野，也是后来的长三角城市群首次和全球化体系的碰面。尽管戈特曼在其文章中提出了以上海为中心的城市密集区是"世界六大城市群"之一。但由于当时我国政治和社会均处于动荡时期，且经济落后，我国为数不多的城市发展并未受到足够的重视，而戈特曼提出了世界城市群之一的上海，也由于当时的社会背景和缺乏城市发展政策而陷入发展的困境。[①]

从国内范围来看，中国城市群的真正形成与发展可追溯至20世纪80年代改革开放初期。当城市与周边腹地的贸易一体化和生产分工关系超越了城市地区的范围，与其他一个或几个类似的城市地区间产生了一体化和分工要求的时候，就会产生城市群这一更高层次的新区域形态。当一个地区的城镇体系具有一定规模时城市群便在其主要城市之间形成，这些城市具有彼此之间加强市场一体化和建立分工合作关系的强烈欲望和能力。因此，城市群是各区域内城镇体系的主框架，也是城镇体系成熟的重要标志。

在中华人民共和国成立初期的前30多年里，由于市场发展不充分，城市群缺乏发育机制和驱动因素，直到20世纪80年代的改革开放初期，城市群才得以开始初步形成和发展。20世纪80年代初期，区域合作与乡镇企业发展是城市群形成的最初原动力；20世纪90年代，开发区及产业集群的兴起是城市群快速成长的支撑力；21世纪初期，我国城镇化战略和区域协调发展战略的实施和政策扶持是城市群稳定发展的重要推动力量。按时间划分，我国城市群的形成和发展大概经历了三个阶段、20世纪80年代的萌芽阶段、20世纪90年代的快速成长阶段和21世纪至今的持续深入发展阶段。[②] 总的来说，我国城市群的发展构想起源于长三角经济区概念的提出，然后是珠三角、京津冀等城市群的陆续出现，只是当时低水平的城镇化发展限制了城市群的发展。我国城市群发展得以改变的标志，一是《中共中央关于制定国

[①] 参见刘士林《改革开放以来中国城市群的发展历程与未来愿景》，载《甘肃社会科学》2018年第5期，第1—9页。

[②] 参见方创琳、姚士谋、刘盛和《2010中国城市群发展报告》，科学出版社2011年版。

民经济和社会发展第十一个五年规划的建议》明确提出了"把城市群作为推进城镇化的主体形态",确定了城市群建设的战略定位;二是《国家新型城镇化规划(2014—2020年)》提出"把城市群作为主体形态",首次对"新型城镇化"发展模式道路进行了明确界定,明确要以更具包容性、在城市层级分工上更具协调性的城市群作为城市发展主流和新型城镇化发展的形态。自2014年以来,我国主要城市群的规划都已编制完成,基本上覆盖了我国经济社会发展的主要区域和城市。①

一、20世纪80年代的萌芽阶段:长江三角洲城市群的初现

1978年,党的十一届三中全会明确指出:"当前我国经济管理体制的一个严重缺点是权力过于集中,应该有领导地大胆下放,让地方和工农企业在国家统一计划的指导下有更多的经营管理自主权……采取这些措施,才能充分发挥中央部门、地方、企业和劳动者个人四方面的主动性、积极性和创造性,使社会主体经济的各个部门、各个环节普遍地、蓬勃地发展起来。"随后,在下放经济管理权限、发展地方经济的过程中,中央政府针对不同地区采取不同的发展目标和政策,鼓励建立各区域间的经济技术合作组织,国内开始建立起各层次、各类型的区域经济合作组织,主要有省(区)经济协作区、省毗邻地区经济协作区、省内经济协作区和城市间经济协作网络四种方式,这类区域合作组织的建立,加强了区域间的物资商品、经济技术交流,促进了区域经济一体化发展,为我国早期城市群的出现奠定了基础。在发展地方经济的过程中,国家通过制定相关政策,一方面,要求实行地市合并,打破城乡分离的局面,发挥城市在区域经济中的带头辐射作用,以城市带动农村发展;另一方面,推进城镇化战略,大力发展小城镇,"撤县设区"的兴起大大促进了城市市辖区面积的扩大,促进了我国城市圈的形成。1984年,我国经济体制改革的重点由农村转向城市,党的十二届三中全会提出:"城市是我国经济、政治、科学技术和文化教育中心,是现代工业和工人阶级集中的地方,在社会主义现代化建设中起着主导作用……要充分发挥城市的中心作用,逐步形成以城市特别是大、中城市为依托的,不同规模的,开放式、网络型的经济区。"为此,学术界开始提出许多以大城市和超大规模城市为核心构成的城市经济圈。中心城市在区域经济发展中的核心带动作用表明了区域之间的合作首先是各区域城市之间的合作,也就是说,中心城区在区域合作中起着主导作用。而区域合作与中心城区的核心作用的有机结合便很自然地促进了城市群的形成。改革开放后,我国最早的一批城市群就是由以城市为中心的区域合作组织演变而来的。1982年,为实行国民经济管理体制改革,通过中心城市和工业基地把条条块块协调起来,形成合理的经济区域和经济网络,国务院决定成立上海经济区和山西能源基地两个规划办公室。这两个国家级规划办公

---

① 参见刘士林《改革开放以来中国城市群的发展历程与未来愿景》,载《甘肃社会科学》2018年第5期,第1-9页。

室的主要任务是打破部门和地区边框，从全局出发制定两个规划区的经济社会发展规划，协调部门之间、地方之间，以及部门与地方之间的关系，促进规划区内的联合，加强规划区与全国经济发展的结合，促进生产力的发展。

上海经济区以上海为中心，包括长江三角洲的苏州、无锡、常州、南通和杭州、嘉兴、湖州、宁波等城市。上海经济区规划办公室直属国务院，由国家计委代管，办公地点设在上海。1984年2月，国务院批准上海经济区的范围由上海市及江浙两省九市扩大为四省一市，即江苏、浙江、安徽、江西四个省和上海市。从上海经济区的演变过程可以看出，当时的上海经济区由上海城市群、南京城市群和杭州城市群所组成，这次规划成为后来长江三角洲城市群形成的起点，也使得长江三角洲城市群成为我国发展最早的城市群。①

二、20世纪90年代的快速成长阶段：三大城市群的确立

区域合作可以促进城市群的形成，但真正促进城市群形成和发展的还是直接推动我国区域经济和城市化发展的开发区和产业集群的兴起和发展。这些新的经济发展模式和空间形态不断丰富着城市群建设的新要素和新内容，成为推动城市群形成和发展的强大动力。

农村改革成功后，乡镇企业异军突起，在大型规模城市，特别是大型沿海城市周边地区形成的大批新型工业化地区和小城镇，为城市群的形成奠定了坚实的经济基础。改革开放以来，遵循工业化初期阶段的一般规律和特殊国情，我国走的是一条以小城镇为主的分散型城镇化道路，建制镇数量从1978年的2173座增加至2007年的近20000座。我国城镇体系基本形成，布局框架基本铺开，可以说，我国小城镇建设取得了优异的成绩。在众多小城镇的基础上，我国城市数量迅速增加，这促进了一大批城市经济圈和城市群的形成和发展。20世纪80年代中后期，苏南地区乡镇企业的兴起和以苏州、无锡、常州的周边地区为代表的小城镇的出现，珠江三角洲地区乡镇企业的兴起和以顺德、南海及东莞等为代表的小城镇群的出现，分别为长江三角洲城市群和珠江三角洲城市群的形成奠定了基础。

开发区和产业集群的出现和发展是工业化和城市化相结合的区域发展模式，是扩大城市规模、增加城市数量的重要手段。开发区和产业集群的兴起和发展也是推动我国城市群形成和发展的直接动力。改革开放以来，我国的开发区从4个特区开始，经过沿海14个开放城市，至全国所有的省会城市，所有沿海、沿边、沿河和沿路地区，直到新近的各类城区、四大综合改革实验区等，逐步在全国几乎所有地区展开，有力地带动了我国各地区工业化和城市化的快速发展，促进了城市规模的扩展和新城市的形成与发展。从1984年4月国务院批准14个对外开放的沿海城市并

---

① 参见方创琳、姚士谋、刘盛和《2010中国城市群发展报告》，科学出版社2011年版。

举办我国第一批 14 个经济技术开发区以来，截至目前，全国已建成多个高新技术产业开发区和国家级经济技术开发区。这些开发区和其所依托的城市或建制镇已成为城市群的核心组成部分，不断促进着城市群的快速成长。20 世纪 90 年代中后期，开发区和产业集群的快速发展进一步强化了长江三角洲、珠江三角洲以及京津冀地区城市群的发展，使这些地区逐步成为各地乃至全国的经济核心区。到 20 世纪 90 年代末期，我国形成了长江三角洲城市群、珠江三角洲城市群和京津冀城市群三大城市群。

（一）长江三角洲城市群

长江三角洲城市群简称长三角城市群，位于长江下游的冲积平原，是世界六大城市群之一。该城市群包括上海，江苏省的南京、无锡、常州、苏州、南通、盐城、扬州、镇江、泰州，浙江省的杭州、宁波、嘉兴、湖州、绍兴、金华、舟山、台州，安徽省的合肥、芜湖、马鞍山、铜陵、安庆、滁州、池州和宣城等 26 个城市。区域面积为 21.17 万平方千米，2014 年地区生产总值为 12.67 万亿元，总人口 1.5 亿人。该区域是"一带一路"与长江经济带的重要交汇地带，在国家现代化建设中占据着举足轻重的战略地位，其发展定位是致力于将长三角城市群建设成为面向全球、辐射亚太、引领全国的世界级城市群。

（二）珠江三角洲城市群

珠江三角洲城市群位于广东省中部地区，是包括广州、佛山、肇庆、清远、云浮、韶关、深圳、东莞、惠州、汕尾、河源、珠海、中山、江门和阳江这 15 个城市在内的城市群。珠江三角洲城市群是广东省平原面积最大的地区，占地面积为 18.1 万平方千米，也是我国甚至是亚太地区最具经济活力的经济区之一，甚至是辐射带动华南、华中和西南地区发展的龙头，在政府政策、行政区域规划、地缘优势和资源丰富等条件下得到了快速发展。

（三）京津冀城市群

京津冀城市群是我国政治、文化中心，也是我国北方经济的重要核心区。由首都经济圈发展而来，是包括北京、天津两大直辖市以及河北省的保定、唐山、石家庄、廊坊、秦皇岛、张家口、承德、沧州、衡水、邢台、邯郸和河南省的安阳这 14 个城市在内的城市群。2017 年，国家新设立的河北雄安新区，扩容了保定下辖的雄县、容城和安新及周边部分区域，目的是发挥北京的辐射带动力，打造以首都为核心的世界级城市群。

三、21世纪至今的持续深入发展阶段：19大城市群的建成

（一）"十五"时期（2001—2005年）形成的10大城市群[①]

在"十五"时期，国家提出要"走符合我国国情、大中小城市和小城镇协调发展的多样化城镇化道路，逐步形成合理的城镇体系。有重点地发展小城镇，积极发展中小城市，完善区域性中心城市功能，发挥大城市的辐射带动作用，引导城镇密集区有序发展"的发展战略，这是我国首次提出城镇密集区的概念。这一发展战略增加了促进区域经济发展的城镇密集区的建设内容，城镇密集区开始在促进国家经济增长、提升国家的国际竞争力中发挥着越来越重要的作用，极大地促进了城市之间在人才、信息、资金、技术、贸易等各方面的交流，使得城市产业布局、人口规模等要素发生巨变，促进了区域经济一体化的发展进程。截至2005年年底，全国形成了包括长江三角洲城市群、珠江三角洲城市群、京津冀城市群、山东半岛城市群、辽中南城市群、中原城市群、长江中游城市群、海峡西岸城市群、川渝城市群和关中城市群在内的10大城市群。

山东半岛城市群是山东省发展的重点区域，以济南、青岛为中心，包括烟台、潍坊、淄博、东营、威海、日照等城市，覆盖了山东全省16个市区，是国家级城市群之一。该城市群位于我国参与东北亚区域合作的前沿阵地，其经济发展水平高、城镇体系完善、基础设施完善、制造业和加工业发达，可以发挥其临海和靠近日本、朝鲜、韩国的地缘优势。

辽中南城市群由辽宁中部和南部地区组成，是由沈阳城市圈与沈大经济走廊发展而来的，以沈阳、大连为中心，包括鞍山、抚顺、本溪、丹东、辽阳、营口、盘锦和铁岭在内的城市群。该城市群是东北地区的经济、交通、文化和信息中心，也是全国最大的综合性重工业基地。占地面积为8.15万平方千米，人口约3105.6万人。

中原城市群是以郑州、洛阳为中心，包括开封、新乡、焦作、许昌、平顶山、漯河、济源在内共9个省辖（管）市的城市群。中原城市群依托中原肥沃的土地，孕育了若干个中外闻名的大都市，如洛阳、开封、许昌等，几经兴废，其风韵犹存。郑州虽然是后起之秀，但凭借其得天独厚的交通优势后来居上，成为中原城市群的中心。

长江中游城市群，是以武汉城市圈、环长株潭城市群、环鄱阳湖城市群为主体形成的特大型国家级城市群。规划范围包括了湖北省的武汉、黄石、鄂州、黄冈、孝感、咸宁、仙桃、潜江、天门、襄阳、宜昌、荆州、荆门，湖南省的长沙、株洲、

[①] 参见方创琳、姚士谋、刘盛和《2010中国城市群发展报告》，科学出版社2011年版。

湘潭、岳阳、益阳、常德、衡阳、娄底，江西省的南昌、九江、景德镇、鹰潭、新余、宜春、萍乡、上饶、抚州和吉安市的部分县（区）。该城市群承东启西，连接南北，是长江经济带的重要组成部分。2017年，该城市群占地面积为32.61万平方千米，总人口达1.25亿人，是我国经济新增长极、中西部新型城镇化先行区、内陆开放合作示范区、"两型"社会建设引领区。2018年，中央明确规划以武汉为中心来引领长江中游城市群的发展。

海峡两岸城市群是以福州、泉州、厦门、温州、汕头5大城市为核心，涵盖了福建省的福州、厦门、泉州、莆田、漳州、三明、南平、宁德、龙岩，浙江省的温州、丽水、衢州，江西省的上饶、鹰潭、福州、赣州，广东省的汕头、潮州、揭阳、梅州共计20个地级市的国家级城市群。该城市群与台湾地区隔海相望，是促进和平统一的基地，其建设与发展可以进一步促进海峡两岸的合作联系，推进祖国统一大业。

川渝城市群是以成都、重庆两市为中心，包括四川省的自贡、泸州、德阳、遂宁、内江、乐山、南充、眉山、宜宾、广安、雅安和资阳等12个地级市和渝西经济走廊等县市的城市群。其中，成都和重庆为特大城市，自贡、绵阳、南充、泸州为大城市，雅安、资阳等为小城市，其他为中等城市，城市等级体系划分明确。

关中城市群地处中国内陆中心，是亚欧大陆桥的重要支点，是西部地区面向东中部地区的重要门户，也是华夏文明重要的发祥地——古丝绸之路的起点。该城市群以西安为中心，包括咸阳、宝鸡、渭南、铜川、商州、商洛、平凉、天水等城市。该城市群以建设成为具有国际影响力的国家级城市群、内陆改革开放新高地为目标，推进核心城市西安建设国家中心城市，进一步提升城市群内其他重要节点城市的综合承载能力，适度扩大城市人口规模，提升综合服务功能。

（二）"十一五"时期（2006—2010年）规划的23大城市群[①]

"十一五"时期，《国家"十一五"时期文化发展规划纲要》明确提出要继续实施城镇化战略和城乡区域协调发展战略，指出要依托大城市建设城市群，形成合理的城镇化空间格局。该规划要求把城市群作为推进城镇化的主体形态，逐步形成以沿海及京广哈线为纵轴，长江及陇海线为横轴，若干城市群为主体，其他城市和小城镇点状分布，永久耕地和生态功能区间隔，高效协调可持续的城镇化空间格局。已建成的京津冀、长三角和珠三角等城市群要继续发挥带动和辐射作用，形成城市群内部城市间的合理分工和优势互补，增强整体竞争力。其他具备城市群发展条件的区域，要加强统筹规划，以大城市为龙头，发挥核心城市的辐射带动作用，形成若干用地少、就业多、资源要素聚集力强、人口分布合理的新城市群。

[①] 参见方创琳、姚士谋、刘盛和《2010中国城市群发展报告》，科学出版社2011年版。

这是在国家文件中首次提及城市群的概念，并把城市群的形成和发展放在了重要位置。为配合国家战略的实施，国家有关部门先后编制了长江三角洲城市群、京津冀城市群、武汉城市群、南北钦防城市群、山东半岛城市群、辽东半岛城市群、江淮城市群、海峡西岸城市群、中原城市群、关中城市群等城市群总体规划。一时间，国内涌现了城市群规划的热潮。截至2009年，我国形成了包括珠江流域经济带的珠江三角洲城市群、海峡西岸城市群、南北钦防城市群、滇中城市群、黔中城市群；长江流域经济带的成渝城市群、长株潭城市群、武汉城市群、江淮城市群、环鄱阳湖城市群和长江三角洲城市群；黄河流域经济带的京津冀城市群、关中城市群、呼包鄂城市群、晋中城市群；松花江流域经济带的辽东半岛城市群和哈长城市群；塔里木河流域经济带的天山北坡城市群。同时，随着各种生产要素的不断聚集、区域经济合作力度的不断加大和交通网络的高速发展，连通城市群的空间范围也在不断扩大。①

（三）"十二五""十三五"时期（2011—2020年）合并确立的19大城市群②

"十二五"规划纲要（2011—2015年）以国家区域发展总体战略与主体功能区战略为统领，明确规划"构建以陆桥通道、沿长江通道为两条横轴，以沿海、京哈京广、包昆通道为三条纵轴，以轴线上若干城市群为依托、其他城市地区和城市为重要组成部分的城市化战略格局，促进经济增长和市场空间由东向西、由南向北拓展"。

"十二五"规划首次提出"优化城市布局和形态"，要求以"统筹规划、合理布局、完善功能、以大带小"为原则，按照国家区域总体战略和主体功能区战略的部署，统筹规划构建全国的城市化战略格局和城市群合理布局空间范围，推进城市群和大中小城市及小城镇的协调发展。东部地区继续推进长三角、珠三角和京津冀三大城市群的一体化进程，着力打造具有国际竞争力的世界级城市群；西部地区要加快发展川渝、关中、滇中、黔中、天山北坡、北部湾、兰白西、酒嘉玉等城市群；中部地区要加快京广、京九、陇海和长江中游经济带的建设，重点推进武汉"1+8"城市圈、环长株潭、中原、皖江、环鄱阳湖、太原等城市群的发展；东北地区则重点推动辽宁沿海、沈阳、长吉图、哈大齐和牡绥等城市群的发展。

"十三五"规划纲要（2016—2020年）要求加快推进以城市群为主体形态的新型城镇化进程，强调以"人的城镇化"为核心，城市群为主体形态，城市综合承载能力为支撑，体制、机制创新为保障，全力加快新型城镇化的建设步伐，强化社会

---

① 参见方创琳、姚士谋、刘盛和《2010中国城市群发展报告》，科学出版社2011年版。
② 参见钟炎君《改革开放40年国家对城市群发展战略的认识与推动》，载《武汉轻工大学学报》2018年第37期，第65–70页。

主体新农村建设，尽力缩小城乡发展差距，加快推进城乡一体化发展。"十三五"规划明确提出"优化城镇化布局和形态：加快构建以陆桥通道、沿长江通道为横轴，以沿海、京哈京广、包昆通道为纵轴，大中小城市和小城镇合理分布、协调发展的'两横三纵'城市化战略格局"。

"十三五"期间，城市群建设进一步发展。国务院提出要在"十三五"期间建设 19 大城市群。即大力推动长三角、珠三角、京津冀世界级城市群的竞争发展水平；提升山东半岛城市群与海峡西岸城市群的竞争发展水平；支持培育中西部地区城市群发展，促进长江中游、中原、成渝、东北、关中等城市群的发展，指导规划北部湾、太原、呼包鄂榆、滇中、黔中、兰州—西宁、宁夏沿黄、塔山天山北坡等城市群的建设发展。[1]

---

[1] 参见钟炎君《改革开放 40 年国家对城市群发展战略的认识与推动》，载《武汉轻工大学学报》2018 年第 37 期，第 65－70 页。

第二章　城市群发展中产生的问题

城市群是我国城镇化发展的主体形态，也是我国国民经济和国家综合国力竞争的主要形式。① 随着城市群的迅猛发展，城市群的经济实力不断增强，基础设施建设不断完善，区域合作增强，为区域经济乃至国家经济的发展做出了巨大贡献。但不可否认的是，在城市群的发展过程中，仍然面临着因城市经济社会的快速发展而导致的诸多问题，如产业结构不合理、生态环境恶化、政策冲突、文化融合问题以及合作不畅等等。

第一节　城市群产业结构布局不合理与恶性竞争问题

一、产业结构合理布局的重要性

我国区域产业结构趋同问题，最早由 20 世纪 80 年代世界银行中国经济考察团提出，其作为难以解决的社会现实问题，长期以来受到学术界的关注，同时也是国内区域经济发展研究的热点问题之一。区域产业结构趋同，是指各区域的产业结构在动态的演变过程中所表现出的某种相似性或共同倾向。这种现象具体表现为产业结构差异逐渐缩小，各地区工业产品结构趋于相同，主要工业产品生产的区域分布集中度下降，许多产品的生产缺乏应有的规模经济。② 区域产业结构趋同会对区域经济发展造成消极影响，甚至会给区域经济发展带来严重后果。

产业的协调发展有利于促进城市群内产业资源的相互补充，可以促进城市之间形成良好的产业分工格局，是衡量城市群协同水平的重要指标，也是增强城市群发展竞争力的重要途径。城市群的内涵既有产业又有城市，产业是城市发展的基础，城市是产业发展的载体。因此，城市与产业是相伴而生、协同发展的。③

---

① 参见汪丽《我国城市群发展现状、问题和对策研究》，载《宏观经济管理》2005 年第 6 期，第 40 – 42 页。
② 参见石涛、鞠晓伟《要素禀赋、市场分割对区域产业结构趋同的影响研究》，载《工业技术经济》2008 年第 5 期，第 124 – 127 页。
③ 参见李文彬、陈浩《产城融合内涵解析与规划建议》，载《城市规划学刊》2012 年第 1 期，第 99 – 103 页。

目前，我国处于新时代发展的新阶段，城镇化的稳步与快速推进和城市群的建设等工作，要求城市必须处理好与产业发展之间的关系，推动形成城市群与产业协同发展的新型格局。党的十八大报告提出："坚持走中国特色新型工业化、信息化、城镇化、农业现代化道路，推动信息化和工业化深入融合、工业化和城镇化良性互动、城镇化和农业现代化相互协调，促进工业化、信息化、城镇化、农业现代化同步发展。"党的十八届三中全会提出："坚持走中国特色城镇化道路，推进以人为核心的城镇化，推动大中小城市和小城镇协调发展、产业和城镇融合发展。"国家发展和改革委员会副秘书长范恒在《中国城市群发展报告2016》发布及座谈会上指出："城市群所起的作用非常重要，可以为我们提供发展的支撑和平台，并从整体促进经济社会的发展，也有利于聚集资源要素来推动创新，优化空间布局，促进区域乃至整体的协调发展。"区域产业发展是区域发展的重要基础，任何一个区域的经济发展都是以该区域的产业体系为依托，通过区域产业发展来带动和实现的。[1] 因此，区域产业协调发展水平是衡量一个城市群建设发展效果的重要指标。[2]

可见，在城市群建设的发展过程中，产业作为其主要支撑，直接关系到城市群内部协调发展是否可以顺利实现。但经研究发现，长期以来，我国城市群产业存在行政分割与城市竞争、产业结构趋同且彼此产业关联度不高、产业创新发展缓慢以及支柱性产业支撑减弱[3]、产业协同发展中有严重的产业同构现象等问题。例如，有学者通过对2003年和2004年中原城市群的工业产业相似系数进行计算发现，中原城市群在饮料制造业、烟草加工业、纺织业和各类制造业行业的同构系数均大于0.90，在黑色金属冶炼及压延加工业、有色金属冶炼及压延加工业、非金属矿物制品业3个行业的产业同构系数达到0.85～0.90，这些数据说明中原城市群中这些行业存在较为严重的产业同构现象。[4] 此外，还有学者从产业结构趋同及合意性的视角对粤港澳大湾区城市群内的产业结构进行分析，发现除香港和澳门以外，珠三角9个城市的产业结构相似系数均大于0.80，说明从三次产业层面来看，珠三角9个城市的三次产业结构高度趋同。香港、澳门、广州和深圳四个城市中两两产业结构的相似系数均大于0.85，而东莞、深圳、惠州、珠海的产业结构相似系数的平均值均大于0.90，以上数据表明粤港澳大湾区城市群产业结构呈高度趋同特征。有学者认为，"重复建设"导致"产业同构"，"产业同构"又会导致"恶性竞争"。[5] 研究

---

[1] 参见熊远帆《发力产业升级》，载《湖南日报》2015年6月30日第15版。
[2] 参见孙轩《城市群产业协调发展的多指数评价与分析》，载《城市与环境研究》2016年第3期，第99-110页。
[3] 参见王明、刘月颖《长株潭城市群产业协调发展的问题与对策研究》，载《特区经济》2018年第1期，第30-33页。
[4] 参见王发曾、程丽丽《山东半岛、中原、关中城市群地区的城镇化状态与动力机制》，载《经济地理》2010年第30期，第918-925页。
[5] 参见覃成林、潘丹丹《粤港澳大湾区产业结构趋同及合意性分析》，载《经济与管理评论》2018年第34期，第15-25页。

发现，城市群由于地缘相近、人文相近，必然会产生产业同构现象；在不完全的市场作用机制下，一定会伴随着内部各地区之间的利益争夺和冲突，从而引发更深层次的产业同构和恶性竞争现象。

二、产业结构趋同的原因分析

第一，城市群内的产业结构与该地区的内部经济发展水平有关。社会经济发展水平是由一定社会生产力所决定的，工业会随着社会经济的发展向高度化演变，并相继出现重工业化、深加工化和技术集约化的趋势，在相同的工业发展阶段则会呈现出产业趋同的现象，导致城市群内产业的高度同构问题。另外，因为处于同一和相近的发展水平及发展阶段上的不同城市，其供给结构和需求结构在很大程度上是相同的，所以会形成相似的资源结构、生产规模和模式以及类似的需求偏好。可以说，经济发展水平越是接近，产业机构的相似度就越高。[①] 因此，在城市群内部，处于统一分类的产业结构必然具有较高程度的相似性。

第二，产业结构的趋同和城市群内资源禀赋的相似性有关。资源禀赋，也称要素禀赋，是指某一国家或地区所拥有的两种生产要素的相对份额。某一区域内的资源禀赋直接或者间接地影响着产业结构，在经济发展的初期，要素禀赋直接发生作用并发挥主导影响，随着经济的发展，要素禀赋对产业结构的影响会逐渐转变为以间接作用为主导。区域要素禀赋结构决定着区域产业的技术水平，可选择技术水平的区间和方向，进而决定这个区域产业技术变迁的方向、演进速度等，因而区域要素禀赋结构决定了其产业技术结构。[②] 而产业的发展是以所具备的资源禀赋为条件来发展的，资源禀赋的高相似程度是城市群内产业结构呈现趋同特征的客观基础。城市群本身就是以地域相近、人文相同、社会习俗等接近而形成的区域一体化模式，因而城市群内部的自然生态资源条件、人文历史背景、传统文化、资源要素以及影响社会经济发展的条件、制约和阻碍城市发展的因素等都相当类似，这就导致各城市政府在制定发展战略、选择依赖发展的主导产业方面具有较高程度的相似性。例如，我国长江中游城市群，其人文地理资源禀赋接近，长期以来是国家扶持的老工业基地和农业基地，有着相似的历史基础，产业供需结构类似，发展战略雷同，承接的产业转移大多都以石化、食品、电子信息等劳动密集型产业为主。高度类似的资源禀赋导致其产业趋同成为城市群内的普遍现象。[③]

第三，城市群内产业结构趋同是区域内产业布局和产业分工、升级、优化历程

[①] 参见孙根紧、陈健生《中国区域产业结构趋同的研究综述》，载《工业技术经济》2012年第31期，第96-103页。

[②] 参见石涛、鞠晓伟《要素禀赋、市场分割对区域产业结构趋同的影响研究》，载《工业技术经济》2008年第5期，第124-127页。

[③] 参见陈福时《长江中游城市群产业趋同性测度分析及协同发展研究》，载《产业与科技论坛》2018年第17期，第12-14页。

中普遍存在的产业经济现象。不同的经济发展阶段、不同的经济发展环境、不同的经济区域都会导致产业结构趋同。① 可以说，产业结构的趋同发展与经济联系的紧密度有关。改革开放以来，我国开始走发展市场经济的道路，社会经济的发展得益于市场开放程度的提升，而市场开放程度的提升又促使了经济联系的日渐密切，加快了各种资源要素的流通。经济联系的紧密性导致相关、相近城市之间在自身经济的发展、产业的选择等方面互相学习和模仿。同时，日益密切的经济联系导致了自然、物质等各种要素的流动，促使技术和方法的流通以及产业的转移，在相关城市间形成"重合"产业，也就造成了各城市间所谓的产业结构趋同。

第四，产业结构的趋同发展与投资环境匀质化有关。例如，长三角城市群内江苏、浙江两省在长三角的区位优势、经济规模以及要素禀赋等方面的相似性诸多，形成的匀质化投资环境使得产业主题的投资倾向很难区分优次。② 根据区位理论，企业的布局要考虑运输距离对生产成本造成的影响，但区域范围内的交通便利且资源禀赋类似，所以，市场投资在特定地区城市群内部的任何单体城市投资所造成的生产经营成本差距并不大，这就在很大程度上弱化了投资地点的选择和对投资主体的激励约束，因而也会导致单体城市间产业结构趋同化现象的出现。

第五，城市等级序列的缺乏导致城市群产业发展趋同。世界级城市群需要有完善的城市等级序列和城市结构，城市群内部产业的健康发展需要建立合理的城市内部的行业等级序列，城市等级序列确实不利于城市群区域内产业空间梯度转移③，容易形成城市内部行业发展趋同问题，导致行业发展区域同质化，产业结构趋同。

第六，市场分割即地方政府保护导致产业结构趋同。地方市场分割指的是地方政府为了本地区的利益，通过行政管制手段，限制外地资源或产品进入本地市场或限制本地资源流向外地的行为。市场分割的后果是造成地方城市经济运行机制扭曲、市场信号失真，干扰了宏观经济平衡，导致社会资源无法实现最优配置，从而造成产业结构的扭曲和市场配置功能的无效，延缓了区域产业结构的升级步伐。在地区产业调整的进程中，地方保护主义被认为是造成地区经济封锁，进而导致地区产业结构趋同的重要因素。市场分割造成了生产要素与商品在区际间无法实现自由流动，使得要素只能在本地产业间配置，无法通过要素的快速流动来改善本地的资源禀赋，导致各地区要素投入结构相似性很高。因此，各城市地区可以选择的产业必然有很高的相似性，导致产业结构趋同。市场分割影响城市群产业结构趋同的主要表现为，

---

① 参见李桢《区域产业结构趋同的制度性诱因与策略选择》，载《经济学动态》2012年第11期，第63-68页。
② 参见谢浩、张明之《长三角地区产业同构合意性研究：基于产业中类制造业数据的分析》，载《世界经济与政治论坛》2016年第4期，第156-168页。
③ 参见武婷《长三角城市群产业同构中利益冲突的实证研究》（学位论文），南京航空航天大学2008年。

城市群内要素禀赋结构相同、产业技术结构单一而必然造成城市群内产业布局不合理，产业无法自然集中与聚集，造成各单位城市无法充分利用自身的比较优势，形成专业化的地域性生产体系，使城市群内的产业结构趋同化程度愈加严重。①

第七，除了上述市场主导型导致的城市群内部产业结构趋同之外，还有因政府主导而导致的产业结构趋同。地方政府发展地方经济需要制定产业政策，确定本地重点发展的产业，调整产业结构，实现本地产业结构的优化、重组和升级，促进生产力的合理布局，进而促进本地社会、经济的发展。但受相同资源条件的支配，各地政府所选择的本地重点发展产业呈现出高度相似的特征。而这种由政府主导的产业结构趋同会伴随着各城市之间为争取资源和占有市场而产生的竞争，引发严重的利益矛盾和冲突问题，将会带来更深层次的产业结构不均衡的问题，导致城市之间更为严重的恶性竞争。

三、产业结构布局不合理的危害

（一）主导产业趋同引发利益冲突

主导产业是指那些产值占有一定比重，对其他产业和整个区域经济发展都有较强带动作用的产业。主导产业的选择在依据城市群区域内部整体发展现状水平的基础上，还要充分考虑城市间主导产业与相邻城市产业之间的关联程度这一外部环境。不同城市间的经济发展水平各有差异，单体城市主导产业的选择会受到其他城市的影响和制约。因此，城市主导产业的选择要从联动和空间溢出效应的角度出发，注重城市群内的协调发展和互补发展。②

但目前，城市群内由于资源禀赋类似、历史基础相同、文化接近等原因，导致城市群内主导产业的选择具有雷同性。例如，长株潭城市群内由于三市之间存在资源分割和利益冲突等问题，三市之间产业均表现为"二三一"的结构，主导产业呈现较为严重的同质化现象。主导产业趋同不仅造成了长株潭城市群内的各市在传统产业资源方面引发激烈竞争，而且导致长株潭城市群内的各市在进行新兴产业布局时容易忽略自身发展的特色和优势，没有基于自身传统优势选择合适的发展空间和格局差异的产业类型，对长株潭城市群未来的经济格局产生不利影响。③ 再如，中原城市群由于行政区划分割、地方利益驱使等原因，产业同构现象突出。在主导产业选择和重点产业发展上，所有城市均把装备制造业作为重点发展产业，有8个城市把生物医药产业、

---

① 参见石涛、鞠晓伟《要素禀赋、市场分割对区域产业结构趋同的影响研究》，载《工业技术经济》2008年第5期，第124–127页。

② 参见黄彬、王馨《主导产业选择及对区域经济发展影响的实证考察》，载《商业经济研究》2017年第16期，第144–146页。

③ 参见王明、刘月颖《长株潭城市群产业协调发展的问题与对策研究》，载《特区经济》2018年第1期，第30–33页。

新材料作为产业发展重点；有 7 个城市把食品工业、化工工业、电子信息产业、新能源产业作为发展重点；有 6 个城市把发展汽车及零配件产业作为产业发展重点；有 5 个城市把节能环保产业作为产业发展重点；有 4 个城市把纺织服装产业作为产业发展重点。① 可以说，城市之间这种为争夺产业、夺取经济利益而导致的主导产业雷同，不仅使城市群难以形成规模经济，造成城市群内部资源的严重浪费，还会导致以城市群为整体取得的宏观社会经济等各方面效益的下降，无法使城市群内部各城市之间形成产业互补，丧失城市群内部各单体城市的相对优势，进而使城市群经济区的整体竞争优势下降，影响城市群发展的整体效益。

（二）对资源的路径依赖导致产业创新度低下

传统产业因发展根基和地缘特色而独具的资源优势会导致城市群内各市之间过分依赖传统产业沉淀的成果，从而形成对资源的路径依赖。在城市化进程中，多数城市群出现以核心大城市为中心的"一城独大"现象，核心大城市集中了城市群内的人口、技术、产业，中心城区经济增长表现出明显的路径依赖。② 例如，位于我国东北老工业基地核心区的哈长城市群，区域经济发展深受传统计划经济的影响，各地区产业发展高度依赖土地、石油、煤炭等先天资源，因而形成了以资源型、重化工业型为主的产业结构，导致哈长城市群内部严重的产业机构同质化现象。例如，哈长城市群内的核心城市哈尔滨和长春都以运输装备制造为城市发展的主导产业；大庆、松原和吉林则以石油化工业作为主导产业。并且，哈长城市群核心区内松原、吉林、辽源、延边朝鲜自治州、大庆、牡丹江等 6 个市（州）被列为资源型城市，经济发展对资源密集型产业的过度依赖导致了其难以摆脱对资源的路径依赖。再如，长株潭各市作为老工业基地，传统产业基础扎实，城市群内三市经济目前仍依赖于传统产业的发展。城市群内各单位城市产业过分依赖于传统产业不利于形成合理的产业关联与区域分工，也不利于高新技术产业的创新发展，而过分依赖于先天资源的同质产业结构会导致资源枯竭，进而导致城市产业调整乏力。③

（三）产业同构导致资源浪费

城市群内产业发展过程中盲目的重复建设，造成了严重的资源浪费现象，导致有限的资源无法集中、产业技术水平较低、城市群内各市之间的产业结构互补

---

① 参见杨兰桥《提高中原城市群协调发展能力研究》，载《黄河科技学院学报》2019 年第 21 期，第73 - 77 页。
② 参见李娣《我国城市群治理创新研究》，载《城市发展研究》2017 年第 24 期，第 103 - 108 + 124 页。
③ 参见梁亚文、董大朋、侯美玉等《基于产业视角的哈长城市群协同发展问题研究》，载《科技经济导刊》2017 年第 9 期，第 115 页。

性不强，进一步降低了区域经济竞争力。① 例如，粤港澳大湾区城市群内大部分城市都致力于发展新型产业，且产业布局相似度较高，只是发展程度有所差异。因此，湾区内经济发展类型较为单一，具有重复性和重合性，模糊了湾区内城市所具有的独特的城市发展定位。不仅造成了资源浪费，影响了内部合作，对区域经济的可持续发展也将形成阻碍。②

（四）内部不合理的产业分工导致跨区域合作困难

由于产业布局不合理，没有形成在城市群整体背景下互补合作型的产业布局，导致了内部单位城市都以各自产业发展为主，忽略了跨城市、跨区域之间的合作与交流。目前，京津冀城市群在大区域内的产业布局为：北京市作为知识型区域，以服务业、高新技术产业和文化创意产业为主；天津市作为加工型区域，以工商业和制造业为主；河北省作为资源型区域，倾向于发展钢铁产业、煤炭产业、电力产业和轻工产业。这种布局导致城市群内三省市之间的差距不断被拉大，产业难以在三省市之间实现转移，发展相对缓慢的河北省承接北京市、天津市产业转移的难度加大，三省市之间形成了不合理的竞争关系，影响了京津冀城市群整体的一体化发展。③

第二节 城市群经济增长与生态环境恶化问题

全球城镇化进程正在对生态环境造成日益严重的胁迫效应并产生深远的影响，这种现象在人口高密度集聚的城市群地区尤为严峻。城市群形成和发育的过程是城市之间由竞争向合作转变的过程，城市群的形成发育与快速扩张给生态环境带来了巨大压力。麦克迈克尔（A. J. McMichael）曾指出："城市群的扩张、工业的增长及人口的增加，给当地水资源及生态环境带来许多压力。"④ 环境与经济并非平等发展，而是互利耦合的发展⑤，如今，日渐恶化的自然环境使人们开始意识到过去的社会经济发展是以牺牲生态环境为代价而换来的。在以后以城市群为主的社会发展

---

① 参见刘德平《大珠江三角洲城市群协调发展研究》（学位论文），华中农业大学2006年。
② 参见武文霞《粤港澳大湾区城市群协同发展路径探讨》，载《江淮论坛》2019年第4期，第29-34页。
③ 参见胡悦、金明倩、刘群芳等《京津冀城市群生态文明建设研究：有鉴于世界著名城市群》，载《资源开发与市场》2017年第33期，第1478-1482页。
④ 方创琳、高倩、张小雷：《城市群扩展的时空演化特征及对生态环境的影响：以天山北坡城市群为例》，载《中国科学：地球科学》2019年第49期，第1413-1424页。
⑤ 参见盖美、连冬、耿雅冬《辽宁省经济与生态环境系统耦合发展分析》，载《地域研究与开发》2013年第32期，第88-94页。

治理过程中,应当做到谋求生态环境与社会经济的协调发展。① 2013年5月,习近平总书记在主持中共中央政治局第六次集体学习时强调:"要正确处理好经济发展同生态环境保护的关系,牢固树立保护生态环境就是保护生产力、改善生态环境就是发展生产力的理念,更加自觉地推动绿色发展、循环发展、低碳发展,决不以牺牲环境为代价去换取一时的经济增长。"②

生态环境与经济发展二者是对立统一的关系。根据环境库兹涅茨曲线可知,当人均收入达到一定水平、社会经济得以高速发展时,生态环境也会向良好的方向发展,生态环境是社会经济发展的基础,在很大程度上影响着社会经济的发展。另外,社会经济对生态环境又发挥着能动作用,生态环境既是资源也是资产,有潜在的发展优势和效益,生态环境的承载力越大,越能对社会经济的发展起到积极的促进作用。社会经济的发展是保护和有效利用生态环境的前提和基础,良好的社会经济发展形势对生态环境的可持续发展起到积极的促进作用;反之,则会加重生态环境的恶化程度。呈倒"U"形的环境库兹涅茨曲线表明,环境问题的发展先由轻微开始,后加剧恶化至极点,再逐渐变得轻微。这也表明了对生态环境的保护和治理是一项长期的工作。③ 自改革开放以来,我国城市化进程加快,取得了诸多成就,城市化率从1978年的17.90%增长到2017年的58.52%,尤其是当前的城市群模式,更是城市化深入成熟发展的突出表现。但综观长期以来我国城市的发展历程和发展经验,虽然我们取得了瞩目的成就,但同时由于传统城市化进程中对发展速度的过度追求,导致了较多严重的"城市病",特别是环境污染、生态破坏以及资源短缺等一系列生态环境问题。④

一、城市群经济社会发展造成生态环境恶化的具体表现

(一) 水资源失衡,水源污染普遍

从水资源对社会经济发展的支撑能力上判断,我国属于中度缺水的国家,如我国北方地区城市群就普遍存在资源性缺水问题。原本缺水的状态使得城市化发展受到一定程度的限制,再加上水资源的浪费和严重污染,势必会给城市群建设带来压力。再加上工业废水、废渣的任意排放会对城市河流和地下水源造成严重污染,对城市群内居民的日常生活用水造成威胁。并且,部分城市地下水的超量开采,加剧了地下水位的下降,进而影响到地质的稳定,同时水循环也会因此变慢,造成树木

---

① 参见徐肇忠《城市环境规划》,武汉大学出版社1999年版。
② 习近平:《习近平谈治国理政》,外文出版社2014年版,第208页。
③ 参见祁毂雪、杨庆媛、毕国华等《我国三大城市群生态环境与社会经济协调发展比较研究》,载《西南师范大学学报(自然科学版)》2018年第43期,第75-84页。
④ 参见朱鹏华、刘学侠《新型城镇化:基础、问题与路径》,载《中共中央党校学报》2017年第21期,第114-122页。

生长缓慢，泉水及井水逐渐枯竭。而城市用水供应量紧张和工业生产用水的污染，是造成水资源浪费的根源。城市居民节水意识淡薄，无法把自身建设和国家发展有效地连接起来，因而造成城市生活用水普遍紧张的常态。工业生产用水后排污环节治理不严、净化力度不够，也会造成生产用水的污染和浪费。如京津冀城市群内北京市的主要生态问题就突出表现在水资源短缺不足以及废水排放量大等方面。

（二）土地资源供给压力大，水土流失严重

城市群的发展势必给土地资源带来压力。基础设施的建设是城市群发展的重要环节，而城市土地的有效利用是其关键。在征用土地、扩大城市用地的过程中，难免会因为方法不当或者执法不严而造成土地资源的浪费，加剧水土流失。随着城市化的发展，城市园林绿地建设硬质化地面面积增加，以及城市开发建设项目防洪排涝系统建设滞后于城市发展进度，更加剧了水土流失的速度。同时，原有水系以及城市汇水面积增大，河道淤积严重，城市基础排水系统不完善，极易造成严重的水土流失。

（三）能源消耗量大，空气污染严重

核心城市是城市群快速发展的关键和保证。随着城市工业化进程的日益加快，为满足工业的发展需要，城市里大楼林立，绿地面积越来越少。同时，随着城市化水平的提高、居民生活水平的提升、私家车数量日益增多，使得汽车尾气、办公楼空调气体、工业废气的排放严重，给城市大气造成严重污染。这些污染源加剧了城市雾霾天气的形成，也加剧了对城市生态环境的危害。此外，城市居民的环保意识有待提升，很多居民只关注到雾霾天气对自身健康的恶性影响，却并未从根本上去遏制污染物的产生。对雾霾的防护只存在于表面，而忽略了源头的有效遏制。[1] 例如，我国京津冀城市群中天津市和河北省的生态问题表现为废气和固体废弃物排量大、资源消耗量大、污染排放量大等，都面临着高耗能、高排放的问题。[2]

（四）城市群的热岛群污染

热岛效应主要是指城市温度高于周边地区的现象，是一种由于城市建筑及人们活动导致的热量在城区范围内相对集聚的现象与作用。不同地区的热岛效应有所差异，其与城市规模、人口及建筑物的密度、城市布局、城市自然景观以及城市内局

---

[1] 参见李红艳《中原城市群与生态文明建设协调发展研究》，载《广州广播电视大学学报》2017年第17期，第100－103＋112页。

[2] 参见胡悦、金明倩、刘群芳等《京津冀城市群生态文明建设研究：有鉴于世界著名城市群》，载《资源开发与市场》2017年第33期，第1478－1482页。

部下垫层性质有关。

城市热岛形成的原因主要有以下三点：①受城市下垫层特性的影响。城区内大量的建筑物和道路构成是以砖石、水泥和沥青等材料为主的下垫层，这些材料改变了下垫层的热力属性，热容量、导热率都比郊区的下垫层要大得多，它们对太阳光的反射率低、吸收率大，奠定了城市热岛的能量基础。②城市群内因经济的发展需要，城市工厂生产、交通运输以及居民生活都需要燃烧各种燃料，导致大量热量向外排放，多以热能的形式传给了大气空间。③城市中绿地、林木和水体的减少，导致缓解热岛效应的能力下降。由于城市群的发展，区域内城市的热岛效应会有不同程度的增强，城市的能力不断聚集并向外辐射，多个城市的能量集聚在一起，加重了城市群区域的热能，使城市群的温度高于周围地区，形成了热岛群。

（五）城市群固体废弃物的集聚强化污染

目前，垃圾处理是城市治理的一大难题。城市群内的人口密集造成了局部地区废弃物数量的急剧增加，而且由于城市群的对外扩张与发展，各个城市边缘区都呈现空间逐渐扩展趋势，大面积的垃圾填埋显然不现实。而城市群内各个城市的集聚发展也带来了固体废弃物的集聚，土地利用对城市群而言，比单一城市显得更为紧张。大量的固体废弃物难以得到及时处置，加剧了对大气、土壤、地下水的污染，也造成了土地资源的浪费。①

二、城市群经济发展与生态环境现状分析

我国20个重大城市群的经济发展与生态环境污染现状可以分为以下六大类。

第一类是珠三角城市群和长三角城市群，这两大城市群的经济实力较强，经济发展远高于其他城市群，其基本特征是人均财富水平较高、人均环境污染排放水平较低。城市群经历了悠久的发展历史，有较强的工业实力，形成了完整的工业体系，其中第三产业的比重较高。这两大城市群的核心城市辐射带动能力较强，城市群内各单位城市之间联系紧密、分工协作的程度较高、资源配置合理；同时，财富积累也可以反过来在城市群进行环境治理时给予充足的投入，使区域内的经济发展和生态环境得以较好地协调与发展。

第二类是京津冀城市群、山东半岛城市群、辽中南城市群、哈长城市群。这四大城市群的基本特征是人均财富水平较高、环境污染人均排放量较大。这类城市群的经济实力仅次于第一类城市群。其中，山东半岛城市群、辽中南城市群、哈长城市群的工业基础雄厚且工业体系健全，是我国非常重要的工业基地，京津冀城市群中京津工业实力较强，河北各市也都在推进工业化进程；这类城市群的核心城市经

---

① 参见周敏《城市群发展对环境影响及对策研究》（学位论文），长安大学2011年。

济发达，但城市群间的分工合作尚不完善，需要进一步加强。在城市群经济的发展中，都面临着经济质量与环境质量均需提升的巨大压力。

第三类是长江中游城市群、成渝城市群、海峡西岸城市群、关中城市群、中原城市群、江淮城市群、北部湾城市群和黔中城市群。这八大城市群的基本特征是城市群人均财富水平中等、环境污染人均排放量较大。这类城市群的经济实力排名落后，人均GDP不高，经济发展滞后，但经济发展带来的环境问题相对而言较为不严重，这类城市群都是当地自然环境禀赋较好的区域，由于历史发展过程中工业开放程度较低，因此对环境的破坏性较小，城市群仍具有一定的环境承载力。这类城市群的发展要避免为了发展经济而走上先污染后治理的老路，应当加大力度深化探索新型工业化与城镇化的路径。

第四类是滇中城市群、兰西城市群和晋中城市群。这三大城市群的基本特征是城市群的人均财富水平较低、环境污染人均排放量大。这类城市群经济实力落后，人均GDP排名靠后，城市群内的土地、水资源等分布不均，人口众多，因生产生活需要，人们不合理的开发导致城市群内的生态环境更加脆弱。其中，兰西城市群和晋中城市群都位于水资源较少的中西部地区，这类城市群的环境承载力较弱，经济发展特别是工业的发展在很大程度上依赖于自然资源，尤其是近些年来，晋中城市群依赖煤炭的现象日趋严重，虽然财富有所增加，但却造成了严重的环境污染，给当地的环境治理带来巨大压力，威胁着城市群的可持续发展。因此，如何摆脱资源型经济的路径依赖是此类城市群实现经济与环境平衡协调发展的最大挑战。

第五类城市群是天山北坡城市群和呼包鄂榆城市群。这两大城市群的基本特征是人均财富水平较高，而环境污染人均排放量较大。其中，天山北坡城市群是新疆经济发展的增长极，近些年来随着西部大开发战略的实施推进，新疆大部分的城市人口、经济密度得到大幅提升，同时也导致了当地环境的恶化。呼包鄂榆城市群依托当地丰富的煤炭等自然资源促进了经济的快速发展，当然也难以避免地导致了环境的严重污染。可见，虽然此类城市群依托当地资源和政策优势，实现了经济的快速发展，但这种增长是粗放式发展，不仅给城市群内环境带来伤害，更使此类城市群深陷转型动力困境。

第六类城市群是宁夏沿黄城市群。该城市群的基本特征是人均财富水平较低，而环境污染人均排放量很大。此城市群是我国能源及原材料产地，是支撑西部大开发的战略要地，但长期以来，为了追求工业化所带来的经济利益，对当地资源进行的粗放式开发利用，使得该城市群内的生态环境与经济发展极不协调，城市群面临着生态环境污染严重与经济发展滞后的双重矛盾，是我国城市群中最需要给予关注并推动转变的城市群。

三、城市群经济增长与生态环境平衡的对策

经济增长与环境污染之间的关系以环境库兹涅茨曲线的形式广为人知。1993年，吉恩·格鲁斯曼（Gene Grossman）和艾伦·克鲁格（Alan Krueger）通过研究42个国家的横截面数据，发现环境恶化与经济发展呈"倒U形"关系，即环境恶化随着经济发展先上升后下降，这一现象被称为"环境库兹涅茨曲线"。[①] 环境库兹涅茨曲线理论认为：当一个国家经济发展水平较低的时候，环境污染的程度较轻，但是随着人均收入的增加，环境污染由低趋高，环境恶化程度随经济的增长而加剧；当经济发展达到一定水平后，也就是说，到达某个临界点或称"拐点"以后，随着人均收入的进一步增加，环境污染又由高趋低，环境污染的程度逐渐减缓，环境质量逐渐得到改善。[②] 环境库兹涅茨曲线为研究环境污染与经济发展提供了一个有用的探索方向，此后很多学者开始利用环境库兹涅茨曲线原理研究各国或各区域经济发展对环境污染的影响。国内许多学者关于环境质量与经济增长关系的研究也都是在环境库兹涅茨曲线的基础上进行的。

通过对我国20个重点城市群的经济发展与环境污染联动关系加以类型分析，以及对各类城市群发展的环境库兹涅茨曲线拟合，发现我国各个城市群经济发展状况对环境的影响各有不同，且两者平衡发展的阶段也不一致。经济实力大且环境承载力较强的城市群现已进入了经济发展与环境保护良性互动的阶段；而环境承载力弱的城市群，依然因经济发展而造成严重的环境污染。因此，为实现城市群环境与经济协调发展提出以下四个方面的建议。

其一，对城市群的定位应有"一分为二"的正确认识。城市群可以整合内部各单位城市的资源，加强城市间的联系与合作，实现资源要素的集聚与合理分配，还能通过产业集聚和人口聚集的密度效应产生集聚经济效应。但同时，城市群人口和产业的过度密集也会导致资源环境负荷过大、环境质量退化，给环境带来巨大的压力，当集聚超出环境承载力时会出现水、气、热、土壤、固体废物等一系列污染叠加并强化为更复杂的城市群环境问题。因此，在规划建设城市群时，必须从环境的承载力出发，将城市群的环境容量底线与生态空间红线加以明确，作为核心原则并力争赋予其法律效力，约束与指导城市群及各个城市的发展定位、目标以及各个专项规划的编制与实施。

其二，应该基于城市群的阶段特征与现实需求进行城市群规划编制，对不同类型进行分治。对于人口密度和经济密度都过高、资源环境负荷过重、环境承载

---

① Grossman G M, Krueger A B, "Environmental Impacts of a North American Free Trade Agreement," *Social Science Electronic Publishing* 8, No. 2（1992）：223 – 250.

② 参见王伟、张常明、陈璐《我国20个重点城市群经济发展与环境污染联动关系研究》，载《城市发展研究》2016年第23期，第70 – 81页。

力较低的城市群,应该进行存量与增量的双优化,从而进一步提升发展质量与效益,实现经济发展与环境保护之间的平衡。对于环境承载力较强、正处于经济发展的起步上升阶段的城市群,应利用好宝贵的环境容量剩余量,根据国家主体功能区战略,对资源环境承载能力强、人口聚集和经济条件较好的城镇化地区做好区域规划,确定准入门槛,引入优化产业。对于经济增长过快、造成严重环境污染的城市群,当务之急是要避免其陷入资源陷阱,要重点打破其对资源型经济的依赖,找到新的经济增长点。对于经济发展落后且环境污染较高的城市群,国家应当加强定向扶持,推动其走出困境,避免陷入贫困与污染的恶性循环。

其三,我国城市群环境治理应当明确重点,优先解决环境问题。对于环境污染形势较为严重的城市群,应当更多地关注环境治理,避免环境进一步恶化,提升经济发展质量。同时,还应当关注城市群内的核心城市,核心城市对整个城市群区域有辐射带动作用。因此,在经济发展过程中,要更多地注意引导核心城市环境与经济协调发展,对周边城市提供帮助与扶持,改善城市群整体环境状况,带动整个城市群又好又快地发展。此外,在环境治理过程中,还要根据实际情况各有侧重。例如,我国天山北坡城市群依托其丰富的石油、煤炭等矿产资源,采掘业发达,但空气污染也十分严重,因而在治理过程中应当关注大气污染治理,控制工业废气、工业粉尘污染排放的总量等。

其四,加强城市群跨界环境协作制度的建设与创新,促进城市群经济与生态环境之间的平衡发展,实现区域共生共赢。城市群的生态环境问题复杂而特殊,就地理界限来看,环境污染没有明确的界限,产生的环境污染会出现叠加效应并在整个区域内扩散,若想真正有效地治理,就必须打破城市群内行政区的经济束缚,树立命运共同体的理念。城市群的环境问题已经不再是某一个城市自己的问题,政府、治理者等在进行环境治理时也不能只着眼于辖区范围内来思考问题,而是需要在整个区域实现共识、共建、共治。为此,建立城市群内区域环境合作,设立专门的区域管理机构,共同解决城市群环境问题应该是城市群规划编制与实施的重点所在。[1]

---

[1] 参见王伟、张常明、陈璐《我国20个重点城市群经济发展与环境污染联动关系研究》,载《城市发展研究》2016年第23期,第70–81页。

第三节　城市群协同治理中的政策冲突问题

随着城市群的快速建设和发展，促使生产要素在城市群内部单体城市间的交流日益频繁，单个城市政府不再是孤立的，而是形成利弊互补、相互协调的新局面。目前，国家层面已经认识到城市群协调发展的重要性，开始制定跨区域的城市群发展政策规划。例如，为了促进城市群的协同发展，国务院已经先后制定和发布了多个国家战略层面的城市群规划：2014年3月发布了《国家新型城镇化规划（2014—2020年）》，2015年4月发布了《长江中游城市群发展规划》《国家新型城镇化规划（2014—2020年）》，明确指出要"建立城市群发展协调机制"，"以城市群为主要平台，推动跨区域城市间产业分工、基础设施、环境治理等协调联动。重点探索建立城市群管理协调模式，创新城市群要素市场管理机制，破除行政壁垒和垄断，促进生产要素自由流动和优化配置。建立城市群成本共担和利益共享机制，……实现城市群一体化发展"。《长江中游城市群发展规划》中明确指出，要"完善合作工作推进制度和利益协调机制，引领带动武汉城市圈、环长株潭城市群、环鄱阳湖城市群协调互动发展"，"探索城市群合作发展的新路径和新模式，培育形成全国重要的经济增长极，引领和带动中部地区加快崛起"[1]。

城市群与其相应的城市化区域最早源于工业化和市场化，虽然囿于城市的非农产业机制，但当城市或城市群在自发发展的基础上时，只要能更好地利用空间资源和符合人们的愿望，其发展状态就一定会与城市规划密切相关。发达国家的城市化历程证明，完善的城市政策规划有助于城市和城市群保护生态环境、有效利用空间和避免公地悲剧等市场失灵现象。因此，国家的城市和区域规划很重要。特别是我国作为发展中国家，市场经济的历程很短，往往很多事情都来不及等到市场经济有一个充分的发育过程，因而国家城市规划和政策对城市群和城市化发展有很大作用[2]。

我国城市群还存在政策不完善及政策冲突等现实难题。政策冲突严重阻碍了城市群的协调发展。城市群内的区域政策冲突大多出现在地方政府与地方部门之间，也包括与其相关的社会组织、团体等。并且冲突可能发生在政策周期的任何一个阶段。城市群内单体城市较多，城市间发展本就存在不协调的问题，再加上制定政策的出发点和价值旨意的差异，政策制定主体倾向于从本地区的利益出发制定政策，

---

[1] 崔俊富、陈金伟、苗建军：《城市群利益冲突初探》，载《华北电力大学学报（社会科学版）》2016年第1期，第48-53页。

[2] 参见范恒山、肖金成、方创琳等《城市群发展：新特点新思路新方向》，载《区域经济评论》2017年第5期，第1-25页。

更易激发城市群内的政策冲突。

城市群内政策冲突产生的原因有以下四点：①区域政策主体利益的不平衡。社会环境的复杂性、法律法规的冲突和各主体之间的目标差异，以及城市群内政策信息共享的不畅通等多方面因素，使得政策各主体间的利益难以平衡，进而导致政策冲突不断。②沟通机制的不健全导致矛盾激发。城市群区域内的政策沟通涉及多地区、多城市间政治友好交往关系的建立，合作意愿的达成，战略政策与发展规划的制定，经济、贸易、旅游文化的信息互通，法律法规的科学衔接等多方面的内容，需要搭建良好的政策沟通平台与机制，以有效地规避城市群内政策冲突带来的发展障碍。① ③城市群在发展规划中，客观上已经形成了相对具有独立意义的地理空间，这就需要建立相应的政策管理体系。但我国统计的城市是建制城市，属于行政范畴，尚未有城市群构成的跨行政区域的城市化统计体系和相应的政策管理体系。④城市群中城市内部以及周边已经连成一体，城市间跨行政区域的对话可以形成直接的联系纽带，以打破壁垒，但相关政策的缺失和城市群内部从自身利益出发制定政策而导致的政策冲突给城市群的发展造成了阻碍。②

第四节 城市群合作治理中的体制、机制不畅问题

随着城镇化进程的不断加快，区域协调发展的需求不断增强，城市群作为区域协调发展的主要载体，在促进我国城镇化进程以及推动我国治理体系和治理能力现代化方面起到越来越重要的作用。2014年，中共中央、国务院出台的《国家新型城镇化规划（2014—2020年）》就相应时期我国新型城镇的发展方向做出了规划。规划指出："要建立城市群协调机制，统筹制定实施城市群规划，明确城市群发展目标、空间结构和开发方向，明确各城市的功能定位和分工，统筹交通基础设施和信息网络布局，加快推进城市群一体化进程。"由此可见，城市群的一体化协同发展已经上升到国家战略层面。但就目前情况来看，我国城市群在协同发展过程中还面临着诸多障碍，其中，最为突出的就是来自城市群区域内的行政条块分割与经济社会全面协同发展之间的矛盾。城市群的协同治理不仅涉及权力的重新配置，还涉及利益的重新分配，由于受到经济实力、产业布局、资源环境等诸多差异因素的影响，城市群协同发展在实际中面临着体制、机制的障碍，我国城市群的协同更多地只停留在口头上的"协商一致"，实际上仍然是"各自为政"。推动我国城市群一体化协

---

① 参见刁一平、王晶娜《我国区域政策冲突的原因及解决方法探析》，载《法制与经济》2016年第4期，第172-174页。
② 参见范恒山、肖金成、方创琳等《城市群发展：新特点新思路新方向》，载《区域经济评论》2017年第5期，第1-25页。

同发展，一方面要理顺城市群的体制结构，另一方面要加强组织协调机制的建设，可以说，体制、机制不畅是推动城市群区域协调发展的主要障碍，流畅的体制、机制建设是推动城市群协同治理的关键要素。①

回顾我国城市群的发展历程，影响城市群发展的主要因素包括体制、机制不健全和制度不完善，以及城市群发展的跨界需求与行政区分割的障碍、缺乏城市群内部一体化发展的协调政策、没有形成有效的空间管理机制等。其中，制度、体制、机制成为制约城市群发展的主要因素。合作治理中的体制、机制不畅给城市群协同发展带来的诸多现实难题，主要表现在以下三个方面。

一、行政区分割影响城市群的跨界需求

城市群的形成和发展是一系列复杂的经济、自然以及各种内在规律相互作用的社会经济过程，也是一种城市集聚在一个地区的城市化现象。城市群集聚的过程不仅是建设多层次中心城市的表现形式，也是促使地区分散建设的城市过渡到系统规划建设集中紧凑的大城市的过程，更是建立具有城市生活方式的地域共同体的过程。城市群集聚过程与动态变化的动力机制包括制度机制、市场机制、投资机制、创新机制等。从城市群的形成与演化机制可看出，无论城市规模大或小，城市发展都有跨界需求的产生，因而城市群的建设发展必然导致跨行政区的出现，与行政区划产生的矛盾也越来越明显，同时跨界的区域性需求项目也随之增多，这些需求项目包含了区域发展规划、环境保护、交通、水电等多领域的基础设施建设。我国长期的条块分割所形成的各自为政的局面，使得政府倾向于从自身行政辖区范围内的事务出发去考虑和解决问题，较少主动提供跨境需求服务，从而加大了地区间的协调难度。因此，分割的行政区域体制已成为制约城市群发展的制度障碍。② 以我国长江中游城市群为例，一方面，长江中游城市群没有明确具体的规划，四省之间缺乏整体衔接配套机制，从而导致城市群内部的开发仍处于"各自为战"的状态，生产力整体布局和资源环境承载力空间禀赋、人口分布不统筹、不协调。在发展进程中，各地在区域合作、利益协调、环境保护等多方面互补协调、互相掣肘的矛盾日益凸显。另一方面，四省之间缺乏相应的利益协调机制，各单位城市为了加速自身发展，往往从本市自身利益出发，导致区际利益协调相关机制的不健全，阻碍了城市群整体竞争力的提升。③

---

① 参见蒋敏娟《城市群协同治理的国际经验比较：以体制机制为视角》，载《国外社会科学》2017年第6期，第47－53页。
② 参见崔大树《经济全球化进程中城市群发展的制度创新》，载《财经问题研究》2003年第5期，第68－72页。
③ 参见路洪卫《长江中游城市群区域协调发展机制探析》，载《湖北经济学院学报》2014年第12期，第59－65页。

二、缺乏城市群一体化发展的协调政策

城市群是一个相对完整的集合体，具有较强的整体性。但目前，我国城市群的整体性还不强，缺乏城市群一体化发展的相关制度和协调政策。例如，我国粤港澳大湾区城市群是"一国两制、三个关税区域和三种法律体系"的区域合作，因而其体制、机制障碍成为粤港澳大湾区世界级城市群建设的一大难题。其中，港澳与内地在政治制度、社会管理体制、经济制度和文化等方面差异较大。同时，粤港澳大湾区城市群内由于合作缺乏政策沟通协调的长效机制，目前合作联席会议的会面频率低、会期时间短，导致城市群内城市不可能就具体事项和问题进行深入讨论和研究，会议的决议限于基本的合作原则和意向，很少有深入、具体的实施细则，未能形成良好的合作治理的体制、机制。①

三、城市间分工协作的机制不健全

各城市缺乏对自身优势和定位的认识，导致城市功能定位不清晰，尚未形成合力的分工协作机制；地方政府为追求个体利益而争夺资源、资金和建设项目，竞争意识强而合作意识淡薄，造成低水平重复建设和不良竞争。此外，城市间存在着市场壁垒和障碍，信息资源开发与共享缺乏统一的平台。总而言之，城市间分工协作机制的不健全在很大程度上制约和影响了城市群区域内的协调发展，使其无力克服和解决城市群分工协作机制不健全的问题。②

第五节　城市群文化差异与融合不足问题

城市文化是随着城市的产生、发展而逐渐形成的，是一种独特的文化形态，它是城市的灵魂。城市文化有助于提升城市的竞争力、吸引投资、梳理城市形象，形成独特的地域特色和品牌。城市文化使人感受到这座城市独特的意象和吸引力，能够把现代人有效地从钢筋水泥的"牢笼"中解放出来。

城市文化一方面具有稳定的延续性，另一方面具有其自身的包容性和融合性，两个方面是相互依赖、相互统一的。也正是因为城市文化的延续性和融合性，在不同的空间尺度下，城市文化表现出同一性和异质性，即文化认同和文化差异。

---

① 参见毛艳华《粤港澳大湾区协调发展的体制机制创新研究》，载《南方经济》2018年第12期，第129-139页。

② 参见高国力、李天健、孙文迁《我国城市群的基本特征、主要问题及对策思路（下）》，载《中国发展观察》2018年第2期，第34-36+41页。

在当代城市群的建设中，文化认同是进行城市群整合的基础。① 所谓文化认同，是指在特定区域内个体与个体或群体之间对共同文化的确认程度。文化认同可以寻求统一的生存方式，保持区域内生活与发展的稳定性、持续性。综合而言，文化认同关系到文化价值取向、国家政权稳定和民族国家信念。中国传统文化内容丰富，包括价值观念、思维方式、理想人格、道德情感、礼仪风俗和文学艺术等内容。而传统文化中的价值观念、道德情感、礼仪风俗等积极因素可以促进社会的发展，是城市发展的源泉与动力。面对中国国际化进程的加速，社会经济与发展正处于急速发展阶段，文化与价值观念碰撞突出，亟待进行文化的自省与沉淀。在文化价值观念日益多样化的背景下，城市群内部文化互相碰撞和冲突，产生明显的文化差异，城市群内部文化认同感低下，文化融合不足现象十分明显。② 在推动城市群建设的过程中，如何实现城市群的一体化发展是值得关注的问题。近年来，人们多是从经济、行政等方面进行考虑，而忽视了文化差异和融合不足等问题给城市群一体化建设带来的阻碍，也忽视了文化因素在城市群形成和发展过程中的作用。

从外在形态上来看，城市群是由多个城市组成的城市群落，这个群落的形成一定有一种或者多种因素作为联系纽带。这种纽带可以是经济联系，也可以是社会联系，或者是二者兼而有之，城市群内部各个城市拥有相类似的文化必不可少。城市群是一个复杂的复合系统，文化是除政治、经济、地缘因素外非常重要的因素之一。例如，长三角城市群、海峡西岸城市群、珠三角城市群等三个由南向北的城市群，它们的文化分别是吴越文化、闽南文化、岭南文化。文化的同质性使得每个城市都各有归属，而文化的异质性使得不同城市分属于不同的城市群。目前，虽然长三角城市群被扩容到了江西省和安徽省，形成了泛长三角城市群的概念，但是由于安徽南部和江西北部同属于楚文化，因而安徽和江西的城市与原来长三角城市群内部城市的发展还是无法契合。虽然经济发展差异也是其中的原因之一，但是，由文化差异所造成的人的思维方式和行为规范的差异也不容忽视。

从城市群的运行机制来看，由于它具有自给自足的特征，即便与周边地区割裂开来，单个城市群也是可以独立运行的，这说明城市群是一个独立的空间系统，有着自己独特的城市运行体系。而地域文化也是维系这个系统正常运转的诸多因素中的重要因素之一。理论与实践均表明，特定区域的文化传统和文化符号是形成人们价值认同的重要基础。在塑造经济社会发展所需要的软环境中，文化占据着越来越重要的地位。例如，关中城市群、成渝城市群、海峡西岸城市群等地大多有着深厚的、独特的文化底蕴，吸引了大批中外游客到此观光旅游，有效地推动了这些地区

---

① 参见魏彩杰、薛富兴《差异与认同——长株潭城市群的文化发展探讨》，载《大众文艺》2012年第8期，第282-283页。
② 参加郭苏《中原城市群建设视角下的文化认同感研究》，载《科协论坛》2012年第5期，第189-190页。

旅游产业的发展,并带动了交通运输、特色产品、餐饮住宿等行业的发展。相反,如果一个城市群内文化差异性较大,则必须通过文化交流与文化融合的方式才能形成促进城市群平稳运行的动力。如江淮城市群,虽然早在2006年学术界就有人提出江淮城市群的概念,可是其发展一直没能引起更多人的关注,文化的差异性和多元性也是制约原因之一。因此,要想促进城市群健康稳定发展,除了加快经济社会发展和注重生态环境建设外,还需要在构建文化认同方面下功夫。总的来说,文化认同是人们在特定的区域内长期共同生活所形成的对特定事物或行为的认知和理解,从而使得该区域内的居民拥有相同或相似的价值观和行为规范。这些价值观和行为规范的形成,在一定的范围内成为人们进行价值判断的衡量尺度。如果由具有相同文化的城市组成城市群,那么在这些城市群发生要素流动、商品交易,以及其他社会交往中的交易成本或摩擦成本就会减少,有利于维系城市群的发展和正常运行。[①]

[①] 参见范恒山、肖金成、方创琳等《城市群发展:新特点新思路新方向》,载《区域经济评论》2017年第5期,第1-25页。

第三章　城市群治理的基本理论

随着我国新型城镇化战略的不断推进，城市群已经成为我国经济发展的重要增长极。城市群作为我国区域协调发展的重要载体，对促进我国新型城镇化建设进程发挥着重要的作用。但是，随着城市的发展，城市群治理问题也日益突出。为实现城市群社会的更优治理，有效解决上述一系列问题，我们应当在明确城市群治理的内涵基础上，形成城市群治理的指导理论，进一步明确治理的主要思路、模式以及主导机制。

第一节　城市群治理概述

一、城市群治理的背景

我国城市群发展过程中出现的困境使相关部门开始关注城市群治理。我国城镇化率从2005年的43%提高到2017年的58.52%[1]，已经有接近六成的人口生活在城市。随着城镇化的发展，我国将城市群作为新型城镇化和区域经济社会发展的主要载体，形成以京津冀、长三角、珠三角三大城市群为代表的增长极，三大城市群在约占全国2.8%的国土面积上集聚了约占全国18%的人口，国内生产总值占36%[2]，成为带动我国经济快速增长和参与国际经济合作与竞争的主要平台。随着城市群的发展，大量人口、资源禀赋等集中涌向各城市群，在经济分工合作、生态环境保护、公共服务等诸多领域产生了不协调、不均衡的矛盾，从而出现了城市群的各城市之间不协调、生态环境严峻等问题，这种现象被称之为"城市群病"，究其原因，主要是由市场外部性等微观因素和政府外部性等宏观因素所造成的。因此，城市群治理问题首先要解决"城市群病"现象。

首先，城市群空间的扩大增加了城市群治理的范围。一方面，城市群空间范围的扩大，增加了治理的范围。在城市群形成的过程中，行政区划的调整使得城市群空间范围变大，如珠三角城市群的发展就是通过行政区划的调整使得城市群空间范

---

[1] 数据来源：国家统计局。
[2] 参见杨佩卿《新型城镇化的内涵与发展路径》，载《光明日报》2015年8月19日第15版。

围不断扩大。城市群空间范围的扩大催生了专家学者对城市群内各个地方政府关系的研究，以及对跨界公共事务、跨区域环境治理、交通规划治理、城市群内府际关系、城市群法律保障机制、城市群合作治理机制等的研究。另一方面，城市群人口、资源的不断积聚，产生了大量新的城市群治理研究内容。城市群空间范围的扩大吸引了大量优秀人才和农村人口不断向城市群流动，我国的人口流动呈现由中西部向东部、沿海一带城市群集聚的趋势，尤其是城市群的核心城市人口密集度过高，造成大城市人口膨胀、交通阻塞以及农业发展后劲不足等问题。大城市在虹吸效应的作用下，不断地将人口、资源、产业集聚，造成中心城市"一家独大"、功能不足而周边城市处于相对贫困的经济发展不平衡状态。各城市在模仿效应的推动下，导致产业同质化、产业重复建设、落后产能过剩；城市群区域内城市之间的产业发展缺乏协调机制，使得城市群分工不明确，城市发展的互补性差，经济发展外向度不足；市场产权不清晰则造成土地浪费严重、区域内环境污染严重、生态环境恶化，且环境问题难以治理；城市群内交通系统不完善；城市群内部公共服务碎片化。为了应对这些问题，城市群跨区域治理的研究应运而生。

其次，现有的政府行政管理体制滞后于城市群治理发展的需要。现有的行政区划所产生的行政区经济的外部性，造成了单个城市的个体理性与城市群整体的合作理性之间的冲突，这是产生协调问题的宏观因素。现有的行政区划的刚性约束，以及在传统的行政文化和官员的绩效考核制度不健全的影响下产生了区域本位主义，导致了各城市间产业同构、地方保护主义、恶性竞争现象严重，行政壁垒林立、以邻为壑，行政区边界经济衰微，以致跨区域环境治理问题严重；这种行政壁垒体现在省级、市级和部门之间，导致经济一体化进展缓慢，由于城市群内城市间的行政级别不对等，地方政府的组织行为和管理行为难以协调，使得城市间难以建立起长效的合作机制；现有的行政管理体制造成市场分割，以行政手段跨区域进行资源配置效率低下，市场无法发挥调节作用，同时，政府对市场的纠错行为有可能产生新的外部性；政府与社会之间的协调失衡，非政府组织发育不足、作用没有充分发挥，出现公共服务碎片化，基本公共服务城乡差距过大，供给方式单一且效率低，供给与需求不协调等问题，造成城市群内各城市间公共资源分布不均；在顶层设计上，现有的城市群规划缺乏科学性、内容抽象难以落实，或是缺乏统一的协调规划、各城市的经济发展战略之间不协调，导致城市群空间布局不合理；城市群内合作机制落后，协调组织机构建设缺乏制度构建和运转经费，协调机制缺乏配套的法律制度，缺少纠纷解决机制和信息共享机制。①

---

① 参见米鹏举《国内城市群治理研究综述：文献述评与未来展望》，载《理论与现代化》2018年第2期，第90-98页。

二、城市群治理的概念和特征

(一) 城市群治理的概念

治理(governance)指的是管理,目前对治理概念认同度较广的是全球治理委员会于1995年发表的题为《我们的全球伙伴关系》研究报告中的定义:治理是各种公共的或私人的个人和机构管理其共同事务的诸多方式的总和,它是使相互冲突的或不同的利益得以调和并且采取联合行动的持续过程。这既包括迫使人们服从的正式制度和规则,也包括各种人们同意或为符合其利益的非正式的制度安排。①

目前,中国经济的增长极正发生着"由点到面"的深刻跃变,而城市群也正在成为国家参与全球竞争与国际分工的全新空间单元,在继续扩大开放、深化改革的新时期,城市群是世界进一步走进中国和中国进一步走向世界的重要门户。与此同时,城市治理正在进行从城市层面到区域层面的"尺度跃升"(upscaling),城市群规划和建设日益成为治理"大城市病"的药方之一。当全球城市发展正在迈入以城市群建设为主要趋势和主要特征的高级阶段时,我国新型城镇化建设和区域发展战略也逐步进入以城市群为主体形态的阶段。国家"十一五""十二五""十三五"规划纲要和《国家新型城镇化规划(2014—2020年)》连续将城市群作为推进国家新型城镇化的空间主体。党的十九大报告则更加明确地提出了"以城市群为主体构建大中小城市和小城镇协调发展的城镇格局"的总体思路。

中国特色的城市群概念最早是作为对特定空间现象的概括和描述而被学界提出来的,随后逐渐进入国家行政领域和国家政策话语体系,如今被提升至国家重要战略的高度。随着大中小城市协调发展的区域政策出台及各城市群区域规划的编制,城市群治理问题逐渐得到政界和学术界的重视。中国城市群治理的一个显著特点就是实践主导和问题导向。为了解决地方冲突、无序竞争、重复投资等区域问题,降低城市群治理的交易成本,促进城市群内城市之间的合作与协调,各种不同的城市群治理模式与策略开始不断被呈现。空间规划、行政兼并、功能性政府机构设置、地方合作联席组织和地方合作联系机制等治理形式都是我们近些年积极探索的经验。然而,当前的城市群治理除了求助于中央政府的协调之外,至今还停留在一味地规划和倡导地方政府间合作的阶段。城市群治理的制度化安排依然不足,地方政府间实质性、持续性的合作实际上并未有效达成,许多区域的公共问题仍没有得到有效解决,区域公共物品供给仍然不足,从而使得城市群治理能力问题仍旧比较突出。

在面对超越传统城市行政区的区域公共问题与公共事务叠加和倍增的趋势下,针对行政区经济、地方保护主义等区域问题,围绕行政区划调整、行政制度供给、

---

① 参见汪阳红《城市群治理与模式选择》,载《中国城市经济》2009年第2期,第50-55页。

政府间关系协调、利益平衡与补偿、区域公共物品供给等城市群现实问题的治理研究中，在借鉴北美和城市群区域之经验的相关理论的基础上，结合我国城市群发展的实际情况、发展阶段、制度背景以及相关理论，学术界对我国城市群治理进行了探索。但是，目前还未形成完整的、具有中国特色的城市群治理理论。而现有的城市群治理概念也未形成一致定义。① 关于城市群治理概念，张京祥等（2000）认为，城市与区域治理是一种地域空间治理的概念，它是将经济、社会、生态等可持续发展，资本、土地、劳动力、技术、信息、知识等生产要素综合包容在内的整体地域治理概念，既涉及中央元，又涉及地区元，也涉及非政府组织元等多组织元的权利协调。黄丽（2003）认为，大都市区治理就是发现和采用一种机制，建立一种整合的政府或专门的机构和委员会，运用和动员社会及非政府组织的力量，在充分尊重并鼓励公众参与的基础上，进行的一种解决大都市宏观与微观区域问题的政治过程。汪阳红等（2017）认为，城市群治理是针对以中心城市为核心的城市密集区域，通过整合政府、企业、居民和社会组织等主体，充分发挥政府和市场的作用，有效协调城市间关系，共同解决城市群发展所面临的公共问题，促进城市群的一种联合行动。

（二）城市群治理的特征

城市群治理有其特有的特征，主要表现在以下四个方面：一是城市群治理包含多样化的行为主体，包括政府部门、私营部门及其涵盖的志愿团体、非营利机构、非政府组织、社区企业、合作社、社会互助组织等在内的第三部门，这些多元主体在城市群治理中共同发挥作用。二是城市群治理不是以控制为基础的，而是注重协调的手段作用，不以"支配""控制"为目的；其涉及广泛的上级政府与下级政府，同级政府之间，政府与非政府组织间，政府、企业和居民之间的关系协调，着眼于调动多元主体的积极性。三是城市群治理既可以是一种正式的制度安排，也可以是非正式的制度安排。通过对这些制度和政策的安排，可以使城市群内部多元主体实现集体行动，包括设定城市群的发展目标，制定共同增长规则，做出区域公共决策，组织并协调区域的集体活动等。四是城市群治理的目的是重点解决单个城市不能解决的问题，通过多种途径建立有利于促进内部单位城市间合作协调发展的利益分配机制、激励和约束机制、冲突解决机制等，促使城市群实现效益最大化。②

---

① 参见张福磊、曹现强《中国城市群的空间特性与治理体系》，载《学习与实践》2018 年第 12 期，第 5 - 15 页。

② 参见汪阳红《城市群治理与模式选择》，载《中国城市经济》2009 年第 2 期，第 50 - 55 页。

三、我国城市群治理的嬗变

我国城市群的形成与治理经历了独特的时代嬗变。在计划经济时期，我国计划经济体制下的管理模式是"全国一盘棋"，不存在城市群区域治理一说。改革开放初期虽谈不上区域治理，但激发了行政单元的积极性，以前受制于中央集权的地方政府变为竞争性地方政府。所谓管理，也就是行政区单元范围内的"点"状管理，是地方政府行为主导下以经济发展为中心的"行政管理"，可以说既是行政管理的地方化微缩，也是地方政府的企业化管理。然而，这种行政单元主导的"点"状格局会造成生产要素跨行政区流动困难、产业同构现象严重。于是，中央政府提出推进"区域经济一体化"，这一阶段推动的力量主要是中央政府，推动的方式主要是区域规划，推动的主要内容是围绕区域经济发展的六大一体化，即交通等基础设施与信息的一体化、产业一体化、市场一体化、生态环境一体化、政策与制度一体化、形态一体化，偏重经济建设而忽视体制、机制。这一阶段有了超出行政单元的跨区域空间范围概念，但就区域治理来说，是在单一制国家结构的形式下，以压力型政府绩效评估体系为手段，既难以形成跨区域政府合作的共识，也缺乏催生跨区域政府合作的真正动力。区域经济一体化停留在通过中央有关部门的宏观规划与调配，侧重于交通基础设施等硬件建设，而难以在体制制度等治理机制上取得突破性进展。

真正的城市群区域治理是近年才产生的。我国从"十一五"规划开始，区域发展总体战略上升为国家战略，以地方政府为主导、以相邻地区为范围、以一定城市结构为形态的城市群（圈、带）区域发展战略规划纷纷出台。其中，2007年至2011年间共批复了43个重点区域规划，尤以2009年至2011年最为密集（37个），仅2012年国家发展改革委员会就批准了10个"国家战略性"的区域发展规划。[①]这意味着区域规划已被纳入国家战略层面，一个以城市为主体、以相邻区域为范围的集群化板块式的区域发展格局已渐趋明朗，形成了以大都市化和城市群为特征的城市空间布局集聚化趋势。这是相邻地区相关地方政府"主动靠近"、积极联合的产物，既有内在动力也有外在压力。其内在动力是相邻区域扩大资源利用范围和提高资源共享程度，以获得区域经济发展的集聚效应；外在压力是联合起来以解决区域资源束缚，以及"城市病"等环境和社会公共性问题。此外，也有联合起来向中央政府索要资金、项目、政策的博弈私心。

这其中包含城市群区域治理的三大转变：一是中央政府在从自上而下"全国一盘棋"式的管理模式转向尊重相邻区域政府自主联合的基础上，通过顶层设计规划与引导区域城市群的发展；二是地方政府从只看重政府组织间的协商合作转向调动

---

① 参见李程骅《中国城市转型研究》，人民出版社2013年版。

各行业协会、各民间组织以及"非政府组织"参与下的合作共治；三是治理内容逐步由硬件设施建设递进转向体制、机制建构，从交通、信息与标准等跨区域重大基础设施建设扩展到产业分工、产业空间再造、产业利益协调补偿的跨区域产业体系建构，再扩展到就业、教育、卫生、社保等的跨区域公共服务福利建构。[①]

第二节　城市群治理的理论指导

城市群治理是一个涵盖政治学、社会学、法学和经济学等多个学科的研究领域，价值理念与治理技术两者相互融合、共生演化，共同作用于城市群治理的全过程。城市群在治理过程中受诸多理论的指导并进行治理实践。

一、城市群治理理论之新区域主义理论

20世纪中后期以来，在全球化下的城市变迁、信息传递的便捷迅速、生活环境的质量要求、公共政策的复杂多变等多重因素的影响下，跨区域公共问题凸显，政府（尤其是大城市区政府）在面对多元化的公共议题时力不从心。因此，地方政府必须结合社会各界的力量，以提升公共服务的品质和供给能力。这种公共管理领域质的变化，不仅改变了传统中央与地方之间的关系，也影响了地方公共部门彼此之间的水平关系，同时更浮现出前所未有的地方与社区、企业以及非营利组织之间的合作伙伴关系。新区域主义理论正是在这一背景之下，基于对传统巨人政府理论、多中心体制理论等的反思、整合和发展而形成的。

近一百多年来，西方国家大都市区的地方政府跨区域合作治理走过了一条"巨人政府理论—多中心体制理论—新区域主义理论"的发展路径。大都市区的治理研究最早起源于美国1910年设置的大都市区（metropolitan district），早期的研究者主张在大都市区建立统一的政府机构，因此被称为"巨人政府理论"（也被称为"区域主义"或"传统区域主义"）。该理论主张通过行政区划调整实现区域资源的再分配，以实现均衡地方财政、提供跨区域服务、促进经济发展等综合目标，在具体治理模式上通常采用"市县合并、兼并和联盟制"。[②] 20世纪80年代末期，多中心体制理论开始占据主导地位。该理论认为，单一的官僚制机构容易出现沟通不畅、缺乏效率等问题，主张将大都市区域视为一个公共市场，容许公民在竞争性的公共服务提供者之间做出选择，在具体的治理模式上支持大都市地区存在相互独立的多个决策中心，包括正式的全功能性政府单位（如市、县、区等）和大量重叠的特殊区

[①] 参见王玉海、宋逸群《共享与共治：中国城市群协同治理体系建构》，载《开发研究》2017年第6期，第1-6页。

[②] 参见李长晏《区域发展与跨域治理理论与实务》，元照出版有限公司2012年版。

域政府（如学区和其他特别区）等。20世纪90年代，多中心体制理论面临忽视历史、缺乏广泛的公共论坛、忽视不平等和公众利益等诸多挑战，区域主义开始复兴。这时期的区域主义继承了前期自由主义者对地方政府割裂化的批评，同时认为传统的区域发展策略、区域规划、区域政策与区域治理等面临着巨大的转型，主张从区域协调与合作发展的视角来研究区域治理，逐渐形成了新区域主义理论。[①]

新区域主义理论建立在地方政府间必须相互依赖地方的资源和协同才能实现各自目标共识的基础上，其理论渊源植根于政治理论、组织理论、公共政策等多元学科之中。在分化和发展过程中，新区域主义形成了政策网络理论、新制度主义和协作理论等三大基础理论。政策网络理论主要用于分析不同参与者之间的权力结构联接关系，指"一群因资源依赖而相互联结的群聚或复合体；又因资源依赖结构的断裂而区别于其他群聚或复合体"[②]。该理论认为，由正式政治制度创设并分配给各类公共组织的权力资源，决定了它们之间的权力关系；与此同时，各类组织也能在既定的规则内运用各种策略进行资源交换以实现组织目标。资源交换过程构成组织之间复杂的权力依赖关系，进而直接影响政策网络的类型与整合程度，并最终决定政策的产出状况。在这样一个网络体系中，政府无法再对资源进行任意支配，而必须通过新的技术与方法来控制与导航。新制度主义认为，制度的本质是建立起多元行动者之间达成持续性的协调与相互利益满足的规则。新制度主义关注由正式规则、非正式规则、个人偏好、路径依赖等变量构成的制度体系。跨域治理中的新制度主义主要体现在两个方面：一是制度要呈现行动者之间权力分享的内涵。换言之，要在中央与地方、地方与地方以及非政府组织间体现出伙伴关系。二是强调权力被赋予，管理制度建立的目标是增强联合行动的能力。这意味着中央政府要赋予地方政府更多的权力，以增强地方政府的能力。协作理论认为，透过网络的协作决策是克服集体行动问题的理想方法，这种理论假设任何集体行动问题都存在着不确定性和争议，多元利益相关者因必然存在的利益冲突而共同致力于寻求可行的解决方案。在这种模式下，规划者将所有的潜在利益相关者汇集成协作网络，透过对话和协商过程，取得目标和具体行动的共识。这一管理模式的关键特征是各个利益团体之间需要自行搭建真实对话与协商一致的平台。[③]

目前，学界对"新区域主义"还没有统一的界定，一般认为"新区域主义"以提高竞争力为目标，重视区域性的制度建设，通过多元主体参与、自下而上的区域性组织的建立，联合解决区域内的各种社会经济问题，强调全面协调发展观，是一

[①] 参见耿云《新区域主义视角下的京津冀都市圈治理结构研究》，载《城市发展研究》2015年第22期，第15—20页。

[②] Marsh D, Rhodes W. *Policy Networks in British Government* (New York: Oxford University Press, 1992), p. 13.

[③] 参见耿云《新区域主义视角下的京津冀都市圈治理结构研究》，载《城市发展研究》2015年第22期，第15—20页。

种城市或者区域治理理论。新区域主义主张采取区域治理的各种形式，包括正式或非正式的形式，不仅限于政府之间的合并或如公共选择观点主张的政府分割化观点。新区域主义将目标从区域发展的效率转到效率、公平、环境等关系的权衡层面。参与区域治理的主体力量来源于大都市区不同层次政府间、地方政府间、地方公民团体间或地方政府与公民团体间形成的社会网络，他们组建成区域治理的协作性或合作性组织，采取多种形式来解决公共问题。新区域主义是传统合并主义观点与公共选择观点相互对话下的产物，其认为在解决都市区问题时，竞争与合作两种体制应兼顾运用，才能有效达成治理都市区的效果。①

综合来看，新区域主义对于城市群跨域治理的共性认识主要体现在四个方面：第一，共同的区域认同（区域意识）。区域认同是指经过人们的认知过程，逐渐形成对某一区域所产生的归属和认同感，主要指人们经由认知和想象所得到的结果，就如同"认知的区域"，或是想象共同体。新区域主义认为，区域认同是区域合作的前提和基础。只有有了区域认同，才能实现区域内社会整合的成长，以及自发性的社会、经济互动过程。第二，多元主体形成的组织间网络。跨域治理是政府、非政府组织、私人部门、公民及其他利益相关者为实现区域公共利益最大化而共同参与的过程。在这种治理理念中，不仅体现出"政府上下级之间的权力和资源分享"，而且体现出政府与企业、非政府组织和公民之间的权力和资源分享。第三，多元弹性的"协调"机制。跨域治理与单独行政辖区内治理的最大区别，在于政策活动过程中对"协调"机制的强调。跨域治理行动需要各地方之间进行配合，单一政策系统中的决策—执行过程，在跨域治理中是一个决策—协调—执行的过程。因此，新区域主义认为，区域化治理的核心问题是都市区政府间的协调机制的建设，这种协调机制可能面向空间、功能和部门等不同的纬度而全方位展开。第四，多样性的协作制度安排。跨域合作的目标是结果而非过程，各地方在合作治理的过程中可能需要考量比同一区域内更多的行政生态差异，进而探索适宜本区域的制度安排。②

二、城市群治理理论之整体性治理理论

（一）整体性治理理论的内涵

整体性治理的概念最早由英国约克大学的安德鲁·邓西尔（Andrew Dunsire）于1990年在《整体性治理》的文章中提出。整体性治理理论产生的背景主要表现在以下四个方面。③

---

① 参见汪阳红《城市群走协同共赢之路》，人民出版社2017年版。
② 参见耿云《新区域主义视角下的京津冀都市圈治理结构研究》，载《城市发展研究》2015年第22期，第15-20页。
③ 参见曾凡军《从竞争治理迈向整体治理》，载《学术论坛》2009年第9期，第82-86页。

第一,经济全球化的到来是整体性治理理论产生的直接动因。一方面,受经济全球化的影响推动,随着经济全球化趋势的加强,以交通线为纽带的政府治理面临着跨界生产要素流动性加快的问题,全球化的加速使人才、资源、资金要素的流动加快,这对政府转变治理模式、提升反应速度和治理效率提出新的要求。另一方面,公共问题愈加复杂,导致跨界、跨域问题治理难度加大,依靠单个政府无法得到妥善解决,而需要组织跨界的联合行动,整合多区域政府等主体的力量,以协同性的整体合作战略处理复杂的公共问题。

第二,对新公共管理运动的继承、反思和超越是整体性治理理论产生的思想动因。新公共管理虽然倡导的是公共服务外包和私有化改革,追求治理效率,强调以顾客需求为导向进行组织结构职能的调整,打造竞争性政府模式。但其过分强调市场、竞争化等取向和过度解制,导致了政府之间、部门之间缺乏应有的合作,形成了各自为政的碎片化制度结构,加大了治理难度。整体性治理理论就起源于对新公共管理中出现的协同不足、治理碎片化问题提出的整体性的治理战略,强调要建立有效的协调机构,以促进不同政府和部门之间的整合,提升政府整体治理效率。可以说,整体性治理理论形成的理论渊源源自对新公共管理的批判和反思。

第三,新信息网络技术的发展是整体性治理理论产生的技术保障。新信息网络技术有助于跨政府间信息流通更为便捷、交流更为方便,从而降低了政府间和部门间的沟通与协调成本,促使政府治理更加协调、高效,对政府治理产生重大影响,是整体性治理理论产生的重要推动力量。

第四,政府服务品质化的诉求是整体性治理理论产生的实践基础。以往政府提供公共服务的品质无法满足公众需求,在成本有限的前提下,政府间的竞争导致了各自为政的碎片化弊端,以致社会公共问题难以解决。因此,为满足公众对服务品质化的需求,增强民众对政府的信任,以公民导向、结果导向、协同导向和责任导向为目标的整体性治理理论应运而生。整体性治理理论克服了传统官僚制和新公共管理的弊端,追求整体性价值理念;主张用整合的组织形式代替专业分工严格的传统行政组织,打造整合式组织结构;运用有效的沟通协调机制进行多主体的整合与管理,构建新的沟通合作方式,建立跨部门的协调机制;重视信息系统的建设和现代信息技术的发展以及运用。[1]

整体性治理理论是在三个基本前提与假设的基础上形成的。首先,公众经常有需要政府解决的形式多样的且需要政府从整体性角度出发才能解决的问题;其次,政府机构行为应以民众关注的问题为导向,政府的宗旨要倾向于解决民众的实际问题,而大多数这样的问题都是要通过跨部门合作治理才能得到解决的;最后,对于未解决的问题,政府必须通过实现内部机构、部门、专业与各层级间的整合协调,

---

[1] 参见董树军《城市群府际博弈的整体性治理研究》(学位论文),湖南大学2016年。

才能实现政府的整体性运作。可见，整体性治理是基于要求政府组织功能整合与建立高效公共服务体系之上的。该理论的治理逻辑主要体现在工具理性和价值理性两方面。工具理性层面上强调协调和整合是整体性治理的核心概念，协调要解决的是组织外部的认识问题，要消除组织间的问题与矛盾；整合是要求各组织间以及组织内部各部门从全局出发，以结果为导向达成一致行动。通过协调和整合政府组织机构间的关系来提高治理效率，有效解决因组织追求自我效用最大化而出现的组织碎片化、不协调等问题。在价值理性层面上，整体性治理恢复和重建了民众在治理中的根本主体地位，体现了治理价值理性的回归。整体性治理重视治理主体的参与性，认为民众会要求有更多的话语权以参与到治理过程中，若要体现整体性治理的价值理性，需要尊重公众身份，发挥公众参与的作用。[1]

（二）整体性治理理论与城市群治理的内在联系

随着区域一体化的推进，我国长三角、粤港澳大湾区、京津冀等城市群在区域公共事务治理方面的协作发展问题引起了社会的关注，实施区域协调发展战略成为新时代国家的重大战略之一。2018年11月29日，《中共中央国务院关于建立更加有效的区域协调发展新机制的意见》进一步把区域协调发展推向了更深入、更坚实的层面。作为继新公共管理之后的新的政府治理途径，整体性治理在区域协作治理方面的应用逐渐增多。整体性治理理论源于"整体主义"，强调协作、整合和"跨界性"等特征，关注整体利益；强调政府在进行公共事务治理时，不仅要对政府部门内的机构进行功能整合，也要促使政府与政府之间，政府、私营部门和非营利组织之间进行协作，从而形成整体性治理网络。因此，城市群协作治理发展与整体性治理理论有内在的契合性。[2] 城市群在区域合作实践过程中面临着区域间合作不畅、不良竞争、沟通协作不到位等多样化困境，从整体性治理的内涵和具备的特征以及解决的问题来看，城市群区域协作发展议题与整体性治理理论是有着内在契合性的。因此，整体性治理理论亦是城市群治理的指导理论之一。

三、城市群治理理论之制度性集体行动理论

（一）制度性集体行动理论的缘起

制度性集体行动理论产生的现实背景是美国大都市治理的经验，这是因为大都市区的形成在客观上会对区域内各地方政府在环境保护、基础设施、社会治安等多

---

[1] 参见寇丹《整体性治理：政府治理的新趋向》，载《东北大学学报（社会科学版）》2012年第14期，第230-233页。

[2] 参见崔晶《以整体性治理推进区域协调发展机制的创新》，载《国家治理》2018年第47期，第17-23页。

领域中的相互配合提出较高的要求。但实际上，美国大都市区内存在着诸多互补归属，相互独立的市、镇导致大都市区的宗旨单元呈现"碎片化"状态。在这种情形下，这些地方政府可能会以追求短期利益为主，以牺牲周边地区的利益为代价，从而造成集体行动的困境。

制度性集体行动理论是建立在曼柯·奥尔森（Maneur Olson）个体定性的理论基础之上的，理查德·菲沃克（Richard Feiock）认为，制度性集体行动理论是从个体行动理论而来——通过一组共同起作用的制度来实现共同的政策目标，如群体规模、共同政策目标、强制/选择性机理、强有力的领导者或政策企业家等同样影响到制度性集体行动。[①] 但与奥尔森个体行动的理论相比，制度性集体行动理论更为关注集团中个体的行为，且关注的主体大多是政府机构、部门以及辖区选民等。另外，制度性集体行动理论还发源于组织交易理论和交易成本理论。组织交易理论认为，所有的组织发展都依赖于其所占有的资源，没有任何一个组织能够单独依靠自身资源得以存在和长足发展。交易成本理论则认为，交易成本会影响权利形式，组织间共同协作和组织网络是一种相互依存的组织间关系，可以降低组织间的交易成本。菲沃克的制度性集体行动理论将交易成本视为制度性集体行动的主要障碍，并系统分析交易成本，为集体行动提出系统方案，从而降低成本、增进效益和促进合作。[②]

（二）制度性集体行动理论的内涵

1. 制度性集体行动理论的概念

制度性集体行动（Institutional Collective Action，ICA）理论的代表人物是理查德·菲沃克。这一理论主要是通过勾勒出合作中的一些重要因素，来揭示合作行为如何在动态下得以产生和演化的。其中，地方政府之间的合作可以被视为政府间的制度性集体行动，是这一理论最主要的研究对象和内容。[③]

奥尔森在《集体行动的逻辑》中指出，由于个人利益与集体利益之间存在冲突，因此理性的个人行为一般不会带来理性的集体结果。制度性集体行动理论在充分借鉴这一理论的基础上做了进一步的拓展和修正：一是将研究的对象从个人拓展到复合行动者，特别是其中的地方政府及其组成部门；二是认为受环境和信息不完整的影响，无论是个人还是复合行动者的行为都只具有有限理性。根据制度性集体行动理论，制度性集体行动困境源自权利和公共责任的分割，一个地方政府在一个或多个特定功能领域的决策会对其他政府或功能产生影响。这种权力和责任的碎片

[①] 参见理查德·菲沃克《大都市治理：冲突、竞争与合作》，许源源等译，重庆大学出版社2012年版。

[②] 参见姜流、杨龙《制度性集体行动理论研究》，载《内蒙古大学学报（哲学社会科学版）》2018年第50期，第96–104页。

[③] 参见姜流、杨龙《制度性集体行动理论研究》，载《内蒙古大学学报（哲学社会科学版）》2018年第50期，第96–104页。

化造成了规模不经济、外部性及共同资源的使用问题等困境。因此，为了解决这些问题，需要一种协调性机制，即地方政府之间的制度性集体行动，以协调公共产品的供给及解决外部性的问题。制度性集体行动困境主要是指在信息不对称和缺少协调的情形下，复合行动者追求自身利益的行为所导致的集体结果的无效率行为。①

2. 制度性集体行动的理论基础

制度性集体行动为理解和研究当代社会中普遍存在的合作困境提供了一个概念框架。这个概念框架集多种研究传统和理论方法于一体，包括集体行动理论、组织交易理论、公共经济理论以及社会嵌入理论。

制度性集体行动框架直接建立在著名的集体行动逻辑理论之上。集体行动逻辑理论关注个人的行为如何最终导致人人都不希望出现的集体结果，并拓展其对职位、权力和聚合规则不同的多元行动者的研究。相比之下，制度性集体行动主要的研究对象是政府部门及其行政辖区内的选民们。

制度性集体行动把交易成本看作阻碍政府合作以达成一致决策的主要障碍。例如，信息成本限定了有限理性的行动者们所能考虑的解决方案；谈判成本增加了行动者们在有限的方案中达成一致的难度；外部决策成本束缚了集体决策中的自主性；执行成本降低了行动者们做出可靠承诺的可能性。因此，交易成本分析为研究合作困境的解决机制提供了一个系统方案。无论是制度集体行动提出的双边交换关系机制，还是建立对行动者有约束力的合作关系机制，都是建立在交易成本理论之上的。

制度集体行动框架还受益于文森特·奥斯特罗姆（Vincent Ostrom）与埃莉诺·奥斯特罗姆（Elinor Ostrom）提出的地方公共经济理论。该理论源于经济学理论，但是地方公共经济理论的切入点是工业组织。在地方公共经济的视角中，解决溢出效应并不在于风险和交易成本分析，而在于控制、效率、政治代表性和自决权。同时，地方公共经济理论并不致力于构建解决问题的综合机制，而是重在识别和分析不同的服务是如何提供的，以及提供不同模式的优劣和其各自的绩效。制度集体行动在地方公共经济理论上进一步深化了四个方面的研究，包括对合作困境性质的分析、对直接或间接参与合作的政治权威的分析、对作为或不作为相关的潜在风险分析和对行动者动机和激励的分析。

随着社会嵌入理论越来越多地被应用于分析经济与政治关系，政府间的相互关系当然也无法脱离于相应的社会、政治和经济背景。紧密联系的网络关系既能减少责任推卸的情况发生，又能增强可信承诺度，所以区域之间的关系在很大程度上也会受到区域间长期互惠关系的影响。因此，社会嵌入理论也是制度集体行动的基础理论之一。②

---

① 参见姜流、杨龙《制度性集体行动理论研究》，载《内蒙古大学学报（哲学社会科学版）》2018 年第 50 期，第 96–104 页。

② 参见蔡岚《解决区域合作困境的制度集体行动框架研究》，载《求索》2015 年第 8 期，第 65–69 页。

(三) 制度性集体行动理论在我国城市群治理中的适用性

事实上，大都市区和城市群治理所面临的集体行动这一困境，在全世界是都普遍存在的，并且当前迅速发展的全球化形式对区域合作要求的提升使这一问题变得更加严重。我国城市群在实现跨区域治理过程中也面临着严重的集体行动困境，而制度性集体行动理论可以为我国城市群跨区域治理提供指导意见。制度性集体行动理论有助于更好地理解和促进跨行政区域治理中的地方政府间合作。首先，制度性集体行动理论强调通过形成一系列的制度以促成政府间合作，这为我国日益增多的城市群跨区域问题提供了制度视角的理论分析路径。通过制度性集体理论，不仅可以理解城市群内跨域治理合作的产生，还可以从成本和收益的角度进行分析，为日益增多的城市群内部的解决方案提供制度视角的参考价值。其次，在我国的城市群发展过程中，跨域的公共事务方面存在着权责不清、合作不畅等弊病，导致了碎片化的政府特征，制度性集体行动管理论以其丰富的经验研究和具有强大解释力的理论框架，为我国城市群研究提供理论指导。在城市群治理过程中，制度性集体行动的框架可以应用于不同层级政府、部门之间的合作中，有利于将碎片化的政策或政府部门统一起来，促进其目标、行为的一致性。最后，制度性集体行动理论中的多元主体互动治理的观念对我国城市群实现治理跨区域问题具有较强的实践意义。[①]

四、城市群治理理论之复合行政理论

(一) 复合行政理论的内涵

在经济全球化的背景下，传统政区与政区之间的竞争向当代区域与区域之间竞争的转移，使得政府管理方式由统治向治理发生转移。主要表现为：在全球层面上出现了"没有政府的治理"；在民族国家内部生长出与"中央—地方—基层"层级结构迥然不同的"全球—区域—邻里"网络结构。在国内层面上，珠三角、长三角等地区出现了区域经济一体化的萌芽，但因行政区划的影响而受到阻碍。如何化解现实矛盾，实现跨区域的发展是理论界的现实难题。王健等（2004）认为，阻碍区域经济一体化的根本原因不是行政区划，而是政府职能的转变未能适应我国市场经济的发展需要。因此，关键是如何跳出传统的层级控制式的统治行政、行政区行政。为了顺应时代的要求，2004年，王健等学者提出了复合行政这一新的理论。

所谓复合行政，就是在经济全球化的背景下，为了促进区域经济一体化，实现跨行政区公共服务，跨行政区划、跨行政层级的不同政府之间，吸纳非政府组织参

---

① 参见常爽《国内跨域治理中政府间合作的策略选择》（学位论文），山东大学2017年。

与，经交叠、嵌套而形成的多中心、自主治理的合作机制。该理论有三个核心观点：①多中心地提供跨行政区公共服务，也就是在中央政府的支持下，通过地方政府之间、地方政府与非政府组织之间的合作形成多中心，以分别提供服务；②交叠与嵌套式立体联合提供跨行政区公共服务，即在跨行政区不同层级政府之间、政府与非政府组织之间形成上下左右交叠与嵌套的多层次合作供给方式；③自主治理的合作方式，即在跨行政区公共服务的提供方式上，不能只依靠中央政府，而更应该发挥地方政府的自主性，发挥非政府组织的自发参与性，采取民主合作的方式，形成自主治理网络。复合行政理论是在尊重现有行政区划的情况下，在发挥市场资源配置优势的基础上，适应区域经济一体化的需要，进一步转变政府职能，为跨行政区公共服务的实现提供一种政府体制创新的新思路。即"在跨区域管理中构造一个多中心、自主治理的复合行政体系"[①]。

（二）复合行政理论与我国城市群治理

复合行政理论认为，我国区域公共管理的问题主要表现在区域经济与行政区划的边界冲突上。行政区的边界是有形的、刚性的，而经济区的边界是无形的、弹性的。有的行政区边界势必会约束无形的经济区的发展，通过行政区划的升格、合并、兼并来调整现行的行政区划，尽管依然是以行政权力干预市场的举措，但其本身是违背市场规律的，并且区划调整的成本很高，会降低行政效率，影响政治稳定。因此，行政区划无法从本质上解决问题，包括无法从体制创新上寻找突破口。而复合行政理论就是在经济全球化的背景下，为使区域经济一体化，实现跨行政区公共服务，跨行政区划、跨行政层级的不同政府之间通过吸纳非政府组织参与，经交叠、嵌套而形成的多中心、自主治理的合作机制。复合行政的管理理念体现了一种全新的区域管理体制改革视角，最主要的贡献有三点：一是探寻了阻碍实现区域经济一体化的行政体制根源，认为造成目前中国区域经济一体化与行政区划冲突的根本原因，不在于行政区划本身，而在于政府职能的转变尚未完全适应市场经济的发展需要。二是跳出了行政区划调整的主流思路，在不改变政府职能的前提下，单靠行政区划的调整来解决行政区划与区域经济一体化的冲突，只能陷入行政区划调整—新的区域经济一体化与行政区划的冲突—行政区划再调整的恶性循环。三是为我国区域公共管理理论和实践开辟了一个新的过渡型领域，即在跨区域管理中构造一个多中心、自主治理的复合行政体系。[②]

复合行政是为了实现公共政策的目标和治理任务，以问题解决为导向，通过协

[①] 参见罗湖平、龙兴海、朱有志《基于复合行政理论的"3+5"城市群合作模式研究》，载《经济地理》2011年第31期，第947—953页。

[②] 参见刘生、邓春玲《复合行政：我国中部区域管理之模式》，载《中国行政管理》2008年第1期，第85—87页。

商、谈判和合作等手段，依靠非层级节制的一种网络行政新视野；启发我们用以解决区域经济合作带来的众多相关问题而建立紧密吻合的政府间、政府与非政府组织间的政府管理模式，以破解地方封锁与保护、合作欠缺、协调缺失、产业结构雷同等难题。

复合行政在城市群区域治理中发挥了良好作用。一方面，复合行政体现了一种全新的行政体制改革视角，丰富了区域治理理论。作为一种公共管理模式，复合行政涉及政治事务、经济事务、社会事务等社会生活多领域，是多种公共事务管理方式的综合；复合行政的行为主体可以是公共机构，也可以是私人部门、公民社会，甚至是个人，也就是多中心主体。复合行政主张打破行政层级，不受官僚体制的限制，强调跨行政区提供公共服务，不仅仅限于同级政府之间的合作，而是跨行政区与不同层级政府之间，政府与非政府之间的多层次合作，也就是交叠与嵌套；复合行政的制度可以是正式的，也可以是非正式的，即"自主治理"。另一方面，复合行政提供的是一种地方治理的合作机制，是富有一定弹性的制度和组织安排，其中最为强调的就是政府间的合作和政府与非政府组织的合作机制。此外，还强调从更广泛的事业中寻求多元合作主体，在治理主体协商同意的基础上认同多样化的合作机制，为地方治理合作机制注入新活力。可以说，复合行政理论丰富了城市群治理理论，也为城市群治理实践发挥了指导作用。[1] 例如，我国城市群在区域合作中由于传统政绩观念主导和"强政府—弱社会"型的治理格局等的影响，有些城市群政府出现唯恐在城市群建设中"吃亏"的想法，导致盲目发展、重复建设、产业、结构、内部细分不明确、城市定位不准确等现象频频发生，跨城市合作意识极其淡薄。缺乏社会共同治理理念的经验，社会组织等发育迟缓，城市群政府间合作乏力，导致城市规划自成体系，难以与区域规划衔接，邻域效应内部化现象普遍。而复合行政理论的出现，为解决我国城市群区域一体化的发展提供了新思路。在我国城市群跨区域治理中，复合行政体系可以有效地规范政府职能，解决城市群内部跨区域治理的问题，壮大公民社会的力量，整合城市群区域经济社会，使得城市群内部各城市实现协调对接，最终实现我国城市群区域治理一体化和城市群区域社会的和谐发展。它契合了我国城市群跨区域治理的现实情况，从可持续发展的视角来看，是城市群实现协同治理可供选择的一种模式。

---

[1] 参见文石金《"复合行政"视角下长株潭城市群政府管理创新研究》（学位论文），湖南大学2008年。

第三节 城市群治理的基本思路

一、构建城市群内的多方关系

从城市间功能关系、生产生活与生态空间关系和政府间关系的视角出发，思考我国城市群治理发展的总体思路。面对我国城市群发展中的问题，既要充分发挥市场机制的作用，积极构建有利于促进要素自由流动的市场体系，以公平的市场竞争环境促进城市间的合理分工与优势互补，也要有效发挥政府在弥补市场失灵领域中的作用，健全城市群治理机制，加强空间管制，共同应对城市群因人口经济活动密集带来的资源环境挑战和公共服务需求，以有效解决跨界冲突，引导城市群差异化且健康地持续发展。

（一）提升核心城市功能，促进城市合理分工

城市群中的不同城市在竞合发展过程中，充分发挥各自的比较优势和竞争优势，逐步形成城市功能有机整合、产业分工合理、经济联系紧密的相互依赖的网络关系，使城市群具有更丰富的多样性、更大的创造性和发展潜力，以支撑国家和区域经济社会的不断发展，提升城市群的国际竞争力。

第一，增强核心城市的流量集聚与扩散能力。核心城市在城市群网络中的作用，取决于其与其他城市之间的关联度，取决于"他们之间交流什么，而不是他们那里有什么"（Beaverstock et al., 2000）。核心城市与周边城市之间的流动水平、频繁程度和密切程度，决定了城市群在全球经济中的地位，其发展的质量不在于其自身拥有多少物质属性（规模、设施、物质财富），而在于其在此网络中的功能，即其所拥有的流动资源的质量。随着城市群网络关系的不断加强，核心城市职能从资源控制向资源流通转变，重点提升跨区域性的交通枢纽及物流人流的集散功能、专业化商贸的服务功能、公司总部及国际组织的管理功能，以及科技、教育、金融、信息、咨询等的服务功能和创新功能。对于成熟城市群中以北京、上海、广州、深圳等为代表的城市，应重点以增强流量集聚与扩散能力为主，进一步提升现代服务业水平，发展具有影响力的高端产业，承担起有序分工组织者的角色，以增强参与全球城市网络联系的功能，提升其在世界城市群网络中的地位；促进服务功能多样化与专业化的结合，在全面发展现代服务业的同时，进一步突出专业化功能。对于成长发育型城市群中的核心城市，在提升服务功能的同时，必须兼顾制造业功能，重点要在城市空间布局中协调好制造业与服务业的布局关系，积极应对各类挑战，促进产业与城市融合、与社会融合。

第二，发展各具特色的功能城市。一方面，要促进产业链分工协作。核心城市在强化高端生产性服务业功能的同时，也要促进高新技术产业和先进制造业向城市郊区（工业园内）和其他大中城市转移，一般制造业和零部件生产则向周边其他城市或小城镇转移。中小城市在产业功能提升的同时，也会相应地带来人口的集聚，使得城市群内不同规模和职能结构的城镇体系更加合理，城市群的分工协作效应实现最大化。另一方面，要支持与发展功能各异的中小城市。在传统的中心地体系里，城市的职能与城市的等级规模呈正相关分布，同等级规模城市之间很少沟通交流，城市体系主要表现为纵向的等级联系。而在流动空间的城市体系中，城市职能的空间分布以及城市之间的联系发生了变化。小城市也可以拥有中级，甚至是高级职能，如商贸、会展、教育等职能。① 而大城市能为某些企业提供合适的人才、信息等资源，中小城市在生态环境、生活成本等方面比大城市更具有优势，也更具有吸引一些人才、资本和产业聚集的优势。随着人民生活水平的提高、交通条件的改善和新技术的迅速发展，各种不同功能特色的城市将不断涌现。

第三，促进核心城市与外围城市协调发展。在核心城市不断融入全球化网络、国际竞争力不断提高的过程中，处于不同发展阶段的城市群都可能存在中心与边缘区域发展差距过大的问题，如果中心与边缘区域的关系处理不好，将对城市群的整体发展带来极大的制约。城市群整体竞争力的提升，不仅是核心城市的淡季增长，倘若城市所在区域存在"塌陷"，则城市群在全球范围内的竞争力都将受到挑战。在大城市纷纷迈入流动空间的同时，要避免新的二元结构的形成。核心城市要在协调城际关系中发挥主导功能，充分发挥人才、技术、信息、资本等方面的优势，支持与外围城市建立良好的合作关系，促进它们形成特色城市功能。

第四，建立扶持互助机制。核心城市必须承担起更多的责任和义务，通过多种途径支持外围城市的发展。要加快建立生态补偿机制，支持城市群中的上游城市切实保护生态环境，上游城市也要严格履行生态环境保护的义务，达不到环保标准的上游城市要承担相应的责任；支持外围落后地区提升公共服务水平；积极开展资源共享，为核心城市发展一般服务业提供劳动力；建立产业合作机制，向外围城市转移有利于促进当地就业的一般制造业，支持外围城市发展休闲旅游业、商贸物流等专业化功能；加快推进与外围城市便捷的交通干线联系，促进人员物资顺畅流动。

(二) 优化空间结构，实现城市群持续发展

进一步优化城市群的生产生活生态空间结构，有效协调城市群内城市间空间拓展的冲突，促进以生产空间为主导的国土开发方式向生产生活生态空间协调的国土开发方式转变，实现生产空间集约高效、生活空间宜居适度、生态空间山清水秀的

---

① 参见沈丽珍、顾朝林《区域流动空间整合与全球城市网络构建》，载《地理科学》2009年第12期，第787－793页。

目标。

第一，统筹"三生"空间结构。优化城市群的"三生"空间结构，要从区域整体的角度出发，制定城市群空间管制规划。根据不同国土空间的自然属性、资源环境承载力明确划定三类用地空间的管制界限，严格保护城市群内部的生态用地、农业用地，严格限制城市群内部生产生活用地空间的盲目扩张。同时，也要考虑城市群未来承载人口和经济发展的现实需要，树立"精明增长""紧凑城市"的理念，建设集约型城市群。发挥土地多样性的功能特征，促进各类土地复合利用，提高综合利用率。推进区域绿色开敞空间的系统建设，保护生态脆弱敏感区。对核心城市和外围城市的生存和生活空间进行合理规划，切实保护各城市间的绿色间隔，将外围城市生产空间对核心生活空间的影响程度降至最低，同时引导外围城市形成生态空间和生活空间有序协调的格局。

第二，划定生态保护红线。划定生态保护红线，构建点线面结合、点状开发、面线保护的基本生态格局，维护区域生态系统的稳定性和完整性。要通过开展城市群生态资源调查，制定区域生态用地分类体系，根据管制需要，将生态用地归结到能与规划管理相融的管制区域类型上，确定城市群生态网络格局，实施生态系统分类管制、生态需求分片管制、生态用地分级管制。在生态空间保护中，要注意将耕地尤其是水田，列为一种重要的生态功能类型予以保护，使农业的生产功能与生态功能结合起来。

第三，优化人口产业空间布局。合理评估城市群核心城市和外围城市资源环境承载能力与当前承载的产业和人口水平，顺应核心城市去工业化和外围城市产业结构演进的方向，综合考虑核心城市对城市群腹地的辐射带动效应，从而推动产业和人口向资源环境承载能力较强的城市和地区集聚与转移，置换出核心城市的生活空间和生态空间。通过优化调整城市群内各城市老旧城区、城市内部和跨城市工矿区、传统产业聚集区的生产和生活空间布局，降低生产和生活空间混杂布局对生活居住的影响程度，以调整生态脆弱地区的生产和生活空间布局，减缓生产空间和生态空间叠加布局对生态空间的破坏和侵占程度。

（三）构建府际合作治理机制，实现共赢发展

加强中央政府对城际关系的指导和协调，充分发挥其多元主体的作用，改变传统的自上而下的治理模式，向自上而下与自下而上相结合的方向转变，建立起城市间紧密联系的合作，共同解决城市群面临的区域性公共问题，保障城市群高效、协调、公平、和谐发展。

第一，完善有利于城市间合理竞争的财税体制和政绩考核机制。在发达的市场经济国家，各类要素在空间的自由流动提升了城市群的综合效益，使城市群能够成为国际上整体竞争力最强的区域。而我国城市群的形成与发展受到我国城镇化体制、

机制的影响，主要表现为地理空间上的集聚现象比较明显，但并未形成真正的功能整合，使得城市群没有发挥出应有的规模经济、集聚效应和节约集约利用资源等优势。政府应当尊重要素流动的自然规律，顺应城镇化过程中人口产业空间集聚与扩散的规律，将需要政府干预的领域放权给市场，让市场发挥引导作用，促进各类要素在城市群内部的自由流动，最终形成城市群内各城市间优势互补、功能各异、协调发展的城市群体系。当市场的力量无法解决城市群发展中面临的环境负外部性、无法促使城市群基础设施和公共服务有效对接、无法协调城市群利益冲突的时候，政府就应当回归本职角色，在有效协调城际利益冲突、引导城市群健康发展中发挥作用。正确处理城市群内地方政府间的关系，当前最为关键的是中央政府要以构建有利于促进城市间良好的竞合关系为目标，加快推进财税体制和政绩考核机制的改革，引导城市群内部城市间开展良性竞争，加快建立有利于地方政府发展宜居城市的财税体制，改变以往单纯以 GDP 为核心的政绩考核机制以及不合理的干部任免制度，突出政府在生态环保、科技创新和公共法供给等领域的考核，加大民众评分在官员考核内的各类比重，克服"政绩急躁症"。进一步规范各级地方政府职能，加快从参与产业决策和干预市场的经营性政府转变为真正为居民服务的服务型政府，积极推进服务型政府的建设。努力消除制约各种生产要素在城市间自由流动的障碍、城市间不公平竞争的等级关系、不公平的政策差异等等。

第二，构建横纵向协调的府际合作治理机制。府际合作治理是由政府、社会组织、企业和居民等共同构成的治理网络。一是要发挥上层政府的有效指导和协调。加快推进城市群内统一大市场的建设，加强中央或省级层面协调机构建设，针对城市间的合作治理行为出台相关指导原则或实施办法，鼓励社会组织和企业积极参与城市群治理。二是加强横向政府间合作，建立组织保障、规划衔接、利益协调、激励约束、资金分担、信息共享、政策协调和争议解决等机制。三是要发挥多元主题的积极性，构建政府与社会组织、企业之间以协作为目的的治理结构，共同参与城市群区域性公共产品生产和服务的供给。对于具体的城市群而言，应该遵循"区别性组合"逻辑，使多元主体、不同空间尺度的城市群治理模式可以相互配合和协调。

第三，丰富类型多样的治理方式。一方面，编制空间管制规划。规划包括划定生态和农业保护区域，规划重大交通、通信、水利、电力基础设施以及城镇空间布局。需要对城市群规划的方法、手段，与土地利用、城乡规划和生态功能区规划的关系，上位规划与下位规划的关系，规划后续监督与实施等方面的问题进行规定。另一方面，设立协商论坛。政府与企业、社会组织等通过协商论坛，针对具有多元利害关系的议题与事务进行意见交流与讨论协商。建立公共信息平台，促进城市间公共信息的公开、透明、稳定的联席会议制度，运用正式或非正式的形式，开展城市群内城市间的交流沟通，增进区域内公共部门行政人员之间的直接联系、促进与提升合作共识。另外,可以通过开展多种咨询和购买服务来成立以专家学者为主要成员的咨询委员会,就重大规划及有关事项提供咨询。丰富区域性公共产品的供给方式,通过公共部门与私人部门或社会组织签订公共服务协议来提供多元化的服务。

第四,解决跨行政区的矛盾和问题。构建府际合作治理机制的目的在于解决城市群中依靠单独行政辖区无法解决的区域性公共问题,重点包括以下三个方面:一是要加强城市群内部交通等基础设施的统筹布局,根据不同城市交通设施的需求强度和结构的变化,加快推进城市群内交通基础设施的建设,加强不同运输方式之间的衔接,推进区域交通运输服务一体化,加强规划、建设、运营管理等方面的协调。二是要加强资源环境保护合作,积极开展区域生态环境联防联控合作,构建区域信息平台,推动区域创新与知识共享,加强区域公共服务和社会管理合作,促进外来人口与本地居民享有平等的基础公共服务,健全流转衔接制度。三是要推进城市群区域的市场一体化建设,积极推进区域资本、技术、人力资源和土地要素市场建设,推进区域市场信用体系建设;积极破除地区间、城市间、城乡间不平等的制度和政策,整合各类产业、环保、公共服务、土地、招商等政策和法规,建立有利于企业和城市开展公平竞争的环境。[①]

二、实现城市群共建共治共享协同治理

从共享与共治的视角出发,可以得到我国城市群治理要构建协同治理体系的总体思路。城市群发展驱使下的跨区域治理需要创新,大都市圈区域治理也正处在探索的初期阶段,这都需要在顶层设计上进行谋划,还需要有阶段性的节点支撑。当前,新形势下的城市群治理有其内在的特点,要对未来大城市群治理的机制进行积极探索以及系统性地进行路径规划。

(一) 发展城市群产业集群

产业集群是城市群治理的经济基础。以产业集群为主导促进区域产业空间调整,可以以此奠定城市群治理的经济基础。区域城市群治理的根本是对经济利益的协调,而经济利益突出地表现为产业发展。因此,首先要对区域产业进行调整,但产业调整既不是依从产业梯度的区域转移,也不是产业结构升级要求下的产业链调整,而是要以产业集群为基础进行区域产业空间结构调整,并以此打破已有的行政性产业结构体系,从而形成城市群范围内"齿合型"产业的分工结构。在我国,由于经济体制长期条块分割,行政区内部形成了相对独立的产业体系,虽然不同地区产业结构的层级差异很大,但跨地区产业梯度转移困难,如京津冀地区产业层级甚至存在着"断崖"现象而难以有效对接转移。

---

① 参见汪阳红、贾若祥《我国城市群发展思路研究:基于三大关系视角》,载《经济学动态》2014年第2期,第74-83页。

产业集群是企业主体在一定地域范围内的集聚。这是企业主体竞争合作的结果，是企业组织在追求持久利润时，通过内部分工向外部分工的转化，使专业化达到一定的程度，借助市场化在一定区域内实现地域分工专业化。因此，如果没有企业的主动性，就没有产业集群的动力源；没有市场化条件，也就缺失了内部分工向外部分工的转化机制。近年来，产业集群以园区的形式取得了较大的发展，这为区域产业合作奠定了基础，但还局限于已有的行政边界。因此，需要打破园区的行政外壳，支持同类企业入驻不同地区与园区。要想突破地域结构局限、突破"诸侯经济"的行政管辖局限，就要充分发挥和利用市场中介机构的作用，通过资产经营、收购兼并、联合、优劣资产的置换，股权转让，对上市公司的买壳、借壳上市，以及产权交易等形式，跨区域组建企业集团，促进产业园区内产业集群的发展。

（二）构建城市群资源共享平台

资源共享平台是城市群治理的突破口。区域经济融合或者一体化，其实质是在区域层面实现资源的有效配置，而区域资源的共享则是实现资源有效配置的关键。城市群可看作是有效利用一定区域范围资源的特定组织，也是对公共领域资源有效利用的治理结构，由此提出，资源共享之于区域城市群发展平台的作用命题，研究资源特性之于城市群形成治理的作用机理，而探索区域治理的实现途径则是必要的。上文提到的产业集群，其发展过程就是各种资源集聚整合在某个特定地区的过程，其特征是以一定的空间结构有效整合一定地域的自然资源与社会人文资源。总体上来看，财富的创造过程是自然资源与社会资源的综合，但在区域经济集聚的不同阶段和层次，产业集群共享合作的基础是不一样的。因此，应相应采取促进共享资源的不同措施，也就是说，共享资源的特点不同，促使其地域集聚的资源内容也不同。

以京津冀协同发展治理为例，基础设施的资源共享是区域一体化发展的基础和前提条件。2000年1月，北京首都机场和天津滨海机场率先实现了中国民航跨区域的整合；京津城际轨道于2008年实现通车。[①] 此外，京津冀在水资源配置、生态环境保护和公用基础设施建设等方面的区域合作范围进一步扩大；在公共卫生和疾病防控、动物防疫检疫与植物保护、食品安全保障等体系建设方面形成了稳定的、互利互惠的区域合作关系；在社会治安、社会稳定和公共安全体系建设方面的合作得到进一步的改进和完善，以形成能有效保障区域安全的统一预警和防范合作体系。这些共享资源领域方面的建设都是区域合作可以率先启动的工作内容。

（三）转变城市群政府职能

政府职能转变是城市群治理的现实抓手。城市群协同发展的路径和跨区域治理

---

① 参见王玉、宋逸群《共享与共治：中国城市群协同治理体系建构》，载《开发研究》2017年第6期，第1-6页。

的实现以政府职能的调整为具体抓手。这是在多元利益主体,尤其是地方政府专有资源与共享资源让渡与转化过程中得以实现的,需要根据资源的不同特性进行资源管理上的调整,按照自然资源共享—人力资源共享—社会资源共享演进的逻辑路径,提出不同发展阶段的资源利用的重点和资源转化整合的具体举措。政府职能作用相对于资源关系进行动态调整,通过提供共享资源来发挥政府对城市群的支持作用。

在区域城市群形成发展的不同阶段,地方政府职能要根据集群发展的程度进行调整,即在不同阶段政府发挥作用的侧重点不同。第一阶段,以自然资源为基础的资源共享合作阶段。在此阶段,政府主要是通过资本形成,加大共享性资源建设,如建设企业能够共享的人力资本培养和交流市场。第二阶段,企业集聚阶段。在这一阶段,企业追求跨地区资源的利用和对既有范围资源的整合。而政府作用的突出表现是在城镇周边的土地建设基础设施完善且先进的开发区或工业园区,以便集约用地,加强产业间的联系。第三阶段,产业集群初级阶段。即当企业在一定地域集中并开始调整它们之间的关系时,政府的重点就是改善公共基础设施、加强交易制度建设、协调产业发展带来的社会问题等。政府的主要作用是通过加强地理近邻性来深化组织间的近邻关系,从而实现企业间的分工合作与地域专业化基础上的产业空间再造。第四阶段,产业集群基础上的产业空间结构形成阶段。当更高一级的社会资本成为发展的需求时,以信息网络共享资源为基础的建设就成为重点,知识文化制度的共享具有重要意义。在此阶段,政府作用的突出表现是通过构建信息网络平台、营造"虚拟市场"、加快服务创新等手段推动专业市场的功能拓展。[1]

三、构建城市群治理体系

从完善治理体系的视角出发,城市群治理既要完善以地域性空间为基础的治理结构与机制,也要重点推进关系空间的生产。同时,城市群治理还要处理好其地域性与关系性之间的张力,以实现地域空间和关系空间的有机融合,进而实现劳动力、技术、资金、物品等要素在城市群空间内的流动、有序聚集和网络化,使政府、企业、社会组织等主体在城市群治理中协同共进。

(一)完善以地域性空间为基础的城市群治理体系

地域性空间是城市群治理的空间基础,地域性空间治理既是城市群治理体系的重要内容,也是城市群治理的重要手段。完善以地域性空间为基础的城市群治理体系,一方面,需要优化作为治理工具的地域性空间治理机制;另一方面,城市群治理不仅是城市政府间合作机制的构建和完善,而且需要在多层次治理的框架下创新城市群治理体系,发挥多层次和跨部门主体的作用,推动制度化的集体行动。

---

[1] 参见王玉海、宋逸群《共享与共治:中国城市群协同治理体系建构》,载《开发研究》2017 年第 6 期,第 1-6 页。

第一，探索更有弹性的城市群地域性空间治理机制，促进城市群治理的空间结构优化。城市群治理不是简单地以合并和兼并形式进行的正式行政区划调整过程，也不是简单地设立非正式的城市政府间合作联系组织和城市合作联席机制，它是国家治理转型与城市空间调整在区域尺度上相互作用的过程。地域性空间治理向来是我国城市群治理和发展的重要方式，同时，我国也具有比较丰富的国家治理的尺度调整经验，例如，从改革开放后中央与地方关系中的集权与分权的循环，到"省管县""撤县设市/区"刚性的行政区域调整，再到战略区域规划、城市群战略等更加柔性的尺度调整。这些国家空间策略不仅改变了国家的治理方式，而且提升了国家的治理能力。因此，应当继续探索和优化这些地域性空间治理机制，在行政区域调整上防止城市群内部的盲目合并，继续探索基于功能区的行政区划调整机制，且在城市群空间规划上，重点探索空间规划的实施机制，强化对城市群规划实施的监督和管理。

第二，构建城市群多层次治理体系，推动制度化的集体行动。中央政府作为经济活动的宏观调控者，为城市群治理体系中的地方行动者提供制度框架和顶层设计。省级政府则更多的是作为城市群治理的协调者，提供利益协调和财政补助机制。在中央政府和省级政府承担各自职责的同时，城市群治理应完善可以激发城市政府积极性和主动性的治理机制。一方面，我国城市群治理不是仅限于地方层面，而是已经提升到国家战略规划层面的非正式协调、行政区域调整和功能性政府机构设置。但是，国家级区域规划与战略在实际执行过程中的落实权通常掌握在省级政府手中，而不是在城市或区域主体手中。同时，中央政府编制的跨省区的城市群规划通常是基于省级行政区的地域边界，而不是明确地依托城市群的空间尺度，最终落在省级行政区域内部，这并不利于城市群内部各个城市发挥积极作用。因此，城市群治理上应当注重以城市为基本单元而不是广域的省级行政区，并且在区域层面可以参考国外城市群联邦制的区域事务治理方式，设立相关的公共事务管理机构，协调和管理区域公共事务。另一方面，在城市群内部，各个城市之间的行政级别相差较大，既可能有直辖市，也可能有副省级城市、地级市、县级市、中心镇等多种类型。不同等级的城市具有不同层次的政治权力，也拥有不同程度的人才、资金、信息和知识等吸收能力。城市群内各城市之间在总体利益的分配方面往往也是非均衡的。因此，在发挥中央政府和省级政府利益平衡和关系协调作用的同时，也应发挥城市群内各级地方政府的积极性，注重多元参与、自下而上、基于共同利益的平等协商。

（二）完善关系性空间生产的城市群治理体系

经过前期相对无序的地域空间扩张阶段后，当前我国城市群的治理与发展应摒弃过去"摊大饼"式的"跑马圈地"模式，彻底转变粗放、低效的治理与发展模式。城市群治理应更加注重效率、内涵和质量，在创新驱动发展中，破除在社会治理联动、基础设施互联互通、推动公共服务一体化、构建开放一体的市场网络、推动数字化信息共享网络等城市群网络化建设方面的体制、机制障碍，建立高效的关系性空间治理机制。

第一，建立和完善制度化合作机制，塑造相互依赖的市场网络和城市网络。城市群关系性空间产生的关键在于充分发挥市场机制的作用，积极构建实现要素自由流动的城市群市场体系，进而形成功能有机整合、产业分工合理、经济联系紧密的城市网络。从政策角度而言，城市网络的形成首先需要发挥核心城市的引领、聚集和扩散功能，其次需要促进城市群内的产业链分工与协作，发展各具特色的功能性城市，从而促进核心城市与功能城市之间的协调发展。另外，应推动电子政府平台在区域合作中的应用，减少城市群治理中的行政壁垒和交易成本；建立城市群内部统一的大数据中心，运用大数据进行区域治理，提高区域合作效率，避免区域合作中的信息不对称现象。

第二，构建城市群社会治理联动机制，培育共建共治的城市群社会网络。城市群社会治理既包括地域基础上的社区治理和社群治理，也包括城市群人口、群体和组织的流动性治理。同时，城市群活动是被"嵌入"在社会网络中的，城市群治理同样需要社会资本，而城市群建设也是一个区域共同体和社区意识的社会建构过程。因此，在快速流动和紧密互联的城市群建设中，需构建城市群层面联动的社会治理体制，加强对流动性人口和群体的动态治理。此外，各级政府应培育区域社会组织，鼓励居民和社会群体参与，努力凝聚区域发展与治理的社会共识，从而形成城市群治理和发展所依托的社会网络。

第三，构建城市群层面的基础设施规划体系和政府和社会资本合作（Public-Private-Partnership，PPP）机制，建设互联互通的基础设施网络。基础设施是城市群中人才、资源等各种"流"在城市间运动所依赖的"线"，是城市群关系性空间生产的物质基础。网络化基础设施有利于降低货物运输成本，从而促进资源自由流动，进而促进城市群核心城市与周边中小城市进行产业合作，以及城市群与广阔腹地的良性互动。

第四，创新城市群公共服务机制，构建一体化的城市群公共服务网络。在城市群内部加强医疗、教育、住房等制度的对接，促进社会保障在城市群内的无障碍转移和待遇互认，提升公共服务的一体化水平；完善城市群层面的区域公共服务供给体制，在规范城市公共服务供给行为的同时，促成区域公共服务供给的集体行动，提供惠及城市群所有居民的公共服务，从而缩小城市群公共服务资源和供给水平与质量的差距，提升城市群基本公共服务的均等化。

第五，构建城市群智慧治理体系，筑造共享的城市群数字化网络。建立数据共享机制是数字化社会中推动城市群关系性空间生产的重要动力和主要形式。大数据、物联网、移动互联网等数字化技术可以分析与检测城市群内各种人口、资源、资本等要素的流动特征，全面、立体、实时地识别城市群动态，促进多种要素资源的高效利用；组建城市群层面的生态环境监管机构，利用智能化技术对城市群的生态环境进行动态监测，可以共享生态环境数据信息，并建立城市群联合执法队伍。

（三）完善城市群地域性空间与关系性空间的耦合机制

城市群是由地域性空间和关系性空间构成的空间组织形式，但是二者遵循不同的治理逻辑，因而在城市群的地域性治理与关系性治理之间存在着矛盾。政府是城市群地域空间最重要的治理主体和关系空间治理中的重要主体。处理好政府与市场关系、政府与社会关系，以及平衡好治理工具的选择和治理目标的选择，是解决城市群地域空间治理与关系空间治理两种治理逻辑之间矛盾的关键。因此，需要完善相关的城市群治理机制，使得城市群治理不再是纵向和横向政府间关系所主导的地域空间治理，而是由政府主导、市场与社会共同参与组成的区域治理网络所推动的地域空间与关系空间的融合治理。

完善政府与市场主体、社会主体的联结机制，培育区域性的市场组织和社会组织，发挥其在连接政府与市场、政府与社会之间的桥梁作用，以及在融合城市群的地域性空间与关系性空间中的黏化剂作用。在城市群治理中，政府和企业等市场主体联结机制的建立、形成都需要在相对完备的市场交易制度下，在统一的区域经济和要素市场中和有力的区域政策规划、调控和引导体系环境之中，使政府和市场两者间的互动达到有机耦合。以企业跨界需求为主导，政府的合作联结安排和机制的完善，不仅可以推动生产要素的流动和市场主体的经济联系，促进关系性空间的生产，而且有利于推动政府主导的地域性空间治理。例如，城市群内的一系列地域空间策略（开发区、国家新区、自贸区等）都需要政府与市场主体间的相互协作。同时，在城市群层面，要建立对区域社会组织的资助机制，鼓励社会中介组织承接政府转移职能，共同参与解决区域性社会问题和协同治理区域公共事务，最终形成一个相对稳定的城市群治理网络。[①]

[①] 参见张福磊、曹现强《中国城市群的空间特性与治理体系》，载《学习与实践》2018年第12期，第5－15页。

第四节　城市群治理的主要模式

我国城市群治理模式多样化，不同的城市群根据不同的方式被区别为不同的模式类型：一是按照行政职能划分，根据城市群治理主体是否具有行政职能或根据行政职能的强弱，可以将城市群治理模式划分为官方、半官方和松散型三种类型。其次，按照治理主体划分，根据城市群治理主体的不同，可以将城市群治理模式分为政府主导型、非政府主导型和多主体参与型等。二是按照治理方式划分，从治理方式来看，城市群治理可以分为编制规划、调整行政区规划、签订协议、召开座谈会等模式。三是按照治理层次划分，从治理层次进行划分就是按照城市群的大都市区、都市圈和城市群三个层次的划分来对治理模式进行分类研究。[①]

一、网络化治理模式和协同治理模式

根据参与主体划分，城市群治理模式可以分为网络化治理模式和协同治理模式。

（一）网络化治理模式

1. 网络化治理的本质与特征

网络化治理是一种在资源分散持有和相互依赖基础之上的外部趋向的公共管理模式。这是一种倾向于将网络视为不同部门（行动者）间的合作关系，及其组织间的协调模式。网络化治理以第三方政府和协同政府的发展为基础，同时也包含了第三方政府、协同政府和协作政府的特征，网络治理蕴含的是平衡性、参与性、灵活性和包容性的治理结构，被视为跨域合作的最高境界。网络化治理的逻辑在于通过交易的途径实现资源的优化配置，因为没有哪个行动者拥有足够的资源和能力可以单独解决所有问题，而相互依存的行动者可以通过交换资源、共享知识、谈判目标来可以完成有效的集体行动。

网络化治理模式强调资源的合理配置，建立一种多中心的治理体系。政府在这种模式中只是网络结构的一个关键节点。[②] 作为这一模式的核心，政府的核心职责是利用组织内外的各种资源创造公共价值，将私营部门、第三方部门都纳入治理主体的范畴，并强调各组织间通过合作与协调达到统一的治理目标的一种多中心的制度安排。这种网络关系是跨组织和内部化的混合模式。网络化治理既包含了高度的公私合作，又体现了政府对公私合作网络综合管理能力的增强。可以说，网络化治

[①] 参见汪阳红《城市群治理与模式选择》，载《中国城市经济》2009 年第 2 期，第 50－55 页。
[②] 参见王玉明《城市群区域环境治理模式的转换》，载《成都行政学院学报》2019 年第 3 期，第 4－10 页。

理不仅是对传统层级政府的一种挑战,还是对新公共管理运动以来,政府内部整合的协同政府、公民社会发展中的第三方政府和政府与市场关系中的公私合作的一种高度整合。因此,网络化治理是对当前公共管理领域中政府、市场与社会关系的高度综合和概括。其核心特征表现为:一是基于信任基础上形成的关系网络;二是沟通和协商机制的建立;三是各平等参与主体之间的合同治理。①

网络化治理的价值体现在以下四个方面:①网络化治理所强调的合作共治理念,有利于促进资源的有效整合,实现对公共事务的良好治理。②有利于合作各方形成治理目标,提高行政效率和效度。③网络化治理倡导的合作为公民行使政治权利提供了平台,有利于保障公民的合法权利。④网络化治理中政府与其他治理主体的合作,既可以缩短政府的回应时间,也可以有效地回应公众诉求。②

2. 网络化治理在城市群治理中的形成与发展

城市群的形成和发展与工业化、城市化的进程密切相关。在城市群的发展进程中,根据各城市主体之间的互动关系,可将其分为独立发展和相互协作两个阶段。在独立发展阶段,城市群内各城市政府在自己的行政辖区内部积极参与和主导各自为政的板块经济,主要表现是各城市之间的经济利益冲突,以及为自身利益所进行的种种不规范的消极竞争行为。各城市从地方本位主义和功利主义出发,以行政区域边界为限,各自为政,相互割裂和封闭,建设自我独立的"小而全"的经济体系。这种消极竞争带来的恶果就是重复建设、产业结构雷同、畸形竞争的行政区域经济发展态势。因此,独立发展方式一方面使区域内各城市经济迅速繁荣,另一方面也带来了严重的消极后果,面临着内部恶性竞争导致的严重内耗和外部强有力的竞争挑战。

随着独立发展进程中恶性竞争危害性的蔓延和对这一恶果的深刻认识,中央和地方政府都纷纷采取行动,城市群成员之间的互动关系发生了重大转变,合作和协调逐渐成为政府之间的共识。尤其是在 20 世纪末期,世界城市已进入城市群网络化发展阶段,全球化、信息化和网络化都影响着城市群区域治理模式,城市政府间的合作网络逐渐成为城市群区域治理的发展趋势,网络化治理模式成为城市群治理的理性选择。由此可见,网络化治理深刻影响着城市群区域空间的组织模式。

城市是在整个城市体系中存在与发展的,城市之间的联系是城市体系结构与动态变化的根本原因,城市政府间的合作网络是城市群区域治理的基本模式,网络化治理是城市群区域治理的发展趋势。在城市群环境治理中,应引入合作网络治理的新思维。其中,府际治理所依赖的是以公共环境问题为导向而聚集起来的组织网络,

---

① 参见于刚强、蔡立辉《中国都市群网络化治理模式研究》,载《中国行政管理》2011 年第 6 期,第 93 – 98 页。

② 参见田星亮《网络化治理:从理论基础到实践价值》,载《兰州学刊》2012 年第 8 期,第 160 – 163 页。

它包括了中央政府和地方政府的纵向合作治理、地方政府间的横向合作治理，以及政府、企业、非政府组织和市民社会等多元主体的跨部门治理。构建政府、市场和社会相互支撑的合理体系，建立由城市群各行动主体之间相互依赖、互动合作、共同发展、利益共享的网络化治理模式，这是一种具有多元性、开放性、分权性、动态性等特征的新模式。①

3. 城市群网络化治理的具体实践

长江三角洲从1982年的上海经济区发展到1992年的长三角城市经济区，成立了14个城市的经济协作办公室以加强区域合作，并开创了长三角经协作办主任联席会议，定期协调长三角城市间经济合作的重大事宜。2004年，在长江三角洲城市经济协调会第五次会议上，决定成立长江三角洲城市经济协调会办公室，负责协调、组织和实施长三角区域经济合作的日常事务。随着城市群区域发展进入新的治理阶段，网络关系组织也在城市群范围内逐步形成。各单位城市政府及其职能部门与市场组织和社会组织共同形成了包含多级政府、社会组织、不同部门的全方位、多层次的综合性网络治理关系。在实践中，基于区域内部不同主体之间合作和协调而形成的网络关系组织有区域委员会、专门委员会、城市联盟和专题项目合作等不同形式的组织模式。在国内，城市群中的网络关系组织模式主要有经济协商办公室、党政联席会议、市长联席会议、专项工作小组等等。同时，市场组织和社会组织在城市群治理的规划决策和执行过程中也不断显示出自己的影响力。这种基于平等基础上的城市群网络治理模式显示出网络化治理本身内涵的弹性、灵活性以及合法性，并逐步走向制度化和规范化。②

（二）协同治理模式

1. 协同治理的内涵与特征

自20世纪八九十年代以来，协同治理理论逐渐成为西方发达国家公共行政改革的新的理论范式。学界普遍认为协同治理理论的首次实践源于英国的"协同政府"改革，它强调的是政府、私人部门与非政府组织间，不同层级或同层级内部不同职能部门在制定政策、政策执行、公共服务提供等多方面的合作与整合，同时强调以"公民需求"为导向，解决民众关心的现实问题。

就协同治理的内涵解析来说，首先，治理主体具有多元性。协同治理突破了以政府单一主体为治理中心的传统模式，确立了"多中心治理"的新的治理理念。多元主体主要包括了政府与社会组织、公民等主体之间分享治理权利，形成多方主体

---

① 参见王玉明《城市群区域环境治理模式的转换》，载《成都行政学院学报》2019年第3期，第4-10页。

② 参见于刚强、蔡立辉《中国都市群网络化治理模式研究》，载《中国行政管理》2011年第6期，第93-98页。

共同参与公共事务治理的形态。其次，治理主体具有协作性。协同治理理论强调的"协作"是建立在参与主体地位是平等的这一基础上的合作，通过加强信息交流与沟通，最终在解决公共问题上达成共识，各主体为了实现共同目标而形成一致的行动。最后，治理目的具有明确性。协同治理的目的在于最大限度地维护和增进社会公共利益，将特定社会问题的结局作为各参与主体一切活动的逻辑起点。在协同治理的过程中，各主体围绕特定的公共事务或公共服务目标，发挥各自的资源优势，形成合力，从而达到"1+1>2"的治理效果。

2. 城市群协同治理模式

城市群区域内的人口、资源、产业经济和环境的综合协调发展是我国城市群面临的一大现实问题。随着我国城镇化进程的加快，区域协调发展的需求不断增强，城市群作为区域协调发展的主要载体，在促进我国城镇化进程以及推动我国治理体系和治理能力现代化方面所发挥的作用越来越大。2014年，中共中央、国务院出台的《国家新型城镇化规划（2014—2020年）》指出："要建立城市群协调机制，统筹制定实施城市群规划，明确城市群发展目标、空间结构和开发方向，明确各城市的功能定位和分工，统筹交通基础设施和信息网络布局，加快推进城市群一体化进程。"由此可见，城市群的协同治理、协同发展已经上升到国家战略层面。并且，由城市群的含义和特征可以看出，城市群的协同治理是城市群发展的题中之义。[①]

区域协同发展的理论基础可追溯至协同论，其强调目标的一致性，在平等、合作、共享的基础上求同存异、整体共赢。协同治理可以更有效地整合资源、汇聚合力，从而成为区域发展的主导方向。发达国家的城市群是伴随着城市化和经济发展阶段的演变而自然演变的，没有严格对应的城市群发展理念或理论，但城市群发展的相关理论也包含协同发展的内涵。戈特曼把城市群的演化进程划分为城市孤立分散发展、城市弱联系、城市群雏形和城市群成熟四个阶段，其中，城市群成熟的重要标志之一，就是城市间形成比较明确的分工和紧密的经济社会联系而共同构成一个有机整体，具有显著的整体优势。成熟城市群的实质，就是城市间形成良好的协同发展关系。

从国内研究来看，邹军等认为协同是城市群发展的必然趋势，当城市群进入成熟阶段，共同的发展诉求、目标、价值导向开始逐步形成，行政边界限制下的城市个体利益价值导向就会被城市群区域价值所取代，引导城市群进入"协同阶段"。还有学者从协同学的视角，把城市群看作由节点、链接和流动构成的高度复杂的开放系统，认为协同交互作用使城市群系统形成自组织结构，由无序到有序、低级有序向高级有序演化。可见，城市群协同发展就是构建城市间的共生发展模式。在一定区域内，不同等级、不同功能性质的城市有机共生，既保持单体城市的多样性和

---

① 参见蒋敏娟《城市群协同治理的国际经验比较：以体制机制为视角》，载《国外社会科学》2017年第6期，第47–53页。

独立性，又构成竞合并存、互惠发展的有机整体，形成稳定有序的发展体系。城市群的形成和完善过程同时也是区域内各城市从无序发展到有序发展的过程，而协同发展是城市群发展的高级阶段。①

3. 城市群协同治理模式的具体实践

发达国家在城市群协同机制的构建方面已有一些比较成功的模式和经验。

在美国，城市政府协会、特设机构和政府间协议是城市群协调治理的主要平台和模式。其中，地方政府协会是美国城市群最具特色的治理模式，它是由城市群中多个地方政府组成的、得到联邦政府和州政府支持的具有官方行政色彩的地方行政法人组织，在重大公共基础设计、社会治安及环境治理等方面发挥了重要的协调作用。此外，城市群还通过设立单一功能的特别区、专门协调机构，或城市群内地方政府之间签订专项协议等措施，来共同应对各项议题。

在日本，城市群治理的代表性模式是核心城市主导的城市间协同治理模式。以太平洋沿岸大都市群为例，东京作为中心城市，以其超强的政治文化核心地位和产业经济综合实力主导了城市群一体化的协调发展，其协调制定了许多产业政策以及区域功能分工、大交通、自然环境等专项规划，形成了产城一体化的治理模式，主导了包括东京、横滨、神奈川、千叶、群马等城市在内的东京都市圈的发展。

法国城市群协同发展机制是以市镇联合体为主要平台进行的，其运作机制是基于法律的多元主体的协调与协商。1999年12月，法国国会通过并颁布实施《城市（市镇）联合体法》，规定相关各城市主体对城市间的重大问题首先要进行调查研究，在征求各方意见和建议的基础上，由各城市主体协商起草方案并讨论修改，然后共同签署和行动。法律还赋予了市镇联合体专项税源和第三方评估监督的权利，从而保证了城市群的协同治理运作具有稳定的财力基础和有力的外部监督。

英国的大伦敦城市群推行的是一体化的行政架构，即一体化协同治理模式，该模式强调的是立法、高层协调和战略规划。在立法保护的前提下，其建立了大伦敦城市群协调机构，例如，20世纪90年代中央政府设立的"伦敦政府办公室"以及21世纪初成立的"大伦敦市政府"等，运用行政力量进行具有整体性和长远性的战略规划并建立一体化协同治理机制。

我国城市群协同治理的框架主要是由目标模式和支撑架构组成的。协同治理的目标是连接、联动、协调和共享。实现目标的支撑架构主要有城市体系的协同治理架构、产业体系的协同治理架构和交通一体化的基础设施的协同治理架构三方面。例如，我国以长三角区域合作为代表的城市群的协同治理，主要还是以政府为主导的治理架构，其功能主要是区域与城市的协同发展。②

---

① 参见薛艳杰、王振《长三角城市群协同发展研究》，载《社会科学》2016年第5期，第50－58页。
② 参见陈建军、陈菁菁、陈怀锦《我国大都市群产业－城市协同治理研究》，载《浙江大学学报（人文社会科学版）》2018年第48期，第166－176页。

二、上级政府主导治理和政府间合作治理模式

从我国城市群治理模式的实践来看，可以分为上级政府主导下的治理模式和城市政府间的治理模式。

(一) 上级政府主导下的治理模式

上级政府主导下的治理模式包括中央和省级政府两个层面，主要以区域规划形式指导城市群的发展。近年来，中央政府和省级政府出台了一些关于城市群的规划或意见，如中央层面出台的《珠三角改革发展规划纲要》《辽宁沿海经济带发展规划》《长江三角洲地区区域规划》《成渝经济区区域规划》《关于支持河南省加快建设中原经济区的指导意见》等，省级层面出台了《南京都市圈规划》《湖南省长株潭城市群区域规划条例》《中原城市群发展规划》《武汉城市圈整体规划》《杭州都市经济圈发展规划》等。

在规划的基础上，对于如何保障规划的实施，省级层面做的工作较多，如2008年湖南省人大常委会审议通过了《湖南省长株潭城市群区域规划条例》，该条例对立法宗旨、区域规划的法律地位、实施的事权划分、区域规划的编制和调整、具有区域性影响的建设项目的管理、空间管治、法律责任等方面都进行了系统的规定，明确了《湖南省长株潭城市群区域规划条例》是长株潭城市群协调发展的综合性规划，界定了省市各级各部门的职责和基本工作程序，提高了长株潭城市群区域的开发建设水平。2011年，广东省出台了《广东省实施〈珠江三角洲地区改革发展规划纲要〉督查办法》《珠江三角洲区域一体化推进评价工作方案指标及评价办法》等制度。广东省建立了推进珠江三角洲区域一体化的评价办法，提出了包括基础设施一体化、产业布局一体化、基本公共服务一体化、环境保护一体化、城乡规划一体化、体制机制一体化六大类，共19项一级指标、60项二级指标的评价指标体系和评级办法，分别对珠江三角洲区域中的广佛肇、深穗莞、珠中江三个经济圈开展评价，这对促进城市群发展具有积极意义。2012年，长三角城市群设立了长三角合作与发展共同促进基金，并制定了《长三角合作与发展共同促进基金管理办法（试行）》，为长三角区域内城市间的合作提供了资金保障。

(二) 城市政府间的治理模式

我国城市群中关于城市政府间的治理模式，虽然名称不同，但都有类似的职能，这些名称主要包括高层领导联席会、城市地方政府联合会、城市联盟等。其主要是通过召开联席会议、制定政府间合作协议、共同编制各类规划和实施计划、开展合作论坛等方式，形成合作共识，达成若干合作协议、编制专题合作规划等。深穗莞三市建立了联席会议办公室协作机制，并已签署多项市级合作协约，以共同推进重

点工作，在规划衔接配套、交通互联互通、产业协作融合、环境联防联治、公共服务共享等领域开展了实质性合作，区域一体化进程明显加快。[①]

三、城市群治理模式的选择

我国城市群正处于快速发展阶段，国内城市群数量众多且发展阶段各异。未来城市群的治理模式将具有多样化特征。首先，我国城市群要建构多层级的治理模式，这是因为城市群的发展直接关系到我国国土空间的合理化布局，关系到我国各区域之间的协调发展和人口资源环境的可持续发展。因此，城市群治理不但要由各城市群发挥内部多个城市的主体功能，还要在国家宏观层面上有具体的指导，由中央政府对城市群的治理做出总体考虑，引导全国范围内的城市群协调发展。其次，城市群治理要多模式共存。由于我国城市群数量多，且发展各异，均处在不同的发展阶段，城市群内城市之间的互相作用、联系紧密程度都不同。对于一个城市群而言，就可以存在多种治理模式，并同时对城市群的发展发挥作用。再次，城市群要形成多层次互动的治理模式。按照城市群空间演进的大都市区、都市圈的层次划分，在城市群治理模式的选择上，可以通过不同层面采用不同模式的互动。不同层次上的治理模式可以相互补充且发挥作用，不同层次上的治理模式可以建立起相互沟通与协作的网络，以实现城市群治理多层次模式上的互动。最后，形成多主体参与的城市群治理模式。长期以来，我国城市群发展都以政府主导的治理模式为主，尚未形成多主体参与的城市群治理模式，即除政府以外的其他主体尚未发挥对城市群的治理作用。虽然除政府以外的市场、企业、社会组织、民众等多主体参与城市群治理的程度较浅，但不可否认的是，这些主体参与城市群治理与我国市场经济体制的完善和民主政治制度的建设息息相关，并且有利于促进城市群的建设和发展。因此，多元主体共同参与城市群治理的模式还需要不断得到落实和发展。[②]

第五节 城市群治理的主导机制

我国幅员辽阔，城市群数量繁多且都有其独特的治理机制。科学地认识城市群治理机制，是正确处理城市群治理问题的关键。我国城市群治理的主导机制大致可以分为以市场为主导的治理和以政府为主导的治理两种主导机制。

---

① 参见汪阳红、贾若祥《城市群走协同共赢之路》，人民出版社2017年版。
② 参见汪阳红《城市群治理与模式选择》，载《中国城市经济》2009年第2期，第50—55页。

一、以市场为主导的治理

在市场经济体制下，市场治理机制是城市治理体系中不可或缺的主体，城市治理能力的现代化水平也与市场机制发育是否完善、运作是否充分密切相关。在城市治理体系中，更广泛地运用市场治理机制来解决城市运行中的现实问题，已成为目前城市治理发展的趋势。市场治理机制以自利性交易、公平竞争和经济利益激励为核心特征，各种经济主体在市场中进行交易活动以取得相应的经济利益。同时，市场治理机制客观上为城市提供了巨大的资金支持、服务配套以及公共活动的空间。

市场治理机制参与城市治理的特点主要有以下五个方面：一是可以有效弥补"政府失灵"，丰富城市治理的主体；二是将部分城市管理事务转化为市场主体运营业务，使市场主体所追求的利润最大化的目标转化为提升城市治理效益的有效动能；三是有助于引入市场精神，提升城市竞争力和治理弹性；四是借助技术创新，实现城市的科技化和智慧化；五是市场出于生存利益需求，对社会需求的敏感度较强，市场机制参与治理有助于其回归城市治理的服务本质。[①]

区域市场治理机制是指在某一区域中，为了降低交易费用、稳定交易预期、规范交易秩序而形成的，规范政府（包括中央政府和地方各级政府）、企业、个人等市场经济活动主体之间的交易关系与经济行为的制度安排。[②] 当前，城市群在治理过程中强调要实施增长及发展战略，充分发挥核心城市群的作用，增强核心城市的辐射功能和国际竞争力，通过核心城市的优势带动，促进经济、社会、人口和环境等多方的协调与整合，以实现合理分工和联动发展，进而实现优势互补，促进城市群共同发展。通过市场补偿方式，即直接交易补偿或配合交易补偿的方式，构建产权市场，解决生态治理问题；充分发挥市场在发展城市群经济中的资源配置作用和调节作用，积极参与国际经济竞争。[③] 从发展趋势看，区域市场治理机制的一个基本趋向是从宏观的角度来主导城市群和都市圈的，城市群经济一体化更多地需要依靠市场发挥作用，尤其是产业布局，因而起主导作用的更多是市场而非政府规划。[④]

当前，我国一些城市群治理初步实现了以市场为主导的治理机制。例如，2003年，我国长江三角洲城市群在合作治理中，浙、苏、沪三地工商部门签订的投资准入、市场秩序、信用信息一体化方面的框架协议就是一种市场主导与制度驱动并行

[①] 参见彭姝《城市治理现代化演进中的市场机制作用分析》，载《特区实践与理论》2019年第5期，第124-128页。

[②] 参见保建云《中国经济转型期的区域市场治理机制及其演变》，载《学术研究》2004年第4期，第72-76页。

[③] 参见米鹏举《国内城市群治理研究综述：文献述评与未来展望》，载《理论与现代化》2018年第2期，第90-98页。

[④] 参见欧阳慧《谨防当前我国城市群、都市圈发展误区》，载《北方经济》2007年第3期，第22-23页。

的治理机制；再有，2007年8月7日，"长三角地区科协合作交流联动发展联盟"商洽会在南京举行；2007年8月23日，由上海现代服务业联合会发起并主办的《长三角现代服务业合作与发展论坛暨首届服务业产品展示会》项目正式启动；2007年10月18日，长三角地区科协合作联盟在上海成立；2007年12月1日，由上海市、江苏省、浙江省社会科学院与南京审计学院共同主办的"长三角金融体系建设首届高层论坛"在南京审计学院举行，这些合作治理的推动力量也都是市场驱动式的。可以说，在长三角城市群的治理过程中，市场机制逐渐发挥关键作用，形成了以市场为主导的治理机制。①

城市群建设的根本动力在于市场机制的作用，市场化是城市群形成与发展的制度前提，市场化进程与城市化进程呈现明显的正相关关系。无论国家政治体制和社会制度如何变化，市场机制在与城市群有关的人口、资源配置、土地、资本等经济要素自由流动和配置等方面都发挥着主导作用。因此，我国城市群在治理过程中，要依靠市场调节和价值规律的作用，以灵活多样的方式推进城市群的建设，确保城市群发展永葆活力。在城市群形成与发育的过程中，一定要坚持"市场主导、企业主体、政府协调、资源共享、市场共通、利益共享、整体规划、重点突破、逐步推进"的原则，研究市场的需求状况，加快培育市场体系，做好市场预测与决策，进一步推进城市群建设一体化，建设市场主导型城市群。②

二、以政府为主导的治理

改革开放以来，市场化与地方分权改革促使地方间的经济联系日益紧密，先后形成了珠三角、长三角、京津冀、长株潭等重要经济区域，城市群区域经济一体化发展已经是大势所趋。但是，每个城市群内都是单独的利益个体，都有着自己特殊的利益诉求，且城市群内单个城市的特殊利益诉求还会影响到城市群区域的共同利益，从而带来产业同质化、恶性竞争等一系列区域公共问题。为了解决这些问题，消除不同行政区之间利益的对立和冲突，促进区域协调发展，必须建立区域公共事务治理机制，以对城市群区域公共事务进行协调与管理。

通过总结国内外学者的理论与实践经验，城市群区域公共事务治理机制主要有市场机制、地方政协作机制以及公众参与机制等。这些机制对城市群区域内公共事务的协调和管理有着积极的一面，但与此同时，其存在的不足又常常会阻碍城市群内的有效合作。因此，寻找一种新的主导区域公共事务治理机制便成为推动区域有效合作的现实要求。

---

① 参见张建伟、陈颖佳《演化理论视角下长三角城市群整合研究》，载《城市》2010年第2期，第30–34页。
② 参见方创琳、张舰《中国城市群形成发育的政策保障机制与对策建议》，载《中国人口·资源与环境》2011年第21期，第107–113页。

随着改革进程的不断深化、民主法治建设的不断推进、公民权利意识的不断增强，以及社会组织的不断壮大且参与治理的意愿逐渐迫切，城市群区域公共事务治理机制的功能与作用越来越大。在此背景下，一种建立在尊重、协调、合作、共赢的基础上，强调解决问题、目标导向、管理创新和由政府负责的多元化制度性治理的区域公共事务治理机制，即区域府际合作治理应运而生。区域府际合作治理是"政府负责、社会协同、公众参与"社会治理体制在区域公共事务治理中创造性实践的抽象概括。区域府际合作治理强调的是由政府负责，意味着政府应当建立健全区域公共事务治理的政策法规和相关保障制度等；同时，政府也要相应地扶持与权力下放，让社会组织参与治理。此外，区域府际合作治理也应注重公共事务社会组织的自我治理，以及政府与社会组织间的合作治理。区域府际合作治理的产生与发展，使行政权主题范畴从国家行政走向了国家行政与社会行政并行的道路，区域治理实现了从行政区行政向区域行政的转型，并促使区域治理结构、治理关系和治理行为模式的转变。[①]

在城市群治理体系中，政府治理体系是最重要的主体，由权责、事项和人员等基本要素构成，这些元素的整合程度决定了政府治理体系和治理能力现代化的内在需求，要求政府要根据经济社会的发展情况，切实转变政府职能，创新管理方式，建设法治政府和服务政府，增强行政效能和公信力。[②] 城市群政府治理机制指的是城市群与区内各种治理主体在管理社会公共事务、提供公共产品、解决社会公共问题、促进社会公共利益中相互作用的关系、过程和方式。治理结构、过程方式的选择是决定不同政府治理机制的主要因素。[③]

我国城市群众多，在区域府际合作成为城市群治理的新趋势下，实现城市群府际协作治理，将有助于使政府主导的单一协调机制转变为由政府主导、市场为基、企业为主的治理机制。具体而言，城市群的府际治理主要包括以下六个方面的内容。

(一) 理念共识层面

城市群各参与主体在理念上达成治理共识是城市群治理的基础。一方面，各参与主体要在行政管辖权的让渡上达成共识，即城市群内各参与主体让渡部分管辖权后，才能形成一种城市群公共权力来对跨区域事务进行治理。另一方面，应重塑行政文化，积极引导城市群内各主体形成协调合作的意识，充分利用区域特征，倡导网络化治理的新理念。

---

① 参见刘云甫、朱最新《论区域府际合作治理与区域行政法》，载《南京社会科学》2016年第8期，第82–87页。
② 参见彭姝《城市治理现代化演进中的市场机制作用分析》，载《特区实践与理论》2019年第5期，第124–128页。
③ 参见易承志《从分散到集中：伦敦大都市政府治理机制的变迁》，载《社会主义研究》2015年第1期，第125–131页。

（二）规划设计层面

城市群规划人员从城市群总体区域层面出发，对城市群总体发展战略的部署，并非对城市群内各单体城市规划的简单汇总，而是要加强顶层设计，形成有助于城市群协调发展的，以城市群功能定位和整体发展战略、空间结构优化与管制、次区域规划和各类专项子规划体系、区域协调措施、政策环境和制度设计为主要内容的规划体系。有学者将我国城市群规划理念总结如下：核心要义是以建设促发展，战略支点是核心城市，生命线是推进地区与区域的协同发展，动力源是政府角色和职能转变，保障手段是体制与机制创新以及坚持绿色发展和生态建设以实现城市群可持续发展。同时，城市群未来规划的努力方向还应该与国家"一带一路"发展目标相结合，解决城市群发展中的关键问题，实现城市群的高质量增长与区域统筹。

（三）组织架构层面

建立层次完善的城市群政府协调机构有三种选择模式：高度集权的大都市区政府；松散的城市群协调机构；权威性的都市区联盟或是"城市联盟"。城市群政府协调机构可以鼓励城市间建立双边或多边协议，明确城市群行政管理发展协议对缔约城市的约束力；同时，明确常设机构为协议的执行机构。此外，城市群要构建完善的政府管理体系，这种管理体系模式又分为政府中心模式、政府诱导模式、多机构/利益相关者模式三种。

（四）制度设计层面

推进城市群空间一体化协调合作的制度性创新设计包括以下内容：建立平等互信的城市群协商对话机制、行动程序和利益表达机制；深化产权制度改革，构建新型委托代理关系，建立和完善利益分享和补偿机制，协调区域整体利益与特殊利益之间的关系；建立冲突调解部门，完善冲突解决机制，尝试建立城市群协调法院，建立正式惩罚与非正式惩罚相结合的惩罚机制；制定和完善区域合作法律法规，依法开展城市群规划和协调工作。

（五）操作策略层面

建立区域性投资融资管理机制、信息共享机制和城市发展基金筹措机制；完善城市群公共服务多元供给模式，构建跨区域公共服务供给机制，健全由市场、社会、政府参与的公共服务模式，统筹城乡协调发展；培育多元主体参与城市群治理，构建城市群内部多元主体参与共同价值对话的渠道和途径；构建智慧型城市群，完善城市群交通网络，充分发挥重大基础设施（如高速公路、高速铁路、跨海通道等）

对城市群协调发展的巨大作用。

（六）评估反馈层面

建立对城市群协调结果的评估反馈体系，坚持绩效考核，准确把握城市群协调治理的不足之处并及时调整治理策略；完善奖惩体系，将协调治理成效作为成绩考核的重要依据，激励地方政府协调治理的内在动力；改革考核标准，改变唯国内生产总值的导向，将公共服务作为重要指标，并辅之以有效的考核办法和体系；坚持公众参与，增强评估考核的透明度和公信力。[①]

[①] 参见米鹏举《国内城市群治理研究综述：文献述评与未来展望》，载《理论与现代化》2018年第2期，第90-98页。

第四章 城市群治理的主要领域

城市群治理内容复杂多样,通过梳理城市群治理的主要领域,可以帮助我们了解城市群治理的主要内容,包括背景、历程、方法等,进而有助于我们形成对城市群治理的客观认识。总的来说,城市群治理的领域主要包括交通一体化治理、产业协同治理、环境合作治理、公共安全治理和文化融合治理等方面。

第一节 城市群的交通一体化治理

一、城市群交通一体化的背景和功能

追溯我国城市群的发展历程,京津唐、沪宁杭、辽宁中部城市群号称是全国最早出现的三大城市群。改革开放以来,逐渐形成的珠三角、长三角和京津冀三大城市群,成为带动区域经济和国家经济快速发展的三大经济"增长极"。随着改革开放的深入发展,为了促进区域经济社会形成有特色、有示范作用的突出发展战略,国家继设立深圳等一批经济特区后又批准建立了12个国家综合配套改革试验区,其分别具有开发开放特色、城乡统筹发展特色、"两型"社会建设特色、新型工业化道路探索特色和资源型经济转型特色。

2010年,国务院印发了《全国主体功能区规划》,明确将全国国土空间按照主体功能进行划分,其中从开发内容的角度将国土空间分为农产品主产区、城市化地区与重点生态功能区,并构建了全国国土空间的三大战略格局。一是构建以"两横三纵"为主体的城市化战略格局;二是构建以"七区二十三带"为主体的农业战略格局;三是构建以"两屏三带"为主体的生态安全战略格局。其中,以"两横三纵"为主体的城市化战略格局就是依托"两横三纵"交通通道来实现通道上的城市发展,而"两横三纵"交通通道的形成就是交通一体化实现的过程。由此可见,在城市化发展战略中,交通一体化发展起到了十分重要的作用。①

2015年,国家提出了"一带一路"倡议,构建了六大经济走廊,进一步说明了

---

① 参见姜策《国内外主要城市群交通一体化发展的比较与借鉴》,载《经济研究参考》2016年第52期,第78-82+90页。

根据交通一体化发展而形成的科学合理的交通通道对国家发展具有极其重要的意义。综观国内外发展成熟的城市群的发展历程，交通一体化发展与区域经济圈层发展是相依相伴、相辅相成、共同促进的。城市群内各城市间的交通一体化发展为城市间经济要素的自由流动、产业结构的优化调整、产业集群的形成与规模效益的溢出创造了前提条件，奠定了坚实基础。因此，交通一体化的实现路径对于城市群的形成与发展来说尤为重要。

通过总结国外城市群治理的案例可以发现，交通一体化建设极大地促进了城市群的建设发展。首先，城市群在交通上拥有较多优势。日本城市群具有日本最大的港口群和航空网络，港口群是日本最大的集装箱集散地，航空网络中的成田机场货运量占全国贸易货运量的68%。整个城市群对外交通以水运、空运和铁路为主，内部交通以公路和铁路为主。其次，城市群内以公路和铁路为主的客运交通十分发达，形成了多层次、多级别的综合运输网络。在纽约城市群中，航空运输业尤为发达，由肯尼迪、纽瓦克和拉瓜迪亚三大机场形成了世界级航空走廊，承担了国内三分之二以上的航线和国际多条航线的运输业务，同时还将机场、公路和铁路等建设结合起来，最大限度地提升运输服务的运营效率。城市群内的交通以公路和轨道交通为主，轨道客运数量占比极高；以公路汽车运输承担了市域内近一半的旅客运输和多数的货物运输。伦敦城市群随着中心城市由一个向多个发展的趋势，交通干线也由从一个中心内部向外辐射发展成从多个中心内部向外辐射，并在多个中心城市之间建设了交通连接线，加强了中心城市之间及中心城市与周边城镇之间的交通线路建设。最后，由于城市群内居民逐渐从市中心向郊区转移，为了满足民众对交通的需求，城市群内部交通以高速公路和轨道运输为主。比如，从伦敦出发的高速公路有9条，呈放射状向外延伸，将9条纵向的高速公路相交连接，从而形成了伦敦城市群中"一环九纵"的高速公路运输网络。伦敦城市群内的轨道交通比较发达，承担着大量的城际间与城郊间的旅客运输。此外，伦敦城市群内基本实现了高速公路与轨道交通的有效衔接、郊区铁路与市内铁路的有效衔接、私家车与公交车的有效衔接以及圈层内外交通线路的有效衔接，真正实现了城市群交通一体化。

综观国内城市群治理的具体情况，我国长三角城市群注重公路、铁路与水运的协调发展，加强了各种交通方式间的衔接。其中，早在1997—2005年间就构建了"一核六带"的发展格局，在2010年之前基本建成包括公路、铁路、水运在内的"五圈、六廊、十六枢纽"的交通一体化发展格局，交通一体化建设初具规模。珠三角城市群内多数城市都围绕珠江口岸分布，水路运输发达，内外航道丰富，形成了"三纵三横"千吨级骨干航道网，是我国最发达的对外航运口岸。除此之外，广州、深圳和珠海的机场承担了城市群内近二分之一的客货运输任务，与国外50多个机场保持业务往来关系，在对外交通运输中发挥着重要作用。因此，我国通过实现多种交通方式互联互通的途径构建了城市群交通一体化运输网络。京津冀城市群形成了六大综合运输大通道，是全国综合交通体系的重要组成部分。[1]

随着城市现代化的推进，区域间城市群体的相互作用逐渐增强，城市社会经济的发展使得人们对加强跨区域的地区合作提出更高要求。城市群作为城市现代化发展的产物，由中心城市及周边大中小城市和地域共同组成一个紧密的一体化区域。通过总结国外城市群交通一体化的经验可知，交通一体化综合运输体系是城市群及城市连绵区形成和发展的基础与前提，城市群作为在一定地域范围内若干具有等级体系和网络结构的城市群体，与单个城市的根本区别在于城市群内城市之间有着强烈的交互联系、发达的综合交通网络及完善的综合运输体系，这是维持这种联系的纽带。几乎所有的城市群都无一例外地依托综合交通实现深入发展，并通过陆上综合交通扩散形成"港陆连续型"城市群。

城市群综合交通依托于城市，能够反映社会经济发展的水平和方式，同时综合客运枢纽的合理布局模式又能够促进城市经济的发展，这种相互作用、相辅相成的关系就是综合交通发展的基本机制。[2] 近年来，国家不断出台有关区域经济发展的战略决策，以充分发挥区域经济的带动和示范作用，城市群交通一体化在城市群一体化发展中起着决定性作用。梳理我国城市群的建设发展过程，可以发现交通系统作为联系城市群区域内各城市的纽带，其体系的完善程度、系统效率对城市群的快速健康发展起着至关重要的作用。

区域交通一体化是城市群发展的基础前提，也是城市群建设中各地产业协同的流通纽带。城市群发展中各地经济联系的加强、产业协同的实现和人员、物资、信息、资金等生产要素的流动都依赖于交通运输体系。[3] 总的来说，交通一体化的根本目的在于按照城市群内区域经济社会发展的实际需要，最大限度地挖掘现有的交通运输方式和运输网络的流通潜力，以满足区域生产要素流动的现实需要，实现区域交通运输效益的整体提升和服务能力的全面提高。

二、城市群交通一体化的内涵与特征

（一）城市群交通一体化的内涵

城市群交通一体化的主要内容包括交通与土地使用一体化、交通设施一体化、交通服务一体化、运营管理与体制机制一体化四大方面。

---

[1] 参见姜策《国内外主要城市群交通一体化发展的比较与借鉴》，载《经济研究参考》2016 年第 52 期，第 78 - 82 + 90 页。

[2] 参见任海林、代小瑞、魏琳等《城市群综合交通一体化发展模式研究》，载《公路与汽运》2012 年第 2 期，第 36 - 41 页。

[3] 参见王中和《以交通一体化推进京津冀协同发展》，载《宏观经济管理》2015 年第 7 期，第 44 - 47 页。

1. 交通与土地使用一体化

交通与土地使用一体化的内涵包括：城市群规模、城市布局、城市结构与交通系统相一致，并沿轨道交通线路布局城市空间；土地使用性质、强度与交通方式和运量相协调，即大运量、中运量、各种新交通系统及常规公共交通系统对应不同的人口密度和开发强度；综合交通枢纽建设与周边土地深度融合，实现干线交通与末端交通的无缝衔接和"点到点"服务。

交通与土地使用一体化建设要解决的核心问题包括宏观、中观及微观三个层面。

宏观层次：如何在保持城市群与城市活力的基础上，构筑良好的城市群空间布局，实现城市空间形态结构与交通系统主骨架结构及形态之间的协调，即面的一体化。

中观层次：如何实现城市区域土地使用性质、强度与交通系统构成及容量之间的协调，即线的一体化。

微观层次：为保证城市发展战略和发展目标的实现，根据具体城市地块功能特点，如何实现城市设计和交通设施设计层面之间的协调，即点的一体化。

2. 交通设施一体化

交通设施一体化的内涵包括：交通运输网络设施一体化；交通枢纽空间布局一体化，包括枢纽布局、等级、功能及配套等一体化匹配程度；衔接换乘设施一体化；末端交通系统一体化。

交通设施一体化建设要解决的核心问题：如何根据城市间主通道上的交通需求，合理确定不同交通运输网络的分工与协调关系，进而合理确定交通供给总量和供给结构；如何合理布局枢纽、定位枢纽功能、确定枢纽等级及相关配套设施；如何实现不同交通方式换乘设施的一体化，实现无缝衔接、零距离换乘；如何针对不同需求的站点或末端，建设系统科学的末端交通系统。

3. 交通服务一体化

交通服务一体化的内涵包括："一票到底"客运服务；"一单到底"货运服务；信息服务一体化；区域态势分析与决策支持；应急管理一体化。

交通服务一体化建设要解决的核心问题：如何建立城市群范围内"一票到底"、无缝衔接的起终点全程客运服务，以及"一单到底"的多式联运的货运服务；如何实现城市群内跨区域、跨部门、多交通方式系统信息的整合与共享，实现多途径、多方式的综合信息融合、分析及信息服务，为跨区域出行提供便捷条件；如何建立全过程动态跟踪的智能物流体系；如何建立面向异常事件的高度智能化的应急管理与服务；如何建立区域动态交通需求态势的分析、诊断与决策支持体系。

4. 运营管理与体制机制一体化

运营管理与体制机制一体化的内涵包括：规划建设一体化；运营管理一体化；协调保障体制和机制一体化；交通政策一体化。

交通管理体制政策一体化建设要解决的核心问题：如何实现综合交通全环节一体化。如何提高运营管理水平和效率，最大限度地发挥交通系统网络的运行效益和提高系统服务水平；如何实现对众多部门进行统一管理、统一部署，并对各环节进行统一规划与建设；如何从城市群整体利益出发，制定相关的一体化交通政策，健全城市群交通发展的协调、磋商机制，从制度、政策上确保城市群交通一体化的成功。

（二）城市群交通一体化的特征

城市群内的交通需求大多是各个城市对原材料和半成品的运输需求、上下游产业链之间的物流需求，以及城市之间的人员流动需求。因此，城市的交通需求特性决定了其交通结构要体现出完善的货运通道，以及为城市间的人员流动提供便捷、高效服务的特点。这就要求各个城市内部有发达、完善的交通运输网络体系，城市之间建立便捷、高效的运输通道，城市群内形成一体化的交通网络系统。

城市群的结构特点和交通供求特性决定了城市群交通一体化的特征与基本要求，主要体现在以下四个方面。

1. 跨区域性

提高交通运输系统效率的关键是一体化，这需要确保交通设施与用地的紧密结合，以及解决衔接换乘和末端交通及多式联运问题。城市群交通一体化就是要打破地域界限、行政界限和部门界限的约束，使不同的交通方式合理分工、协调配合，使整个交通运输系统之间及交通系统与土地使用深度融合，从而提供高效、便捷、安全、环保节能的交通运输服务，满足城市群内城市之间的货运交通运输需求。为此，城市群内各城市要共同建设一体化交通的基础设施，以实现一体化的交通服务。

2. 多层次性

城市群的交通需求不仅包括城市内部的交通需求，还包括城市之间的交通需求。城市群的结构特点及城市之间交通需求的多样性，决定了城市群内交通运输方式的多层次性。如前文所述，城市群内主要城市之间的交通需求、城市群中都市圈内的城市交通需求是两大类基本的交通需求。从运输对象上看，分为客运需求和货运需求。客运需求中的主要部分是都市圈的通勤需求和城市间的商务与休闲出行需求。与一般城市相比，城市群内各城市间的货运需求明显增加，这是资源一体化优化配置和区域产业分工协作的必然结果。城市群内的货运交通主要有铁路、公路以及水路货运系统；客运交通系统既包括城市交通，也包括城际交通。城市群内客运交通方式主要以快捷的公共交通为主，包括城际铁路、市域铁路、地铁、轻轨、无轨电车、有轨电车以及道路公交等。其中，城际轨道交通是城市群一体化形成和发展的重要引导力量。

3. 协调性

城市群内交通需求的跨区域性及交通运输方式的多层次需求特性，使得城市群不同区域内的交通资源（如交通工具、交通基础设施、交通信息等）要完成分工合作与一体化发展，以实现交通资源的充分利用和运输效率最大化。这就要求城市群交通一体化的建设必须与城市群结构、土地使用、产业布局和资源环境的约束相适应、相协调。

4．统一性

要实现城市群的交通一体化，必须建立起跨区域的组织机构和运转机制，制定一体化的政策和法规，对交通资源进行统一规划、统一组织、统一管理和统一调配，真正实现交通基础设施规划建设一体化、交通方式一体化、交通枢纽一体化、交通组织和信息管理一体化、交通管理政策一体化。

三、城市群交通一体化面临的挑战

（一）缺乏强有力的交通一体化协调机制，缺乏城市群区域综合交通规划

我国在城市群交通行政管理条块之间、行政层级之间存在着较大程度的权限不清、关系不顺的现象，加之各部门之间互通信息较少，导致各部门在基础设施规划、审批、建设、运营管理等方面存在着管理混乱的现象。城市群层面的政府协调机制正处于探索阶段。然而，由于体制约束与利益冲突，协调机制缺乏稳定的制度保障，组织架构松散，协调机制仍难以在推动城市群发展过程中发挥应有的作用。

受制度约束，迄今城市群区域综合交通运输规划尚无统一的编制主体，更未明确法定的编制与审批程序。

（二）城市群内交通政策不统一、不协调

在国家层面上，尚未出台对城市群交通发展的分类指导意见。各城市制定的交通运输管理政策及其实施细则之间缺乏协调性，导致管理体制不一致，也造成了资源的浪费和运输效率低下等问题。目前，部分省区市指定的相关法规和政策差异较大、协调性较差，不但阻碍了整个区域交通行业的共同发展，甚至导致某些地区的运输市场还停留在未开放状态。

（三）城市群区域交通发展相对滞后，轨道交通发展缺乏系统的科学论证

城市和城市群对轨道功能定位、建设时机与合理规模的决策主观性较强，以致部分城市盲目效仿与照搬其他城市和干线铁路的"经验"，缺乏严谨的科学论证。例如，许多城市在制定城市轨道交通建设规划时，对轨道交通在城市客运中的合理定位、制式选择、线位确定、站点放置往往缺乏深度的科学论证，导致各城市的规

划目标、规划功能定位基本雷同。

再如，许多大城市既未能从城市出行需求特性的实际状况出发，合理选择适应不同出行需求特性的轨道交通模式与运量等级，并按合理比例构建与交通需求相适应的道路交通体系多元化轨道，也忽视了可以提高城市中心区轨道交通可达性所需要的轻轨、有轨电车等系统。与此同时，还有一些规模不大的二线城市把轨道交通出行分担率规划指标制定得过高，盲目扩大建设规模，追求高标准。

（四）资源配置、土地使用与城市群交通需求发展不协调

资源环境与城市群交通发展的矛盾比较突出，表现为城市群地区城镇、产业、人口高度聚集，交通需求量大，土地、能源等资源十分紧张。城市群中存在交通供给与需求不匹配的现象，特别是结构性不匹配，土地使用情况与交通运输系统两者间的结合较薄弱，缺乏整体性思考。交通与土地之间是一种相互联系、相互影响的复杂关系，交通发展与土地使用协调可以相互促进发展；反之，若城市交通与土地使用之间不协调，则导致两者相互制约，影响各自的发展。

（五）多种交通方式基础设施缺乏合理分工与协调，城市内及城际交通结构有待优化

由于缺乏国家层面和区域层面的规划与建设常态化的协调机制，城市群内重大交通基础设施建设缺乏统筹规划和统一安排。其中，铁路与公路在长途货物运输中的分担比例仍待调整，应尽早改善公路主通道货运交通不堪重负、超载超限屡禁不止、运输效率低下、事故频发等情况。

城际交通结构单一，制约了城际交通的发展。同时，各种交通方式无法有效衔接导致换乘难度的增大，大大降低了运输效率。

（六）城市群交通信息共享机制缺失

城市群内信息共享机制及保障制度的缺失，使得行业间与部门间的信息壁垒严重阻碍了信息化建设的发展进程。同时，缺乏顶层设计，导致信息共享程度较低、系统整合程度不足，且总体水平较低。

（七）城市群交通一体化投融资体系有待拓展

现行的交通政策、投资体制和运营管理体制由于缺乏交通所具有的商品性、公益性的双重属性，难以适应城市交通未来发展对巨额资金的需要，因此需要调整现行的城市交通政策，以改善城市交通的投资体制和运营管理体制。

四、实现城市群交通一体化的战略与对策

当前我国各城市群发展所处的阶段不同，明确城市群的基本概念、战略及发展

目标,对于城市群的健康发展、提高我国的竞争实力、实现节能环保的绿色低碳发展模式、打造宜居宜业的城市环境来说具有重要意义。而城市群交通一体化既是城市健康发展的基本保证和先决条件,也是达到良好城市环境条件的关键环节。

(一) 建立强有力的城市群协调发展交通一体化的领导体制与机制

(1) 建立强有力的保障城市群协调发展交通一体化的体制与机制,统筹城市群综合交通运输相关的法规、政策、规划及其实施方式,是实现城市群交通一体化的首要条件;包括建立城市群协同发展综合协调机制和监督机制、建立城市群一体化的综合信息平台等措施。

(2) 建立城市群空间与土地开发利用的发展调控体系。从法律法规、规划、审批与管理流程、投资与财税制度、职能部门分工合作、规划设计的实施监督等环节入手,全面实施精准的战略、规划、运营管理一体化体系。

(3) 扩大交通投融资渠道,建立可持续的综合交通投融资体制。在推进城市群交通一体化的过程中通常都面临着大规模、跨区域的交通基础设施建设所带来的巨大资金需求量的挑战,尤其是建设周期长、投资规模大的轨道交通建设。仅靠政府的投入不足以支撑如此大规模的基础设施建设,而需要大力引进社会资本,增加融资渠道,发挥各级融资平台的作用,以逐步建立起可持续发展的综合交通投融资体制。

(4) 建立交通科技创新的长效机制。包括深化科技体制、机制的改革,建立起主要由市场决定的技术创新项目、经费分配和成果评价的机制,充分发挥市场对交通科技研发方向、系统功能、要素价格等各类要素配置的导向作用;健全交通科技创新激励机制,加大对公益性和基础性重大交通科研项目、产学研合作项目及推广应用成效显著项目的支持力度;改善中小型交通科技企业的融资环境,完善风险资本投资机制,建立城市群交通科技研发(产权)交易平台,促进科技成果资本化、产业化。

(5) 建立交通运输市场机制。正确处理政府和市场的关系,加快完善现代化交通运输市场机制,着力清除地方性、行政性壁垒,提高交通资源配置的效率和公平性,使市场在资源配置中起到决定性作用。同时,应强化政府在城市公交、城乡客运、城市(际)轨道交通等公共交通服务领域的主导性,提高定价透明度,加快对交通运输领域中政府购买公共服务模式的推广与应用。

(二) 从城市群、都市圈、城市层面实现交通与土地使用的一体化

(1) 在城市群协同发展交通一体化机制、体制的保障下,系统研究和制定城市群交通系统与土地使用一体化发展的相关法规、标准、政策、措施及实施细则,明确交通一体化的详细要求;制定以公共交通为导向的发展模式并规划设计导则,编

制与出台综合交通枢纽衔接换乘标准规范和指南；在综合交通规划审批环节制定城市群、各城市、各片区等不同层面的交通与土地一体化专项规划与设计。

（2）城市群应根据需求特性合理选择不同制式的轨道交通方式，通过轨道交通形成合理的城市群布局，强化轨道交通与城市用地的深度结合，把轨道交通建设、用地开发、生产组织、居住空间配置和环保节能以及地下空间开发紧密结合起来。

（3）高度重视交通系统与土地开发的建设时序，重视公共交通发展要优先于道路基础设施建设的原则和重要经验，科学制定城市群、都市圈、各城市、各通道不同层面的建设实施规划，以避免个体交通方式的盲目发展，形成难以改变的个体交通方式主导模式。

（4）做好轨道交通站点与周边土地使用的一体化规划设计，实现多种交通方式的无缝衔接和交通与土地使用的紧密结合；根据不同类型的交通枢纽，从物理空间、运营管理、信息服务、票价票制四个方面制定交通管制方式的规划、设计、建设、运营与管理计划，强化各交通方式间无缝衔接、零距离换乘；提供一体化的综合交通服务。

（5）强化以轨道交通站点为核心的发展模式。实现土地综合一体化开发，轨道交通站点2千米半径内的功能布局由内向外、自下而上依次是商业、办公、居住。距离轨道交通站点越近，开发强度则越大，突出绿色交通、以人为本的原则，打造生态、绿色、高效、安全、有特色、具有混合功能的城市单元。

（6）城市内实现"门到门"1小时通勤圈的发展目标。构建绿色、高效的城市综合交通体系，加强主体交通方式与末端交通方式一体化。

（7）建立多中心、组团式、职住均衡、交通需求总量小、出行距离短的紧凑型城市。大力推进城市群、都市圈、城市公共交通引导的土地开发，大力促进紧凑型城市的建设、混合土地的使用、完善的生活配套设施和公共设施建设等，从源头上减少交通需求总量和缩短出行距离，切实改善步行和自行车出行环境，鼓励和保持绿色出行。

（三）建立绿色交通主导的综合交通系统

（1）虽然城市群交通发展模式受城市群人口密度、资源环境、发展策略等影响而呈现差别化，但构建以绿色交通为主导的城市群综合交通体系，则是生态文明发展阶段的必然选择。其中，城市群的客运应以轨道交通和长途公共汽车运输为主，从而提供高速便捷的客运服务；货运应根据需求特性确定是否需要提供铁路运输通道，一般来说，由于城市群的货物运输距离不大，其批量规模也不一定很大，所以通常会以公路卡车运输为主。另外，应建立便捷的货运通道、货物的集疏运体系。

（2）应充分明确城市群内航空、港口的需求，梳理其功能分工与定位，实现合理布局、规模恰当、服务一流的具体规划。同时，还应充分明确通道交通需求，通过多种交通方式协调配合的方式，共同满足交通运输的总量需求和结构需求。

（3）打造"大交通""城市交通"便捷的末端交通系统，高度重视"最后1千米"的精细规划，真正实现出行从"点"到"点"的高效率。例如，加强大型小区与枢纽站点等客流集散点的末端交通，努力提高末端交通的运输效率与服务水平，创造良好的步行、自行车出行环境，形成绿色高效的接驳体系；重视干线铁路、城际铁路、市域铁路、城市轨道交通间的无缝衔接，减少大交通"末端交通"的高效衔接换乘问题。

（4）充分利用已有干线铁路的富余能力，提供城际服务。在当前不断深入推进城市群经济社会发展的情况下，在未建设城际铁路的通道内，应优先考虑利用已有的干线铁路的富余能力，适当新建城际铁路。

（5）科学决策城际轨道交通的建设时机，量化分析运量需求，避免因过度超前建设而造成资源浪费。探索建立城际铁路客运的运营管理和补贴机制，对于城际客运集约化与绿色出行方式，政府应当给予适当补贴，同时应就如何管理、亏损时如何补贴等问题，加快建立相应的管理协调和补贴机制。

（6）对通道进行运输能力总量控制。根据运输通道进行需求分析，基于公共交通优先原则，对通道进行运输能力总量控制，使通道交通容量与通道需求规模相匹配。

（7）在建立机场、港口时，应充分考虑城市群总体需求特性而统一布局，以便控制总体规模。通过统筹规划、合理配置航空与港口资源，建设优势互补、分工合作、无缝衔接、一体化运行的城市群机场和港口群，避免重复建设和无序竞争，以实现资源利用效率最大化和最具有竞争力的运输成本。

（四）通过智能交通手段促进城市群交通一体化发展

（1）建立城市群范围内"一票到底"、无缝衔接起终点的高质量的客运服务体系。提供城市内与城市间无缝衔接的客运服务，力争实现交通服务收费的一体化。

（2）积极推动城市"交通一卡通"在不同区域、不同终端上的互联互通。实现"交通一卡通"在区域范围内各城市的干线铁路、城际铁路、市域铁路、城市轨道、常规公交、出租车等不同交通方式，以及停车收费、日常缴费等便民服务方面的通用，并提供实时充值等便捷服务。

（3）实现城市群综合交通信息的整合与共享。建设城市群一体化综合交通信息服务系统，实现跨区域、跨部门系统信息的整合与共享，是实现多途径、多方式的综合信息服务的基本前提。应打破以往区域、部门间因不同方式、不同系统而导致的限制，加强信息建设的一体化，建立交通信息标准化体系，建立城市群、都市圈的综合信息共享服务平台；建立广泛、共享的综合交通信息采集系统；建立统一的多方式信息发布与服务平台。

（4）建立全过程动态跟踪的智能物流系统，实现区域物流信息深层次的共享，以及多层次专业化、一体化的智能管理物流服务系统。

（5）建立异常状态下的高度智能化的应急系统服务，实现对异常事件的智能检测与监控，以及域异常状态下的快速预警，同时迅速生成组织指挥与救灾联动方案的功能。

（6）建立区域范围内交通需求态势的实时动态分析与决策支持系统，从而实现区域范围内交通需求态势的实时动态分析，实现从宏观、中观、微观等不同层次、不同区域范围的交通决策支持服务功能和基于大数据、云计算、人工智能等新信息技术的交通系统的综合分析及应用功能。[1]

第二节　城市群的产业协同治理

随着经济全球化的推进，区域主义获得了前所未有的发展，区域经济一体化成为获取经济集聚及互补效应、促成区域整体效益最大化的重要方式。从20世纪90年代至今，在国家、城市群和都市圈等不同区域层面上，各种形式的区域经济一体化组织如雨后春笋般涌现，形成了一股强劲的新浪潮。城市群区域经济一体化是形成合力的区域分工体系的过程，其实质是对同构性的产业资源进行整合，建立起分工协作的产业链。因此，产业一体化协同发展是城市群区域经济一体化的核心内容。产业一体化是在市场经济条件下，毗邻的区域（城市）为获得产业效益最大化和成本最低化，充分发挥经济发展方向的同一性、产业结构的互补性，促进生产要素自由流动，加速产业的整合与发展，实行地区经济分工与协作，从而以整体优势参与对外竞争的过程。产业协同一体化发展将促进资本、技术、人才等产业要素在城市群区域内的合理流动，优化区域资源配置，进而提升地区专业化水平与产业创新能力。[2]

一、产业协同的内涵

产业协同发展是指产业要素在区域内的有效整合，使整个区域内的产业实现合理的优化布局，各地区根据自身的产业特色，明确产业定位，构建完整的产业链，产业链的各个环节彼此间相互联系、分工合作、良性互动，共享信息和技术等方面的资源，从而提升整个区域的产业层次和质量水平，创建现代化的产业协作体系。促进城市群地区协同发展的关键是促进产业的协同发展，以实现城市群区域内资源

---

[1] 参见傅志寰、陆化普《城市群交通一体化理论研究与案例分析》，人民交通出版社2016年版。
[2] 参见王安平《产业一体化的内涵与途径：以南昌九江地区工业一体化为实证》，载《经济地理》2014年第34期，第93－98页。

的有效配置，达到互惠互利与协调发展的目的。

城市群在协同治理战略下实现产业协同发展，其优势表现在以下三个方面：一是有助于发挥城市群区域的资源优势，实现优势互补，形成结构优化效应。例如，我国京津冀城市群中的河北省依托现代制造业的优势承接北京资源，有助于提升河北省现代制造业的科技创新。二是有助于资源在区域内得到最优化的配置，有助于城市群形成全方位开放的区域市场体系，即通过城市群产业协同发展能够实现资源的最高配置。三是有利于提升城市群区域经济发展，缩小城市群内大中小城市、城乡之间的发展差距，提高居民生活水平。①

（一）城市群区域经济一体化与产业一体化

产业是城市群经济发展的核心，是城镇化发展所依托的载体，对城市群的形成与发展起着主导作用。城市群经济一体化指的是各区域为获取经济集聚及互补效应，通过各种制度安排及其地域功能的合理配置，促使区域整体效益最大化的过程。从外在表现来看，主要是区域内各种形式的壁垒的消除，以及各种要素和资源在区域间形成的合理配置。作为区域经济一体化的核心内容，产业一体化则是在市场经济条件下，毗邻的区域（城市）为获得产业效益最大化和成本最低化，充分发挥经济发展方向的同一性、产业结构的互补性，以促进生产要素自由流动，加速产业的整合与重组，实行地区经济的分工与协作，从而以整体优势参与对外竞争的过程。

（二）目标一体、功能对接、布局协同、要素互通是产业协同一体化的主要表现

从城市群区域经济一体化和产业一体化的概念中可以发现，产业一体化具体表现在以下四个方面：①产业一体化体现在产业目标一体化方面。在一体化发展的区域内，不同地区的产业发展，不仅要充分发挥各自的比较优势，更要从区域整体最优的角度，确立各自产业的发展方向和目标，并在合理分工的基础上实现互利共赢、优势互补，从而促进税收和财富的增长。②产业一体化体现在产业功能对接方面。城市群内不同城市在经济发展过程中形成的不同的主导产业和支柱产业能够在一体化的过程中、在更大区域范围内进行合理的产业协作与分工，从而实现城市群内区域产业结构和功能的整体最优化。③产业一体化体现在产业布局的协同方面。各地区从更大的区域范围内进行产业空间配置，在各类生产的空间范围内实现产业空间配置，并实现各类生产的空间总体均衡和相互协调。不同产业园区根据其自身的特点和优势承担不同的职能，避免了同质竞争、重复建设。④产业一体化体现在产业

---

① 参见李艳荣、张长念《区域协同发展战略下京津冀体育产业一体化发展研究》，载《广州体育学院学报》2019年第39期，第40-44页。

要素的互通方面。通过各种制度安排和机制建设，实现市场"无形之手"的决定性作用和政府"有形之手"的调节作用的统一，并形成相互统一的要素市场，使各种生产要素和资源在一体化区域内的不同地区之间充分流动和自由交换，最终实现区域资源的整合和要素配置的优化。

（三）结构互补是产业一体化协同发展的基础

产业一体化的根本动因在于各地资源的整合。根据分工理论，由于比较优势和范围经济等的存在，产业结构上的互补将会促进劳动地域分工的形成，进而促成产业一体化发展。从产业一体化发展较好的区域来看，产业结构互补的地区之间的一体化进程发展得比较快。对于我国而言，在大部分提出推进城市群、都市圈建设的区域，各城市间的产业结构在客观上都存在一定的互补性。为推进产业一体化发展，应鼓励区域内各城市进一步对产业结构进行系统性的调整，在主导产业的选择上坚持有所为而有所不为，从而形成互补性更强的产业结构，并使产业结构能够在相互匹配、相互配套的状态下转型升级。在推进区域产业结构配套升级的过程中，技术的作用至关重要，只有通过成员间的良性互动促进知识外溢，提升人力资本，以人才和知识为依托，依靠科技的进步、劳动者素质的提高和管理的创新推动产业结构优化升级，才能为产业一体化发展奠定更为坚实的基础。

（四）制度构建是推进产业一体化的保障

政府通过制度构建以改善一体化发展的政策环境，无论是政府主导型发展模式还是市场主导型发展模式，对于推动产业一体化发展都起到了非常重要的作用。一体化的制度保障，一方面可以破除障碍，降低一体化区域的交易成本和运输成本，促进产业要素的合理流动；另一方面，可以通过整合资源实现一体化区域的统筹发展，提升资源利用效率。在一体化制度的建立中，需要各地政府的地方制度与一体化安排相适应，但这可能会削弱各地政府的权力，此外，由于利益格局的原因，可能反而会影响地方政府构建一体化制度的意愿。目前，受长期以来行政区经济的影响，我国产业要素流动的障碍依然存在，谋求经济一体化发展地区内部的各城市对推进产业一体化还存在着一定的思想障碍。因此，在产业一体化对接中，应重视政府制度构建在推动一体化进程中的作用，加快形成产业一体化的制度保障，从制度层面消除行政壁垒，促进产业要素的自由流动及共同市场的形成。

（五）产业分工与合作时产业一体化的主要方式

产业一体化的具体方式主要包括产业分工和产业合作两大类。产业分工的可能性由不同城市之间的发展基础与条件的客观差异决定，而产业分工的必要性可由劳动地域分工理论解释。因此，对于区域中各城市具有明显比较优势的产业，应鼓励其明确分工,以进一步强化产业集聚度,从而提升市场竞争力。比如,杭州与宁波在长三角一体化背景下充分发挥各自城市的比较优势,形成了较为明确的产业总体分工。产业合作可充分发挥资源要素的互补性,共享产业发展条件,通过放大各自优势来共同提升产业竞争力。对于新兴产业的发展,通过强化区域合作,可以促进产业要素的资源共享,优化发展环境,进而提升其承载力;对于一些布局要求较低、区域内各城市均适宜发展的行业门类,则通过区域合作构建空间产业链,明确各城市在产业链中的分工,实现生产环节或产品的差异化发展。例如,旧金山与硅谷地区共享科教资源、交通优势等产业发展支撑条件,共同发展了高新技术产业;杭州与宁波在纺织服装产业发展上,通过发挥自身特色,实现了生产环节与产品销售的分工,共同提升了纺织服装产业的市场竞争力。[①]

二、城市群产业一体化协同治理的需求分析

(一)城市群产业一体化协同治理发展是经济安全的首要需求

城市群区域产业一体化形成的经济活动地区集中化,从客观层面减少了城市群内部产业对外部的依赖度,同时增强了产业的活跃度,有利于抵御外部经济的冲击,维护城市群区域内的经济安全。由于一个城市的市场难以容纳和接受大规模的资本进出和贸易流动,且冲击的后果将会是经济活动萎缩、企业大量倒闭、失业人数剧增、居民的收入和消费水平急剧下降。而城市群内的大市场综合体除了增强区域实力、有利于资源配置之外,由于其规模优于单个城市的市场,因而更有利于缓和外部冲击。当然,区域的政策合作也意味着区域内部贸易、金融、货币和经济活动的协调性增强,继而减少了内部冲击的来源。

(二)国内外形势是城市群产业一体化协同治理的外部要求

随着全球经济一体化的发展,以及实施东部率先、中部崛起、东北振兴和西部大开发等国家区域发展战略后形成的经济运行的新环境,使得区域内各省区市都面临着相似的发展压力,并产生了区域产业一体化发展的共同要求。一个国家或地区,感受经济全球化的方式中至关重要的一点,就是能否从全球化的宏观视角出发,推动区域经济的一体化发展。为了使我国的经济一体化发展成为现实,必须建设城市群,并使城市群内的产业一体化实现协同发展。

---

① 参见王安平《产业一体化的内涵与途径:以南昌九江地区工业一体化为实证》,载《经济地理》2014年第34期,第93-98页。

(三) 城市群内诸要素的和谐共生是城市群产业一体化发展的潜在需求

城市群内部之间的地域相连、文化相融、经济相通、交通相汇、产业相似，并且具有资本、商品、人员等经济要素的组合优势、产业成长的后劲优势、交汇融合的环境优势等，实际上都为推进城市群产业一体化的协同治理创造了现实条件与潜在条件。

(四) 整合资源是城市群产业一体化治理的基本需求

资源层面是最基础的整合层面，整合的主要内容包括产业资源的开发利用、产品项目的创新等。城市群内产业一体化使得毗邻的城市有机地联系起来，成为拥有巨大能量的区域竞争的航母。但是，由于受到传统行政壁垒的制约，城市群内市场分割、产业雷同现象尤为严重，这极大地影响了城市群内产业的协同效率。因此，必须提高城市群内产业一体化程度，构建错位发展、梯度分布的产业链，使区域内的产业之间高效协同作战，才能实现城市群内的产业一体化协同治理。

(五) 市场整合是城市群产业一体化发展的客观需求

市场整合主要指产品的市场运作内容整合，包括组建大型产业集团、品牌整合与培育、资本运营和市场营销的创新等。具体来说，一方面，城市群内产业要发挥市场机制的作用，使生产者实现集约化经营，增强企业竞争力，生产适销对路的高质量产品来参与市场竞争；另一方面，城市群的产业政策应引导产业发展，培育城市群产业竞争力，促进城市群经济持续增长。

(六) 体制整合是城市群产业一体化发展的迫切需求

体制层面是最顶层也是最核心的整合层面，城市群产业一体化能否获得大发展，指导思想、管理机制，尤其是发展理念起着决定性作用。该层面的内容包括资源整合的指导思想、遵循的原则、区域规划、体制改革、政府管理机制改革等。城市群的产业资源整合还需要协同一体化的发展机制，主要包括城市群内相关部门的协同促进机制、法律保障机制等内容。①

---

① 参见荆立新《区域产业一体化发展的现实需求分析》，载《学习与探索》2013年第12期，第122 - 124页。

三、城市群产业一体化发展的驱动因素

(一) 外部驱动因素

1. 基础设施因素

基础设施的实施条件是市场的建设和产业要素的流动,基础设施同时又是产业布局与产业结构形成的基础条件。区域内基础设施是否完善,将直接影响区域内各产业要素流动的水平与规模,从而影响区域产业一体化发展的全过程。建设完善的综合基础设施网络既可以促进区域经济、市场的对外交流,又可以带动区域的产业分工与产业合作,从而最终引导区域经济整体协调发展。综合基础设施网络包括区位、环境、通信、交通和配套性基础设施网络体系,其作用是促进各生产要素的自由流动、缩短区域的时间半径、减少区域内的交易成本、提高运营效率等。

2. 政策与体制因素

众所周知,政策导向因素的推动功能在产业一体化的形成中发挥重要作用。区域内的产业政策是产业发展的风向标,对其产业布局有着极大的影响,而各地在制定自己的产业发展政策时大多从自身利益出发,很少考虑更大范围的分工协作。因此,区域内各城市重复建设、互相争夺资源、恶性竞争的现象不断出现,而区域内各城市的经济政策、产业协调政策一致,可以有力地推动产业一体化的进程。从长期发展来看,在区域产业一体化的进程中,政策力量的实施是建立在使市场实现生产要素的顺畅流动、企业实现规模经济效益,以及各企业之间实现经济上的互补等经济变量之上的,在我国宏观经济仍然不发达的现阶段,政策对产业一体化协同发展的推动作用更为显著。

3. 市场经济因素

城市群区域产业一体化协同发展的关键性因素是市场经济因素。当前我国区域经济是否发展顺利正是寄希望于市场经济的发展和完善程度,因为市场的力量迟早会冲破行政区划的边界,从而促进产业的合理分工与协作,并促进资源的合理配置。如果企业主导型的区域经济合作组织一旦被定格为区域经济合作的主角,那么一个国家便步入了快速发展的新时期。市场化是经济发展的大方向和总体趋势,因此,构建城市群的区域产业一体化支撑保障体系亦能最终适应社会主义市场经济体制的发展趋势。

(二) 内部驱动因素

1. 资源条件

区位条件、自然资源条件和人文资源条件等共同构成了资源条件。城市群产业一体化协同治理往往存在地理区位的限制条件。而且在其发展过程中,贸易关系更

加容易发生在毗邻地区，城市群内的产业转移也更加容易出现在此区域。它们可以共享城市群的基础设施和人力资源等条件，并且在节约运输成本方面占有很大的优势，因此产业协同发展更适合在相邻的地区中进行。人类的经济行为往往深嵌于地域的社会文化之中，因而作为社会资本载体的城市群内地域文化也是促进城市群产业协同发展的一种长效机制。同时，资源条件还会影响区域产业发展道路的选择，从而逐渐成为区域产业竞争力的一个决定性因素。

2. 产业基础因素

产业一体化协同发展具有很强的"路径依赖"特征，城市群区域内的产业基础是区域产业链得以形成的关键性开端。如果立足于传统产业，产业跨地区整合的发展往往具有更高的成功率。城市群产业一体化的整合过程并非凭空创造跨地区城市的产业链，而是依据城市群内各城市的传统优势产业进行合理的分工布局。因此，城市群产业一体化协同发展的先决条件和要素是良好的产业基础。

3. 行业标准因素

行业标准是指由我国各主管部、委（局）批准发布，在该部门范围内统一使用的标准。例如，农业、电子、能源、水利等都有相关的行业标准。产业要发展，标准要先行。行业标准是衡量该行业的产品、企业管理好坏及行业是否成熟的标志。一个企业的产品合格与否在于是否可以通过质检员的检测，这是企业自身的标准，而企业的标准能否被社会的同行所认可，就要看这个产品是否具有安全性、实用性及高效性等特点。一个行业只有在统一标准的约束下，才能健康地发展，否则各行其道、鱼龙混杂，势必会造成行业市场混乱的局面。一个企业获得同行业及其他企业的认可并成为行业的典范，可以促进该企业的发展，扩大该企业在行业内的影响，这是任何广告都难以达到的效果。[①]

四、城市群产业一体化协同治理的实现途径

（一）城市群产业协同治理要紧密依靠政府作用的发挥

计划经济时代遗留下来的"行政区经济"，以及近年来愈演愈烈的地方保护主义，已经严重阻碍了城市群区域经济一体化发展的进程，增加了城市地区间贸易的交易成本，损害了大区域范畴的经济增长。因而，从理论层面或者从中国改革开放的发展趋势来看，"行政区经济"走向"经济区经济"是历史的必然结果。但是，就当前来讲，对城市群区域产业一体化发展的协调作用仍然需要政府的力量，这一点是不容忽视的。产业结构雷同现象在一定程度上与市场失灵有关，这就必须强调政府作用的发挥力度。目前，政府应该做好本职工作，即着力完善市场体系、制定

---

① 参见徐建中、荆立新《区域产业一体化发展的支撑保障体系构建》，载《理论探讨》2014年第4期，第103-105页。

市场规划、引导市场准入,同时加快构建大区域化的基础设施网络。

(二) 坚持大经济背景下的地区主义原则

地区主义是指同一区域内的各个行为体基于共同利益而开展地区性合作的全部思想和实践活动的总称,其将促进地区共同利益作为首要任务。开放的地区主义就是政府以非歧视性的政策促进经贸活动为核心,在企业进行区域内经营的基础上,促进区域内贸易和区域经济一体化发展。

(三) 挖掘城市群经济特色,充分发挥产业竞争力优势

城市群整体竞争力归根到底在于产业的竞争力,而产业竞争力的关键在于产业区域特色优势的形成。因此,城市群内各城市应从自身的比较优势和竞争力出发,统一制定适合本地区特点的区域产业政策。城市群内各地政府要本着充分尊重的意愿,努力为企业的跨地区扩张和竞争创造更为宽松的环境,在竞争中进行产业整合,在竞争中形成合理的产业分工和区域优势。目前,各城市群尚未形成统一的产业发展协调机制,各地区在制定或规划各自的支柱产业时,大都是从各自的行政区利益或眼前的利益出发,以致产业的同构化现象严重,这不仅不利于城市群产业的协调发展和经济一体化,也会大大降低城市群区域产业的整体凝聚力和开拓力。因此,城市群区域经济一体化必须制定统一的区域产业政策,加强各地方政府间的协调,为企业间的竞争创造良好的市场环境,通过竞争实现整合,并逐渐形成以分工协作为基础的区域性产业,进而形成整体优势和网络。[1]

第三节 城市群的环境合作治理

一、城市群环境合作治理的必要性

城市群是工业化、城市化快速发展的产物。在一定的空间范围内,城市群集中了大量的人口、企业,导致资源消耗巨大、污染排放集中,对生态环境产生了深刻的影响,较易引发各种各样的环境问题。并且,城市群一般处于同一地带性生态区域,各城市的资源禀赋与生态状况相似,加之产业趋同,环境问题往往也具有一定的相似性。随着城市间人流、物流与信息流的变化,使城市群成为一个相互影响、相互作用的城市集合体,这些环境问题也就相互叠加放大而变得更为严重。[2] 改革

---

[1] 参见荆立新《区域产业一体化发展的现实需求分析》,载《学习与探索》2013 年第 12 期,第 122 - 124 页。

[2] 参见王梅《我国城市群的环境合作机制》,载《环境教育》2012 年第 12 期,第 70 - 72 页。

开放以来,我国经济持续快速发展,人民生活水平显著提高,但是,随着工业化和城镇化进程的加速,环境污染与生态破坏现象愈演愈烈。2017年,《中国生态环境状况公报》显示,全国338个地级市中,有239个城市空气质量超标,占70.7%;水污染状况亦不容乐观,全国75%的湖泊出现了富营养化,90%的城市水域存在严重污染的情况。[1]

任何一种污染如不妥善处理,都将会影响其他资源,并最终会对整个生态系统造成损害。生态危机一旦发生,危害的不仅是局部,而是大范围、跨区域性的自然资源,尤其是地下水、空气、河流等资源,往往是跨区域存在的,由于其跨地域的特性,使得地方治理只能起到临时性的作用。因此,强化生态治理的区域间合作,是解决生态环境问题的关键措施。[2]

由于环境污染具有跨区域传播的性质,其影响范围往往涉及多个行政区。因此,我国于2014年公布的《国家新型城镇化规划(2014—2020年)》提出,以城市群为地理空间尺度在区域层面解决环境污染问题。同时,国务院与相关部委也陆续出台有关政策以促进城市群环境合作。例如,2013年和2015年国务院分别出台了《大气污染防治行动计划》和《水污染防治行动计划》,要求京津冀、长三角和珠三角等主要城市群建立大气污染和水污染联防联控机制,在区域层面建立监管污染物排放的环境保护制度。

截至2018年,我国已形成长江三角洲城市群、珠江三角洲城市群、京津冀城市群、长江中游城市群、成渝城市群、哈长城市群、山东半岛城市群、海峡两岸城市群、辽中南城市群、关中平原城市群、北部湾城市群、呼包鄂城市群等国家级城市群。[3] 这些城市群都正在积极推进区域环境合作治理,在环境标准制定、环境监管和执法方面加强合作,已经初步形成了跨区域行政区的环境治理协作机制。实际上,解决城市群的环境问题,仅仅依靠各城市的单打独斗是完全不可能的,必须建立起城市群环境合作机制,统一目标,协调行动,从整体推进生态建设和环境治理,才能实现城市群环境的美化与优化。

二、我国城市群环境合作治理的模式转换

21世纪,中国进入城市区域化与区域城市化发展的新时期,城市群已经成为新时期城市化与区域化发展的基本模式,并成为中国经济发展最具活力和潜力的核心增长极,城市群发展将主导中国城市化发展和中国现代化发展的战略大局。

---

[1] 参见母睿、贾俊婷、李鹏《城市群环境合作效果的影响因素研究:基于13个案例的模糊集定性比较分析》,载《中国人口·资源与环境》2019年第29期,第12-19页。

[2] 参见冯丹娃、刘琳《生态治理区域合作策略》,载《学术交流》2016年第10期,第127-130页。

[3] 参见方创琳、毛其智、倪鹏飞《中国城市群科学选择与分级发展的争鸣及探索》,载《地理学报》2015年第70期,第515-527页。

随着中国城市化和城市群的快速发展，城市群资源环境跨界性、扩散性、累积性和区域性的公共环境污染问题突出，妥善协调经济、社会、资源和环境的关系以应对区域公共环境问题，成为中国城市群可持续发展面临的主要挑战。而属地主义、分散化的、碎片化的科层制管理模式与城市群区域环境治理的整体性、跨域性、网络化的集体行动相背离，使得合作型环境治理成为解决区域公共环境问题的一种新型治理模式。城市群生态环境治理模式之所以有传统的属地主义，分散化和碎片化的科层制管理模式向整体性、跨域性的合作治理模式转变，其背景原因就在于城市群生态环境作为一种典型的公共物品，具有消费层面的非竞争性和非排他性，这决定了它不能或不能有效地通过市场机制来提供，否则容易导致环境治理和生态建设中"搭便车""公地悲剧"等现象的出现。因此，必须由城市群成员和地方政府共同合作，才能发挥生态环境的功能和提高效率。

城市群区域内的生态环境具有天然的一体性，是一个具有整体性的自然生态系统，区域内各个生态要素相互关联、相互影响、相互作用，局部的生态环境污染往往会影响整个城市群的生态环境质量。因此，要将城市群生态环境作为一个整体和一个系统来考虑，区域内环境治理主体必须依从和服务于区域的整体环境利益，特别是各地方政府需要共同应对区域内的公共环境问题。城市群生态环境具有很强的正外部性（公益）或负外部性（公害）。生态环境的外部性决定了城市群环境治理必须以自然区域整体为治理对象，也反映了政府是这类公共产品的主要提供者和管理者。政府之间只有依靠合作治理，把外部成本或外部收益内部化，才能促进每一个合作主体都把环境保护真正当作自己的事情，采取共同目标、共同愿景指向的集体行动。城市群环境污染具有明显的跨区域扩散性、关联性，城市间的环境污染相互影响。城市群生态环境问题的特征决定了任何单个城市政府都难以解决城市群的生态环境问题，只有打破行政区划限制，创新体制、机制，推进环境保护一体化，才能实现从属地管理走向跨域治理，从碎片化管理走向整体性合作治理，从科层管理走向网络化治理，从松散性行动走向制度性集体行动。

合作型环境治理是一组相互依存的利益相关者为了解决复杂的环境问题而建立的跨域的合作伙伴关系，并以平等协商的方式参与环境决策制定的过程。近十年来，我国城市群地区面临环境污染严重、生态系统退化的严峻形势，特别是跨界公共环境问题突出，已严重威胁区域经济社会的发展，构成区域可持续发展的重大挑战。为此，国家出台了针对区域环境问题的重大政策，并修改了相关法律文件，这些政策和法律为城市群环境合作治理提供了基本的政策依据。例如，2013年党的十八届三中全会通过的《中共中央关于全面深化改革若干重大问题的决定》明确提出，要建立污染防治区域联动机制。2013年，国务院印发的《大气污染防治行动计划》提出建立区域协作机制，统筹区域环境治理，建立京津冀、长三角区域大气污染防治协作机制，建立重污染天气监测预警体系。2014年修订的《中华人民共和国环境保护法》明确规定，国家要建立跨行政区域的重点区域、流域环境污染和生态破坏联合防治协调机制，实行统一规划、统一标准、统一监测、统一防治的措施。2015年修订的《中华人民共和国大气污染防治法》也明确规定，建立重点区域大气污染联防联控机制，统筹协调重点区域内大气污染防治工作。2015年9月，中共中央、国务院颁布的《生态文明体制改革总体方案》指出，建立污染防治区域联动机制，完善京津冀、长三角、珠三角等重点区域大气污染防治联防联控协作机制，其他地方根据具体情况建立区域协作机制。这些公共政策的出台为城市群区域环境合作治理提供了政策依据和发展方向，极大地促进了城市群利用协同合作进行环境合作治理。[①]

三、影响城市群环境合作效果的因素

城市群环境合作是一项多元主体共同参与的集体行动，涉及多个组织目标，因而衡量其合作效果也更为复杂。城市群环境合作治理效果受到多方面因素的影响，主要因素包括纵向干预、横向协调、领导力、环境治理能力差异和环境状况差异。

（一）纵向干预

大部分关于我国城市群环境合作治理的研究认为，政府对环境合作的干预力度是影响城市群环境合作效果的重要因素。根据我国国情，上级政府对下级政府具有很强的指导和监督职能。政府及有关部门制定的跨区域环境治理法律法规、规章意见等，可以为城市群环境合作提供思路和方向，促进各地方政府积极采取环境合作行为，以提高环境合作效果。上级政府的监督与指导为城市群内部各行政区域的环境合作提供了动力和契机，这也是影响城市群内环境合作效果的重要因素。

（二）横向协调

不同主体间的横向协调情况也会影响城市群的环境合作效果。横向协调是指城市群内地方政府之间为了达到共同的合作目标，在合作关系中自觉地协商建立合作机制并采取合作行动。大量关于政府合作的研究都将政府间的横向协调作为解释合作效果的重要指标。

（三）领导力

除了纵向干预和横向协调的正式协调外，一些非正式的因素同样可以影响城市群环境合作治理的效果，如地方领导的关注度和支持度，以及领导的沟通和协调能力。所谓地方领导的关注度和支持度，是指城市群内环境合作问题受到领导人关注的程度，通常表现为城市群内的环境问题受到各主要领导的密切询问与指示，并定

---

① 参见王玉明《城市群区域环境治理模式的转换》，载《成都行政学院学报》2019年第3期，第4-10页。

期进行审查和督促。例如，当前上海市和广州市等城市群内核心城市对垃圾分类处理的关注度极高，促进了垃圾分类的切实推进。有研究指出，组织领导是影响合作效果的关键因素，领导者的努力和能力是各参与主体达成合作的关键。这种通过领导者沟通的机制被称作"协助谈判"，指在组织内无法进行正式合作的情况下，领导者通过调解和指导促使合作顺利进行。

（四）环境治理能力差异

各地方政府自主解决问题的能力对于组织间形成有效的合作来说，也是极为重要的。同样地，在城市群环境合作过程中，各行政主体自身对环境问题的处理能力差异会显著影响城市群内部环境合作的效果。如果各参与主体的环境自治能力基本相同，那么在环境合作过程中遇到的阻碍便会减小，合作就极有可能顺利推行；反之，如果城市群内各行政主体间的环境治理能力相差较大，在环境合作过程中就会面临因资源、能力等方面不对等而带来的阻碍，进而影响合作的进程和效果。

（五）环境状况差异

初始条件对环境合作能取得的最终效果也存在着巨大的影响。在对城市群环境合作的研究中，各行政主体的经济差异以及环境状况差异便是这一问题中的"初始条件"。根据相关研究，区域经济发展的不平衡与环境状况的差异会导致各方合作主体的环境目标不尽相同。与环境治理能力差异相似，如果城市群内部环境状况和环境目标差异较大，那么环境状况较好的地区就需要投入比自身环境整治更多的人力、物力等成本进行区域环境整治，这就有可能造成环境状况较好的地区不愿与环境较差地区合作，从而给城市群内部环境合作治理带来阻碍。[①]

四、城市群环境合作治理困难的原因

城市群内部生态环境问题日益凸显，这给跨界环境污染增加了治理难度，亦使城市群环境合作治理成为必然趋势，而环境治理模式也由传统的属地主义、分散化和碎片化的科层制管理模式向整体性、跨域性的合作治理模式转变，但在合作治理的实践中却困难重重，甚至有些在合作之初就在讨论的议题至今仍未被落实。其根本原因在于没有有效地解决地方政府个体利益与城市群共同利益之间的冲突。我国城市群政府间环境合作治理的困境是多种因素共同作用的结果。其中，最为主要的原因首先在于城市群地方政府的合作意识薄弱，地方政府的落后观念阻碍了地方政府间的合作，环境治理理念上的差异导致合作困难，不同城市间成本收益的不对等导致环境合作治理的动力不足。其次是环境合作治理的组织机构不完善，政府环

[①] 参见母睿、贾俊婷、李鹏《城市群环境合作效果的影响因素研究：基于13个案例的模糊集定性比较分析》，载《中国人口·资源与环境》2019年第29期，第12-19页。

合作治理缺乏权威的协调机构，环境治理合作组织的执行力不够，缺乏环境合作治理的网络组织。最后是城市群环境合作治理机制和合作法制不健全，环境合作治理的激励机制、利益协调机制和信息共享机制等不完善。[①]

五、城市群环境合作治理的建议

城市群的环境合作是相互协商、多方博弈的结果。建立城市群环境合作机制，可以为城市群内城市之间进行环境合作对话、交流和磋商提供合适的平台，较好地统一城市群区域的生态环境建设目标、统一安排环境治理政策；同时，也有利于协调与解决城市间的利益冲突，满足各城市的不同利益诉求，从而容易达成环境合作协议并促进其有效实施，共同实现城市群区域内环境同治的目标。对此，许多学者提出了多方面的对策与建议以更好地实现城市群环境合作治理。

首先，提升城市群环境合作协议和环境规划的法律效力。当前，我国很多城市群均已正式签署了环境合作协定，但并未制定环境规划。然而，无论是否制定了环境合作协议和规划，都存在着法律效力不足的问题。因此，加强城市群的环境合作，必须提升城市群环境合作协议和环境规划的法律效力。一是要通过立法程序，明确地方政府的缔约权及其所缔结的协议的法律地位，赋予城市群环境合作协议一定的法律效力；二是要明确要求城市群环境合作协议必须由省级人民政府审批，对于跨省（区、市）的城市群，经相关省级人民政府审批后，可由国务院备案，保证协议的公平性和合理性，促进协议的有效执行；三是要加强城市群环境规划的规范性。城市群环境规划是协调城市间环境利益的基础，并且确定了城市群的治理目标和具体措施，必须具有较强的规范性。对于隶属于同一省级行政区域的城市群环境规划，应该由省级人民政府批准；隶属于不同省级行政区域的城市群环境规划，则应在各省级人民政府批准后，报经国务院批准，从而保证城市群环境规划的法律效力。

其次，建立持续稳定运行的城市群合作常设机构。目前，我国城市群的环境合作治理缺乏负责拟定环境合作的具体政策和措施、组织实施和督促检查环境合作事项的常设办事机构。虽然有些城市群设立了办事机构，但一般内设于牵头城市的环境行政管理部门，缺乏持续稳定的运行机制；并且，也不具有协调城市群内所有城市政府的权威性，这在很大程度上导致了环境合作政策措施难以被有效落实的局面。所以，为了加强城市环境合作，应独立设置常设的城市群环境合作办事机构。对于隶属于同省级行政区的城市群，常设机构可以设置在省级环境行政管理部门；对于隶属于不同省级行政区域的城市群，根据我国环境管理体制，可以比照流域水环境治理机构，由城市群协商设置独立的环境合作协调机构，并接受国务院和生态环境部的业务指导，从而保证合作机构的权威性。

[①] 参见黄亚兰《城市群府际环境合作治理困境的原因分析》，载《理论界》2019年第7期，第53-58页。

再次，加大城市群内环境合作机制的制度创新。推进城市群环境合作，不仅需要统一的城市群环境规划，还需要具体的行动策略。在我国现行的环境保护法律法规体系中，已经建立了环境规划、区域环境影响评价、环境信息公开办法、生态补偿、排污权交易等相关制度，为城市群环境合作行动策略的制定和具体制度的建设提供了法律依据。但是，城市群是由不同城市组成的，这些城市的经济发展有快有慢，环境治理的基础条件有好有坏，社会公众的环境认识有深有浅。因此，在城市群环境合作中，不能只简单地套用某些政策措施与制度，更不能实行"一刀切"，而必须进行一定的制度创新，建立有利于发挥各城市积极性、形成治理合力的生态环境建设与管理的综合体系。一是要科学地规划城市群的生态环境建设与产业发展分工；二是要充分发挥市场引导和财政主导的协调作用，探索建立有利于调动各城市积极性的生态环境经济政策；三是要协调环境执法，建立环境执法体制机制。

最后，加强对城市群环境合作的监督和协调管理。城市群的环境合作是自愿形成的松散联合体，要保证环境合作机制的有效性、真正发挥合作机制的效力，必须强化对城市群环境合作的监督和协调管理。一是行政机关应通过监察或行政问责的方式对城市群环境合作治理进行有效监督；二是城市群构成城市的人民代表大会应对环境合作治理进行监督；三是要发挥新闻媒体和社会公众的监督作用。

总的来说，城市群作为一个紧密联系的生态—社会—经济复合系统，在快速发展的今天，由于城市群内区域生态环境的相互影响和相互作用，一些城市群的环境问题已经十分严重。通过各城市间的环境合作治理解决城市群的环境问题，是解决城市群环境问题的有效路径，也是城市群健康发展的必然要求。通过体制、机制的创新，可以有效推动城市群环境合作，充分发挥城市群合作的合力效应，实现城市群生态环境的良好治理。[①]

第四节　城市群的公共危机治理

习近平总书记曾多次强调"总体性国家安全观"的概念以突出公共安全在经济社会发展过程中的重要性。近年来，随着城镇化进程的不断推进，我国现已进入从大城市向大都市圈发展的新阶段，城市群发展过程中的公共安全问题也日益凸显。特别是进入社会转型期以来，区域经济社会发展与社会群体诉求之间的矛盾往往难以调和，时常升级为群体事件，甚至演化为公共安全危机，且城市群公共安全危机呈现出集群性、突发性和多元性的特征。[②] 安全是城市群健康发展的基本前提和根

---

① 参见王梅《我国城市群的环境合作机制》，载《环境教育》2012年第12期，第70-72页。
② 参见鲁烨《城市群发展中的风险防控："扬子江城市群"公共安全治理机制构建》，载《扬州大学学报（人文社会科学版）》2017年第21期，第45-50页。

本保证。城市群建设要牢固树立安全发展理念，注重城市群公共安全战略规划和体系建设，加大对城市群内的风险预警防范工作和协同治理的力度，提升城市群公共安全有效供给和保障支撑的能力，推动城市群融合发展和稳定发展。

城市群发展过程中的深度融合促使城市群成为一个开放的复杂系统，在复杂多变的外部环境作用下，城市群内各类风险要素和致灾因素会相互叠加，危机诱发因素会扩大、发展、质变，致使整体结构将变得更加脆弱，增大了城市群公共危机的爆发概率，甚至诱发系统性危机，严重危及城市群的整体安全。面对城市群无所不在的社会风险和多发、频发的安全危机，如何及时承担并化解社会公共风险，为城市群的健康发展提供强有力的公共安全保障成为当前政府治理的重要使命。[1]

一、城市群公共危机的内涵

随着全球经济一体化的深入发展，城市群作为我国参与国际竞争最有潜力的载体，正面临着区域性人口、资源、环境、基础设施等方面潜在的各种矛盾日益凸显的局面，城市群突发事件逐渐成为普遍性问题。城市群公共危机是相对于城市群区域一体化后社会生活中正常的系统稳定状态而言的，是指社会体系被打乱或受到破坏而处于一种不稳定状态，使公共安全、公共利益甚至社会的基本价值受到严重挑战，从而威胁到区域安全和可持续发展。[2]

城市群公共危机是公共危机的特例，除了具备一般公共危机的特点，诸如突发性、破坏性、紧迫性、公共性、复杂性和双重性之外，还有其自身特有的性质，即跨界性、连锁性和不确定性。

（一）跨界性

跨界性是指作为一种特殊城市化产物的城市群，由于各城市之间地理空间密集、信息沟通便利、交通运输体系发达，使得危机的发生呈现"链状"衍生性。城市群公共危机一旦发生，其影响和危害便不再主要局限于事发地，而往往会迅速跨边界传播，并在扩散的过程中变幻莫测。在一个城市发生的公共危机可以在极短时间内借助于现代工具迅速被传播到另外一个城市甚至整个城市群，并且影响与威胁多个区域，通常会使城市群的正常功能无法有序、正常进行，从而破坏整个城市群系统的部分或整体功能，对相关利益人员的心理产生巨大的影响，也对经济产生巨大的冲击作用，这些特性使得传统的危机应对方法可能会因此而失效。

---

[1] 参见薛宏伟、殷建国、杜永吉《战略谋划扬子江城市群公共安全治理》，载《群众》2017年第22期，第42－43页。

[2] 参见于丽英、蒋宗彩《城市群公共危机协同治理机制研究》，载《系统科学学报》2014年第22期，第53－56页。

（二）连锁性

连锁性指的是城市群公共危机在时间维度上表现出持续性特征，在空间维度上表现出传递性特征，即原来的城市群公共危机事件还将持续发生，但事件进一步演进，可能会引发相关联的其他类型公共危机事件的发生，也可能产生异质性连带的公共危机事件，从而造成更大范围内的社会危害。如2005年吉林石化"爆炸事件"，就是由一起典型的事故灾难引发社会安全事件的异质事件连锁反应。

（三）不确定性

由于信息缺失、信息不完全等特征，城市群公共危机事件在发展和演化过程中呈现高度的不确定性和难以预测性，进而使得应急决策变得极其复杂和不确定。公共危机事件的复杂多变性，致使决策专家获得的信息往往具有随机性、未确知性和模糊性，从而难以用确切的数字表达某些应急决策的评估指标。因此，将模糊多属性决策理论运用到城市群公共危机应急决策理论体系中，已成为公共危机管理研究领域的重要研究目标之一。

二、城市群产生公共危机的诱因分析

城市群内的各种公共危机直接影响了城市群公共安全，城市群公共危机具体可以分为自然灾害、事故灾难、公共卫生事件和社会安全事件等类型。其中，自然灾害、事故灾难和公共卫生事件三种危机类型为自然性危机事件，社会安全事件为社会性危机事件，它又包括了经济型、政治型、文化型和社会治安型等四大类型。当然，诱发城市群公共危机发生的因素也是多种多样的，从不同的视角分析，可以将诱因分为以下三个层面。

（一）战略层面的诱因

1. 制度因素

城市群区域内的各城市之间的相关制度存在一定的差异，此外，或许还存在忽视某一社会群体的利益等问题，地区之间的差异以及制度本身的缺陷必定会产生各利益群体之间的矛盾，如果矛盾没有被及时化解则容易形成公共危机。

2. 经济因素

这一因素主要包括经济发展状况、经济结构状况、居民收入情况和消费结构状况等。地区经济发展的差异和产业结构的雷同会造成城市群内区域间的不平衡发展与不良竞争，居民收入的差距和消费结构的差异则会造成社会群体间的不平衡与矛盾频发。因此，经济因素是影响城市群公共安全治理的重要因素。

3. 政治因素

城市群内区域的政局稳定程度会直接影响该区域的健康发展；而区域内政策的

完善与平稳发展会直接影响城市群区域的公共安全。政治因素直接影响着社会经济的发展，如果频频出现权力滥用、贪污腐败、社会公平缺失、政府职能缺位、公共服务缺失、社会监管缺乏、民主和法制建设不健全等情况，就会导致城市群公共危机的发生，影响城市群公共安全治理。

4. 社会因素

社会因素主要包括社会保障、社会交往和社会舆论等多方面的内容。虽然城市群区域总体经济实力走在前列，但社会群体中存在的不平衡现象并未减少。例如，社会保障体系并未实现全覆盖，即使有社会保障体系，城镇居民和乡村居民之间也存在明显差异，社会中的弱势群体得不到较为全面的救助等现象还普遍存在，且并未得到妥善解决；同时，城市群中的贫富差距较为突出，城市群内不同地区间的发展差异相对较大，这也会导致城市群内群体与群体之间的交往存在矛盾，从而影响城市群公共安全的有效治理。

5. 文化因素

在城市群内，社会经济发展的差异，导致不同地区之间、城市群与城市之间、当地居民与外来人员之间的生活环境、文化背景等的差异。在城市化发展进程和区域一体化发展进程中，这些差异有可能会引发文化冲突，导致城市公共危机事件，严重影响城市群公共安全治理的效果。

（二）实施层面的诱因

1. 环境因素

城市群内隐含着各类会影响城市公共安全的危机源，如社会成员、企业、公共场所、各类组织等，在社会运行中交互影响，也会导致各类问题、诱发各类危机。另外，随着信息化社会的发展，城市群区域与周边地区的联系日趋紧密，城市群在与周边地区进行人流、物流、资金流、技术流和信息流等多重要素交换沟通时，彼此间的依赖程度逐渐增强，在与外界交互的过程中，城市群的结构会变得脆弱和失衡，从而加剧城市群公共危机的发生概率。因此，城市群内部存在的交互关系以及与外部存在的流动关系，增大了公共危机发生的概率，使公共安全受到威胁。

2. 组织因素

组织因素体现在危机发生前、发生中和发生后三个阶段中对公共危机管理过程的控制方面，若过程控制失效，必将引起危机的爆发，因而组织因素是引发城市群公共危机爆发的重要风险因素之一。组织因素可从两个方面考虑：一方面，体现为危机管理过程控制中的保障能力。例如，危机管理机构的设置情况、职责分工情况、智能库的建设情况、危机管理信息系统的建设情况、相关法律法规的完善情况等等。另一方面，体现为危机管理过程控制中的柔性运作能力。例如，危机预警方案的可行性、危机监控手段的可行性、危机处理机制的可行性、信息发布方式的可行性等等。因此，组织因素中的保障能力和运作能力是保障城市群正常运行秩序的关键和核心，只有关注组织因素的具体内容，才能避免城市群在运行过程中由于公共管理、公平公正和违法行政等问题所引发的城市群公共危机。在社会经济活动中，有效的过程控制能预防影响公共安全事件的发生。

3. 管理因素

管理因素是有效实现危机源头和危机管理过程控制的支撑点。在城市群公共危机中，管理因素将直接影响环境因素和组织因素。在危机管理中，管理因素直接体现在以下两个方面：其一，主观能动性的不足。例如，相关管理部门对存在的隐患问题没有预见性，管理人员对具体问题的处理缺乏主动性、处理流程缺乏规范性，这都会引起环境因素和组织因素中公共危机的发生。其二，客观适应能力的不足。例如，对危机环境和过程控制的不了解，对相关领域知识的欠缺，各部门之间沟通协调的不通畅，都将导致危机管理者难以及时发现问题，进而有效控制问题，这就有可能诱发影响公共安全的事件。

（三）突发层面的诱因

这一因素主要指自然因素，自然因素具有突发性和破坏性等特点。自然环境因素可分为两方面，一是由于地壳运动或气候变化而引发的自然灾害，如地震、海啸、台风、洪水、干旱等影响公共安全的事件；二是人类为了满足私欲，追求剩余价值，对有限的资源环境进行超额榨取，最终由于资源的掠夺性开采对自然环境造成极大的损害与破坏。城市群区域内，由于经济发展迅速、产业集中度高、人口密集，因而各类污染物排放量都相当大。目前最突出的是大气污染、河湖水系污染、酸雨等环境问题。该类灾害是由人为因素造成的，伴随着城市化进程而产生，是可控因素也是可避免的因素，不仅同样具有破坏力极强的特性，而且有些灾害具有滞后性的特点，不易被人察觉，但是随着时间的推移，其破坏性就会逐渐暴露，而一旦危害性暴露，就意味着这些灾害将难以在短时间内被控制和解决，进而威胁城市群公共安全治理。[①]

三、城市群公共危机治理的必要性

城市群内重大公共危机事件会对这一区域整体的公共安全和经济社会的可持续发展构成严重威胁。目前，我国已基本形成较为成熟的城市群，包括京津冀城市群、长三角城市群和珠三角城市群等，此外还有多个快速形成和发展的大城市圈和城市带。从打造粤港澳大湾区世界级城市群等战略可知，城市群的建设已经成为我国重大发展战略之一。我国城市群数量的不断增加及城市群规模的快速扩张，一方面为

---

① 参见蒋宗彩《城市群公共危机管理应急决策理论与应对机制研究》（学位论文），上海大学 2014 年。

区域经济的发展提供了强有力的支撑，另一方面也形成了高度集聚的人口和建筑物，这就增大了城市群内发生重大公共危机事件的风险。当城市群内发生重大公共危机事件时，其所造成的损失和带来的危害可超过其他任何地区，对相关城市造成的损失和破坏不可估量。目前，城市群公共危机协同治理已经成为各国政府和学界高度关注的公共安全议题，对城市群公共危机协同治理、区域应急联动问题等有关城市群公共安全治理问题的关注度也在不断攀升。①

鉴于城市群的公共安全对城市群内社会制度的稳定程度有很大影响，对相关区域公共安全、公共利益乃至整个社会的公共安全都提出了严峻挑战，同时对城市群区域安全共享和社会可持续发展产生威胁。城市群公共危机事件对城市群公共安全治理产生重大影响，城市群公共危机协同治理已成为当前需要面对的重要现实问题。

当前，城市群公共安全和应急管理都面临着严峻形势，覆盖城市群的公共安全事件的破坏性正在加剧，并且存在着引发次生、衍生危害的风险，具有明显的复杂性特征，政府采用常规的管理手段和治理方式已难以有效应对。例如，我国2003年的SARS事件、2005年的松花江水污染事件、2008年的南方雨雪冰冻灾害等均属于典型的影响城市群公共安全治理的公共安全事件，这些事件都给所在城市群地区造成了重大的人员和财产损失。自2003年以来，面对城市群公共安全治理中突发的公共安全事件，我国政府不断加强和完善应急管理机制、法制和体制建设，逐渐形成了以"一案三制"为核心框架的应急管理体系。然而在应急管理实践中，现有的应急管理体系暴露出一系列结构性缺陷，如应急预案实用性不足、某些法律缺乏可操作性、应急管理机构行政权威不足等。这些问题给政府如何采取有效的应急管理措施和手段进行城市群公共安全治理，以及如何应对城市群重大公共安全事件带来了严峻挑战。

四、城市群公共危机治理的应对机制

针对当前城市群面临的公共危机治理现状和存在的现实问题，不少学者通过研究提出要改变以往城市群危机治理碎片化的问题，以实现对城市群内公共危机的协同治理。

首先，完善城市群公共危机治理的法律法规体系。法律法规规定着各个治理主体的联系方式和行为方式，约束着城市群内部各子系统的独立运动。一方面，以立法为基础，明确界定城市群公共危机治理主体的权利和责任。目前，我国虽然已经出台了《泛珠三角区域内地九省区应急管理合作协议》（2009）、《长江三角洲地区区域规划（2009—2020）》等相关文件，但这些区域的应急管理合作机制的制度化水平还有待进一步提升。美国的《州际应急管理互助协议》可为我们提供有益的经

---

① 参见郭景涛《城市群重大公共安全事件应急指挥协同研究》（学位论文），华中科技大学2016年。

验借鉴。另一方面，建立激励机制和监督机制。不仅要给参与危机治理的组织和个人一定的资金支持，调动其积极性，而且要形成一个监督网络，该网络由政府内部行政监督、司法监督、人大监督、舆论监督和群众监督构成，以保障城市群危机治理多元参与主体的功能协调和耦合。

其次，建立城市群区域危机信息的沟通共享机制。高效、完整的信息沟通渠道是城市群区域危机协同治理机制良性运作的前提条件之一。一是相关城市之间通过书面形式实施承诺，在相互合作的基础之上建立一套信息共享机制，实现知识与信息的传递与共享，形成一个相互依赖、权力共享和动态的自组织网络系统。二是通过媒体、移动网络等构建畅通的信息网络，加强地理信息系统（GIS）、全球定位系统（GPS）、卫星遥感（RS）等先进技术在危机信息系统、指挥决策支持系统中的应用，以便于多元危机治理主体之间的协同发展，进而提升城市群公共危机治理网络的协同效应。

再次，优化城市群危机协同治理的配套资源。系统从无序状态转变为具有一定结构的有序状态，先决条件是从外部得到足够的物质流和能量流。因此，充足的人力、物力和财力资源是城市群区域危机治理机制建设的重要保障。来自不同城市危机治理主体的应急资源，在应对城市群危机中向着突发事件发生地的方向移动，形成了一个具有协同性的资源动态流动网络，不仅有利于降低每一个城市危机治理主体资源不足而引发的资源危机风险，而且提升了城市群多元治理主体的资源保障能力和抵御风险能力。因此，一方面，我们要加强专家数据库和不同层级的应急专业人才库的建设；另一方面，我们要构建城市群区域应急物资综合协调机制，通过资源整合和共享的方式，以实现规模效益和成本分摊。①

最后，倡导社会参与，提升政府与社会的危机预防意识。目前，我国大中小城市政府都普遍建立起全方位的应急管理体系，但这种应急管理背后体现出的"重处置，轻预防"的管理哲学，往往会导致危机缩减和预防能力不足的情况，成为城市政府危机治理的"短板"。城市危机预防和缩减涉及社会的各个领域，也必然涉及众多职能部门，因而，提高政府和社会的危机预防意识是提升城市危机协同处理能力的关键。一是政府部门和单位应克服侥幸心理，避免运动式、突击式的应付，加强预防危机的常态化管理工作；二是要展开城市居民危机教育和培训，提高社会公众危机预防意识和防范能力；三是政府要有效运用媒体手段，宣传各类公众危机知识，形成危机协同缩减和预防合力；四是针对城市食品安全危机，调动社会公众参与食品安全监督，壮大城市食品安全协同治理队伍。②

---

① 参见于丽英、蒋宗彩《城市群公共危机协同治理机制研究》，载《系统科学学报》2014 年第 22 期，第 53 – 56 页。

② 参见赖先进《论城市公共危机协同治理能力的构建与优化》，载《中共浙江省委党校学报》2015 年第 31 期，第 60 – 66 页。

第五节　城市群的文化融合治理

我国是一个地域文化丰富的国家，地域文化对推进城市群建设有着重大作用，为了顺利推进实施城市群建设的进程，需要从区域文化融合的视角采取相应措施，从而为城市群的建设发展提供社会文化上的便利和保障。

近年来，随着城市群的深入建设与发展，城市群建设一直受到社会各界的高度关注和重视。城市群的发展不单单只是城市的聚集以及资源集聚在城市地域空间的优化组合，还是一项涉及经济、社会、行政、历史、文化等多领域的社会变迁的系统工程。将城市化或者城市群建设作为一个过程来看，其着力点在于构筑区域经济一体化、实现经济又好又快的发展，其落脚点是建设和谐社会、实现社会进步与人的全面发展。城市群发展的最终目的在于实现整个区域经济社会协调发展。当然，经济社会协调发展目标的实现需要区域精神文化等多方整合以提供保障。

一、文化融合对城市群发展的作用

我国文化源远流长，既有统一性、共同性的特征，又有鲜明的地域个性。这也是在长期的发展过程中，各种地域文化交互融合的结果。由于我国各个地区因地理条件的制约、经济发展水平、区域开发时序、民族习俗等方面的不同，造就了各个地域不同的文化。文化作为一种与地域环境相适应的生存智慧结晶，自然带有地域或地方的印记，所以才形成了我国吴越文化、中原文化、三秦文化、湖湘文化、荆楚文化、巴蜀文化、客家文化、广府文化、三晋文化、燕赵文化、八闽文化等各式各样的地域文化。这些文化既争奇斗艳，又相互促进。在历史和现实中，不同的地域文化，特别是具有较好地缘关系的地域文化间不断进行着交流和互换，因而地域文化才得以发展，避免了停滞和被淘汰的命运。

地域文化既有着内涵的层次性，又发挥着文化上的独特功能。从广义上说，文化就是人类所创造的一切文化或文明成果，包括形而下的物质部分、体现人类智慧的制度安排，以及形而上的精神文化部分。其实，无论如何理解文化的内在含义，文化都对人类的实践产生重大影响。

当前，我国城市群正在不断深入发展，当地域文化相互协调或者互补时，就会促进城市群建设和区域经济一体化的发展。例如，珠三角城市群之所以成为公认的城市化发展比较成功与区域经济发展态势良好的地区，原因之一就是得益于该地处在同一个岭南文化圈内。这个地区具有共同的地域文化，能够较好地协同发展。有学者在分析珠三角东部地区的信息产业群形成、崛起的原因时认为，珠江三角洲平原的广府文化、客家文化、潮汕文化等岭南文化的亚型在东江流域融汇共生、互惠互利。区域文化共生的背景为信息产业群的发展奠定了吸引各方人才、吸收外来文化的基础。而作为改革开放窗口和试验田的深圳,其发展实力也说明多元文化的力量发挥了重大作用。

根据地域文化分区,实施城市群规划和发展区域经济共同体是理性的选择。在论述经济全球化与地域文化的关系时,有一种观点认为,每一种地域文化,只能在参与这种浪潮的过程中才能找到自己的生存方式。同样,在中国这个有着丰富地域文化而差异性又颇大的国度进行区域规划时,也必须关注其存在的这种文化背景,不仅要从其他资源要素的优化角度考虑问题,还要把文化背景作为一项重要的变量融入进去,这样做出的规划才会有较好的社会适应性和可行性。

二、城市群文化的整合策略

城市群文化是由城市的不同人群在不同时期创造的,有着鲜明的民族性、地域性和时代性特点。从国内城市群的发展来看,实现城市群规划区内的不同城市间地域文化的相互协调,保证不同城市间地域文化的异质要素相互和谐,可为城市群的顺利实施提供社会文化心理与精神上的保障。为更好地实现城市群文化的融合治理,需要从以下三个方面展开。

第一,需要国家正式力量的有意引导和推进。国家应从战略的高度来理解和看待城市群区域经济的整合和城市群的建设,并从区域规划与政策制度上给予规划指导。国家正式力量在城市群规划范围内实现区域文化的融合治理可以发挥重大作用。一是各地方政府应当在重视各种经济资源要素的同时,要充分认识到区域文化资源的重要性,而不要片面地认为仅有各种经济资源要素才在推进城市群建设、实现区域经济一体化中有意义。城市群规划不仅是为了优化城市内的产业组合、释放城市空间、增强城市群的综合竞争力等,实际上也是一个涵盖了经济、社会、文化等共同发展与提高的过程。二是国家正式力量应当积极、主动地参与地域文化整合的各项具体工作,为文化融合治理提供有力保障。这就要求宣传、文化、教育、出版等多部门通力合作,加大投入宣传力度,让更多的人关注、研究文化融合问题,为不同城市间的地域文化交流提供平台,增进地域文化间的对话,提高不同地域文化间的共识。三是国家正式力量在调整区域文化时,一定要按照文化发展的规律推进区域文化整合。区域文化整合虽然从当下实施的目的来看,具有一定的工具性价值,即文化整合主要是从配合城市群建设和区域经济一体化的角度展开的,但文化整合实际上也是在经济全球化与网络时代来临后的一种必然的社会发展趋势,文化整合有着不同于区域经济优化组合、城市群建设的独特价值。这就要求国家正式力量不能完全照搬普遍的经济和城市规划思路来进行文化整合工作。文化作为与经济社会并列的人类社会生活方面,具有自身的特殊性,要按照文化事业发展自身的规律推进区域文化整合,少用硬性规定的手段而多从文化规律角度考虑规划。

第二，地域文化整合还需要社会各界的自觉、自为，需要更多民众的广泛参与。社会文化工作者和相关研究人员要具备区域文化整合的必要性、紧迫性的问题意识，关注和研究这个问题，要尽可能多地进行研究，并把研究成果及时推介出去，以期引起他人的注意，使理论研究与实际工作的需要密切结合起来。各类现代传媒要为这些成果的传播与普及提供窗口和渠道，还可以通过开展诸如专家讲坛、大众可以参与的节目等方式动员更多民众来关注这个话题。随着社会动态化时代的到来、人际交流的日益频繁和增多，以及国家教育水平的不断提高，既向每位民众提出了参与文化整合的要求，也为其参与文化整合提供了保障。因此，民众在尊重、传承自身所在地域的文化的同时，也要了解、认识和理解其他地区的地域文化，从其他地域文化中汲取自身所需要的营养，充当不同地域文化间交流与合作的使者，以实现地域文化的整合。在某种程度上说，这是地域文化能否有效整合的关键所在。

第三，地域文化的整合还需要有一种平等对话的机制做保障。平等对话的机制不仅为国际上不同文明、不同文化间的交流所需要，也为在地域文化丰富的同一国家内部的不同地域文化间进行的文化对话所需要。地域文化彼此间没有优劣高下之分，也没有哪种地域文化更先进的说法。地域文化作为一种地方性生存智慧的体现和结晶，是适应一定地域的自然生态和社会生态的产物。为适应城市群建设和区域经济一体化需要而开展的地域文化整合，只能以其是否有利于区域经济发展和城市群建设的实施作为区域文化要素取舍的标准。如果某种地域文化中的要素有利于城市群建设的工作，则在地域文化整合中要相应地突出该种文化要素，而不以事先的主观想象来划分地域文化因子的好坏。如果某种地域文化的组成部分不利于开展城市间的互利合作，则要有意识地抑制该种文化的外部性释放。在地域文化整合中采取这种平等的做法可以避免决策者的主观臆断，有利于各种地域文化间的融合，减少对地域文化心理方面带来的震荡和冲击。①

---

① 参见李秋香、李麦产《城市群建设进程中的地域文化整合》，载《同济大学学报（社会科学版）》2008年第2期，第26－31页。

第五章 城市群治理的有效保障

城市群治理是一个涉及多方面的系统工程，实现城市群有效治理需要一系列的基础条件作为保障。首先，需要协调统一的整体规划作为治理的基础前提；其次，需要合理有序的空间布局；再次，需要多城市群间的跨区域合作才能实现，因而需要成立专业的协调机构并完善相关的合作机制；最后，随着信息化时代的到来，城市群治理需要借助现代化的信息技术手段，才能更好地解决治理过程中面临的挑战。

第一节 城市群整体规划的协调统一

城市群规划是为解决城市群的特定问题，或达到城市群内的特定目标而制定实施的战略、思路、布局方案和政策措施，是国家进行空间管制的重要手段，也是引导城市群发展建设的调控机制。如今，城市群规划正在由单一经济发展转变为综合性部署，从经济、社会和生态环境等更宽广的多元维度来重塑城市群发展的图景，规划的目标不再注重静态的空间配置和追求单纯的经济增长，而是转向动态过程引导和完善区域治理框架的建构。世界众多国家的实践经验表明，城市群规划对于指导区域空间开发和经济社会发展，具有举足轻重且不可替代的重要作用。因此，国内外学界都十分重视城市群区域规划问题，并进行了广泛的研究和实践。近年来，我国出台多个城市群区域规划，如《京津冀协同发展规划纲要》（2015）、《长江经济带发展规划纲要》（2016）、《长江三角洲城市群发展规划》（2016）、《粤港澳大湾区发展规划纲要》（2019）等，均体现了国家注重从整体规划的视角进行城市群发展规划，也体现了城市群区域协作和多方共赢的思想。从当前形势来看，强调城市群区域整体规划体制、机制建设是国内外区域规划发展的共性。国外受多种动力因素交织作用和受善治思想等的影响，城市群区域整体规划更注重制度安排、政策分类和机制调整等，并提倡公众参与规划，以建立区域规划编制、实施与管理的制度—反馈—互动的良性机制，同时注重社会网络联通和多元性匹配政策，以推进区域规划的有效实施。我国也十分注重城市群区域整体规划的体制、机制建设，区域整体规划的体制、机制贯穿于规划从制定到实施再到评估校正，直至使命完结退出的整个规划生命周期。① 可以说,城市群整体规划的协调统一是城市群治理的有效保障。

一、城市群整体规划的必要性

城市群建设是国家的重要战略,其经济发展情况是决定中国未来发展速度、质量的主要因素,将对中国特色社会主义社会建设、中华民族伟大复兴产生深远影响。当前,城市群经济发展面临着外部制约和内部制约,特别是城市群内部不同企业、城市政府和市民三个层面的相互掣肘尤为值得关注。立足于当前实际,必须加强整体规划统筹、城际发展协同、环保经济合作、社会治理融合,才能提升城市群经济发展的整体合力,实现城市群经济快速、健康、可持续发展。

《中华人民共和国国民经济和社会发展第十三个五年规划纲要》明确提出,要加快城市群建设发展。2016年5月11日,国务院常务会议审议通过长三角、长江中游、成渝、哈长等四个城市群发展规划;同年6月8日,国家发展和改革委员会再次召开城市群规划建设交流座谈会,提出要全面加快城市群规划进程。各类城市群已经带动区域乃至全国发展的增长极,事关我国经济发展全局,事关我国的全球竞争力,事关中国梦是否能如期实现。加强城市群经济发展研究,探索符合中国国情、具有中国特色的城市群经济建设思路显得日益迫切。

城市群作为一个高密度、紧密关联的多城市组织,需要通过不断谋求区域资源共享与相互协调发展等途径,来寻求整体利益及整体效益。城市群中不仅要有核心城市,还需要每个城市都要有高度发达的分工协作。城市群的形成并不断发展将突破行政区划的限制,逐步实现规划同编、产业同链、科技同兴、环保同治、生态同建的经济和利益共同体。他们在经济上紧密联系、在功能上分工与合作、在管理上相互融合策应,直接涉及城市群内亿万人的利益和命运。城市群因为规模异常广阔、人口数量巨大,所以经济、社会等各方面的发展问题不同于单个城市,也不是多个单个城市的简单叠加。如何通过高效协调,最大限度地实现"1+1>2"的发展效果,以加强整体规划统筹是城市群发展的前提条件。当前,由于在一定区域内的经济、自然和人口资源有限,使得大部分城市比较倾向于城市规划,从单个城市自身来说,有些规划是相对比较合理的,但是如果放在城市群的宏观层面来衡量,有些地方的规划可能会显得不够合理。对于城市群而言,如果缺乏城市间的统筹规划、相互配合,则每个城市可能都会出于个体利益而导致激烈竞争,甚至陷入无序竞争、恶性竞争,从而破坏城市群的整体发展格局。城市群中经常会有一些园区或者管委会,通过优惠的政策来吸引新的项目入驻,这些做法对于园区或者管委会这种小范围的经济发展而言是有利的,但却会在很大程度上影响整体经济的发展,从而侵害

---

① 参见文余源、段娟《区域规划研究进展与我国区域规划重大问题探讨》,载《北京行政学院学报》2019年第4期,第88-96页。

整体经济合力。例如，北部湾城市群包括湛江、海口、南宁、防城港等城市，但是湛江和防城港都在发展钢铁，具有同质竞争关系。产业同质的情况在长江中游城市群也存在，比如武汉、南昌、长沙都在发展汽车和电子产品制造业。长江中游城市群所涉及的江西、湖北和湖南三省都各自规划了省会城市群，而省会城市之间距离数百千米，产业协调和人员往来还有待加强，以致整个城市群中还没有产生类似上海、北京、广州这样经济辐射力很强的中心城市，缺乏动力强劲的经济"发动机"。因此，发展城市群经济，必须加强整体统筹，这也是国家层面发布城市群发展规划，并随着情况变化不断加以编修的原因。① 面对城市群的发展现状和需求，我国从顶层设计出发，制定了城市群整体规划战略，为城市群治理提供了有效保障。

二、城市群整体规划的实践探索和经验总结

（一）城市群整体规划的实践探索

1. 山东半岛城市群的整体规划实践

2005 年，山东省提出的《山东半岛城市群整体规划》（以下简称"整体规划"）极大地促进了山东经济的发展，也明显改变了山东区域的经济格局。首先，整体规划促进了区域经济中心的崛起，确定了山东半岛城市群的中心城市，提升了中心城市的地位，也提高了省（市）政府加快落实建设中心城市的速度。其次，整体规划提出了制造业的"T"形布局，提出了建设六大产业聚集带，通过建设产业集聚带，使产业分工协作更加合理，不仅高了劳动效率，而且延长了产业链条，扩大了产业规模，发挥了规模效益，增强了产业抵御外界风险的能力。再次，整体规划明确了半岛城市群内各城市的职能定位，合理确定了城市的发展方向，进而科学地选择了城市的产业结构和产业层次，制定出产业结构调整优化的方向。最后，整体规划有力地推动了地区分工协作和资源整合。②

2. 珠三角城市群的整体规划实践

珠三角城市群内各城市均地处广东省内。2008 年 12 月，国家发展和改革委员会发布《珠江三角洲地区改革发展规划纲要》，规划范围以广东省内九市（广州、佛山、肇庆、深圳、东莞、惠州、珠海、中山、江门）为主体，辐射带动泛珠三角区域的发展。

2016 年 3 月，国务院发布《关于深化泛珠三角区域合作的指导意见》，规划范围包括福建、江西、湖南、广东、广西、海南、四川、惠州、云南等九省区（以下

---

① 参见周靖《略论城市群经济发展的路径选择》，载《内蒙古财经大学学报》2017 年第 15 期，第 64 - 66 页。
② 参见刘东林《半岛城市群总体规划对山东区域经济的影响分析》，载《理论学刊》2005 年第 12 期，第 54 - 55 页。

简称"内地九省区")和香港、澳门特别行政区(统称"9+2")。2017年3月,由国家发展和改革委员会牵头,联合粤港澳三地政府规划编制《粤港澳大湾区城市群发展规划》,支持香港、澳门特别行政区在泛珠三角区域合作中发挥重要作用,推动粤港澳大湾区和跨省区重大合作平台建设,建设世界级城市群。

从珠三角区域到泛珠三角区域,再到规划中的粤港澳大湾区城市群,珠三角城市群的发展演化模式出现新的特征:一是国务院有关部门与内地九省区人民政府以及香港、澳门特别行政区共同编制合作发展规划;二是建立行政首长联席会议制度,仍然是一种准政府组织形态,落实各项区域规划;三是引入开发性金融机构等市场组织参与区域公共治理,形成市场组织、社会组织与政府组织等多元主体共同构筑的区域公共治理新模式。

3. 京津冀城市群的整体规划实践

2014年2月,习近平总书记在京召开座谈会,专题听取京津冀协同发展时强调,实现京津冀协同发展是重大国家战略。2015年4月,中共中央政治局召开会议,在广泛听取社会各界意见的基础上,审议通过《京津冀协同发展规划纲要》,核心包括有序疏解北京非首都功能,要在京津冀交通一体化、生态环境保护、产业升级转移等重点领域率先取得突破。2017年2月,在京津冀协同发展推进三周年的时刻,在疏解北京非首都功能、产业转移、区域环境协同治理等方面取得了阶段性成果。2017年4月,中共中央、国务院规划设立河北雄安新区,成为京津冀协同发展的又一个历史性战略决策。

在中央政府统筹下,由中央部委协同地方政府及其职能部门制定区域交通设施建设、区域生态环境治理等领域的协同发展规划。2015年12月,经国务院及京津冀协同发展领导小组批复同意,国家发展和改革委员会和交通运输部发布《京津冀协同发展交通一体化规划》,三地交通主管部门负责落实执行。2015年12月,国家发展改革委员会和生态环境部发布《京津冀协同发展生态环境保护规划》,划定京津冀地区生态保护红线、环境质量红线和资源消耗上限,明确京津冀生态环境保护目标任务。2016年2月,《"十三五"时期京津冀国民经济和社会发展规划》印发实施,成为全国第一个跨省市的区域"十三五"规划。

这些都是城市群整体规划保障城市群有效治理的具体实践探索。各个时期不同发展规划的制定都为特定城市群的发展指明了方向,保障了城市群在不同阶段面对发展范围、特定现实问题等情况时能有效解决。

(二)城市群整体规划的经验总结

首先,我国城市群形态是由中央政府统筹行使规划权,从顶层设计层面制定整体性规划。中央政府从国家顶层设计层面制定城市群整体战略规划,注重调整制定差异化的区域发展战略规划,明确各大城市群的范围及各城市的发展定位,从而促进城市群协同发展。整体性规划引领模式已经在中国城市群发展实践中登场，而由更高层次的中央政府统筹制定的城市群发展规划能够打破行政壁垒和制度障碍，为城市群政府合作提供制度支持和制度保障。同时，城市群发展规划既包括城市群战略定位、战略目标，又包括实现战略目标的支持条件，具有突出的整体性引领价值和实践性指导价值。

其次，在中央政府统筹制定城市群发展规划的指导下，由各省、市、自治区政府及相关部门制定各自相应的具体规划。同时，城市群首位城市及区域内各中心城市等根据自身资源禀赋及职能定位，制定相应的区域协同及城市发展规划，同国家规划一起形成区域协同治理的政策框架体系。整体性规划重视经济、环境和社会发展目标之间的有机平衡，强调经济发展与社会民生发展并行，具有协同性价值。国内三大城市群的最新发展规划均注重体现经济、环境与社会全面、协调、可持续发展的先进发展理念和治理理念。

最后，城市群发展注重先由中央政府制定规划，再由各级地方政府及相关部门制定配套规划和贯彻实施，凸显了整体性规划在城市群发展中的引领和推动作用。同时注重体制、机制的建立和完善，通过改变城市群内部体制、机制缺失的局面，促进城市群区域内更好地落实整体规划。

三、城市群整体规划建构路径

（一）树立城市群整体规划理念

城市群整体规划强调从顶层设计的高度对城市群发展形成全面、规范的整体性战略引领，是实现城市群整体性协同发展的新型模式。城市群整体规划的理论机制和实践经验主要体现了以下先进的战略理念。

1. 树立顶层设计战略理念

中国作为单一制国家，城市群的跨区域规划由中央统筹制定，体现出顶层设计理念。城市群发展规划是区域发展中重大的全局性、战略性的谋划，需要为平衡区域发展而采取一系列政策措施，要求体现国家与区域、区域政府之间、政府与市场之间、经济社会发展与生态环境保护等重要关系的协调部署，树立顶层设计理念能够综合权衡国内外区域的发展背景、现状和趋势，从国家战略的高度引领城市群的整体规划与协同发展。

2. 树立整体性治理理念

整体性规划引领模式体现出整体性治理的先进理念。以整体性规划引领中国城市群的发展是适应全球化与信息化的时代发展要求的必然选择，是对城市群内部发展模式的调整和府际关系的重构，也是一种动态的、突破行政区划和边界的合作化管理模式。树立整体性治理理念，必然要明确城市群发展是一个整体性的系统，从城市群整体系统利益出发，通过建立健全和整合制度机制，为整个城市群带来正面的外部效应。

3. 树立法治化理念

整体性规划引领模式的实现呈现出对法治化理念的要求。法治化理念既是关于法治的理性认识，也是关于法治的思想观念、价值判断的总和。它是对法治的性质、功能、制度设计、组织机构、实践运作等的整体认识和把握。法治性理念是对法律本质及其发展规律的一种宏观的、整体的理性认知、把握和建构，也是法律实践中对法律精神的理解和对法律价值的解读而形成的一种理性的观念模式。它有助于消除行政壁垒、市场壁垒和制度障碍，形成具有权威性、稳定性和持续性的城市群法律体系，从而确保整体规划的贯彻执行。

（二）构建城市群整体规划的具体战略

1. 规划引领战略

城市群战略规划是区域公共治理的起点和基础。一个富有战略目标且事关长远的区域战略规划，既能详细地说明区域公共治理的基本任务，布置完成该任务的长期基本目标，并安排完成这些目标所需要的各种资源，又有助于区域内各类政府组织、市场组织、非政府组织等有效地保持正确的发展方向。政府在规划中承担管理者、实施者和协调者的角色，即在充分掌握区域发展的基本信息和发展动态的基础上，组织编制区域规划并贯彻实施，协调好城市群之间、城市群内部城市之间的局部利益和整体利益、短期利益和长期利益，以期获得城市群规划的整体经济社会效益。

2. 创新驱动战略

中国城市群的发展创新体现在科技创新、制度创新、理念创新、管理创新等方面，同时坚持以生产方式的创新为基础，通过技术创新来发展一批具有国际竞争力和话语权的产业，将产业创新化，以技术创新来推动制度创新、管理创新等。作为区域经济的增长极，城市群在创造需求和供给、地方税收、资本投入、集聚高端生产要素等方面具有明显优势。在这些优势领域内，城市群通过集聚和扩散的效应更容易诱发和形成创新，并通过各类创新性生产活动成为区域的创新和研发中心，推动区域创新转型发展。

3. 协同共赢战略

城市群发展应避免核心城市单极化趋势，警惕对周边落后地区资源和要素的虹吸效应，建立国家层面和城市群层面的协调机构，特别是要建立跨区域层面、区域内部各城市之间的水平合作机制，促使城市群内外协调发展。实现协同共赢不但要求城市群内部各个政府遵守规划规则，而且还要求各方都积极参与。这既是一个参与主体共同设计和制定规则的过程，也是一个对话协商的民主过程，既是一个分担责任、分享权力、共同维护竞合体的过程，也是一个建构合作关系的过程。①

第二节 城市群空间布局的合理有序

城市群的城市空间布局结构是城市在区域空间上的投影，也是区域自然、经济社会条件空间分布的表现形式。从我国城市群的空间格局来看，城市群的发展不可能是空间均衡发展，城市群空间整合是我国城镇化过程中必须解决的重大战略问题。城市群空间整合一般是从空间的视角来考虑城市群的发展战略性问题，旨在基于对现状空间发展进行研究，分析空间发展的潜力及其局限性，明确提出空间未来的发展趋势和总体架构并进行整合的过程。城市群空间整合是产业和基础设施等整合的载体，不仅包括土地利用和空间布局，还涉及社会、经济、环境和政治领域。② 通过城市群空间整合，城市群空间发展的潜在优势被转化为竞争优势，从而引导城市群在空间上的协调有序发展，对城市群治理具有重要的理论和实践价值。③ 城市群在治理过程中，通过不断的空间规划布局，形成了各城市群独特的空间布局特色，为城市群治理提供了保障。

一、城市群空间布局整合的基本理念

（一）地域分工与联合

地域分工理论最早是由西方古典政治经济学家亚当·斯密（Adam Smith）提出的。这个理论认为，任何区域都有其绝对有利的生产条件，若按绝对有利的生产条件进行分工，然后进行区域交换，会使各区域的资源都得到最有效的利用，从而提高区域劳动生产率、增加区域利益。④ 大卫·李嘉图（David Ricardo）继承并发扬了亚当·斯密的绝对利益理论，提出了比较利益理论。他认为，在所有产品生产方面具有绝对优势的国家没有必要生产所有产品，而应在多种产品中择优，即选择生产优势最大的那些产品进行生产，以及可以选择不利程度最小的那些产品进行生产⑤，这就是所谓的"两利相较取其重，两弊相较取其轻"。地域分工理论强调企业和区

---

① 参见于迎《从经济优先型到整体性规划：中国城市群发展新型动力建构战略及其实现路径》，载《行政论坛》2017年第24期，第45-52页。

② 参见杨迅周、杨延哲、刘爱荣《中原城市群空间整合战略探讨》，载《地域研究与开发》2004年第5期，第33-37页。

③ 参见罗世俊、叶舒娟、王秉建《泛长江三角洲城市群空间整合发展研究》，载《经济问题探索》2008年第12期，第43-47页。

④ 参见亚当·斯密《国民财富的性质和原因的研究》，郭大力、王亚南译，商务印书馆2008年版。

⑤ 参见大卫·李嘉图《经济学及赋税之原理》，郭大力、王亚南译，上海三联书店2014年版。

域间的"分工",但"分"与"合"是相辅相成的,"分"是"合"的前提条件,"合"是"分"的最终目的。没有联合,没有总体的协调性,在生产上能产生的推动作用就很小,也就不会产生高效率。分工必须与联合结合起来,使总体大于局部简单之和。现代经济已发展成为一种非常复杂的专业化协作经济,各个部门、企业、地区之间不能没有分工,也不能没有联合。①

城市群各城市之间也应该既有分工也有合作。城市之间应该互相开放,彼此之间以各种生产要素互相投入,你中有我,我中有你,相互依存,协调行动,这样才能适应市场经济发展的要求。从客观上看,单个城市、单个企业总是各有优势和不足,而且各自长短处的具体表现不同,如果各自发展、相互分割,各自的长处就容易被自己的短处相抵消,但是如果通过联合来扬长避短、互相补充,就可以形成一种比较全面的综合优势。小至企业、大到城市的横向联合都可以充分调动各地的优势资源,将它们集中投入某一特定领域以降低生产成本,扩大和占领消费市场,回避地方保护主义所带来的贸易摩擦,使先进企业、地区得到发展的机会,后进企业、地区得到提高的机会,这对联合各方及整个区域都将十分有利。

(二)城市群内城市间、城市和区域间的空间相互作用

通过在城市之间的迁移、流动、交换等空间作用过程,人口和产业活动被组合在一个统一的系统中,从而有序地推动城镇化的进程。美国地理学家乌尔曼(E. L. Ullman)首先认识到空间相互作用的一般原理,在前人研究的基础上提出了空间相互作用的三个基本条件,即互补性、移动性和中介机会。其中,互补性存在的前提是区位或区位间的自然社会人文资源的差异性。但是必须指出,一个地区的某种资源只有在另一区域也有需要时才会流动迁移,从而促使两地发生互补性的联系和往来。移动性是指要素必须具有可以在地区之间运动的性质。影响要素移动的主要障碍体现在移动时间和成本耗费上的两级之间的距离。空间相互作用遵循"距离衰减规律",即空间相互作用的强度随着距离的增加而减小。中介机会指的是空间中存在的点及其对源空间作用的干扰机会。互补性、移动性和中介机会共同发挥影响并构成了城市群空间的相互作用。

每个城市都有自己的经济场和能量场,众多的城市在空间上相互叠加,资源与劳动的配置、水平和垂直分工的布局、产品的升级和市场的拓展等都将相互影响。正是由于城市群内部各城市是相互作用的,因而各城市间表现为相互依赖的关系。与此同时,单个城市也正是在这种城市群综合场的作用下发挥自己的区位、资源等优势,突出自己的功能特色而逐渐发展起来的。城市群的能量场在空间上的高度聚集和有效组合必然会产生质的飞跃,形成壮观的规模效应,对周边地区产生强烈的

---

① 参见刘晓丽《中原城市群空间整合研究》(学位论文),河南大学2006年。

辐射作用。

由于区域经济社会的发展可以促进城市在区域内的产生和发展，使得城市景观逐渐替代乡村景观，城市的职能不断加强，城市群体逐渐形成。这一方面提升了区域内的经济实力，形成向外扩散的趋势；另一方面则改善了区域的投资发展环境，吸引了更多、更高层次的投资项目，更进一步推进了城市的发展，提高了城市在区域内外的地位，使城市化向更高层次发展，由此形成区域经济发展与城市化的良性循环。

城镇化的深层次发展有两种途径：一种是城市的区域化发展；另一种是城市的个性化发展，这是由城市的本质决定的。从空间的角度来看，一方面，城市必然是区域中心，当城市发展到一定阶段时，便成为区域发展的增长极，通过极化作用和扩散效应影响区域的发展。每个区域的发展都要有一个或几个城市作为依托，以发挥其经济组织和联合的作用。另一方面，城市又必然是相对独立的空间实体。城市的定位要有利于强化城市的特色和分工，城市分工在区域中的定位要承前启后。城市群区域内各城市之间，以及城市和区域之间的空间作用是一种复杂的社会经济现象。每个城市的发展既要有个性特征，同时也要加强与城市群内其他城市之间的分工与合作，要加强城市群的内聚力和辐射力，提高联系率和网络功能，促进城市群的生长发育，而城市群体的发展又会反过来带动城市更快地发展。

（三）城市空间结构系统

"点-轴系统"理论反映了社会经济空间组织的客观规律。根据该理论，在市场条件下，一个区域的经济活动总是倾向于集中在特定的位置，即"点"或"轴"上。所谓的"点"是指各级中心城市，是各种空间层级的聚焦点，也是带动各级区域发展的"龙头"。而"轴"则是指在一定方向上由若干不同级别的中心城市形成的相对密集的人口和经济带，连接这些中心城市的是线状基础设施束。因此，"轴"首先是空间结构或空间重点的一种抽象，其次是不同地点之间空间联系的载体。总体上，"点-轴系统"描述了一种有效的区域空间结构模式。在开发初期，区域内需要确定重点发展的"点"，这些"点"在区域发展过程中成为扩散源，并且沿着"轴线"逐次扩散，通过各种生产要素的流动，带动形成一些新的"点"，以此达到区域发展的最佳状态。

"点-轴系统"理论曾是20世纪80年代我国在进行各种层次的国土规划时所广泛应用的理论工具，由于它实质上总结的是市场条件下的有效空间组合模式，因而也适用于城市群区域空间规划工作，是进行空间结构分析和空间规划的重要基础和手段。中原城市群空间整合研究中主要运用"点-轴系统"理论分析城镇、产业等要素的空间分布特征,并以此理论提出城市群整合发展的城镇集聚带和产业发展轴。①

二、国外城市群空间研究

第二次世界大战后,城市地理学与一般系统论的有机结合成功地开辟了城市群体空间研究的一个新视角,即城市体系研究,其研究热潮迅速在全球范围内蔓延。1945—1955年,美国经济学家鲁德亚德·维宁（Rudyard Vining）从理论上进一步阐明城市群存在的合理性和客观性。1950年,美国地理学家奥迪斯·邓肯（Otis. Duncan）在《大都市与区域》中首次引入"城市体系"的观点并阐明城市体系研究的实际意义。1962年,美国的布莱恩·贝里（Brian Berry）发表了《中心地体系的组成及其集聚关系》一文,R. 皮特（R. Peter）编著了《城市体系与经济发展》一书,都深刻地阐述了城市体系与经济发展之间的关系。1964年,贝里又用系统化的观点研究了城市人口分布和服务中心等级体系之间的关系。1977年,P. 哈格特（P. Huggett）等从相互作用、网络、节点、等级、表面、扩散等六个角度论证了城市群体的演化过程。20世纪70年代后,西方学者对已相对成熟的城市体系理论予以总结,最著名的是美国学者B. 贝里（B. Berry）和F. 豪顿（F. Horton）的《城市体系的地理学透视》,以及加拿大学者L. S. 鲍恩（L. S. Bourne）和J. W. 西蒙斯（J. W. Simmons）的《城市体系:结构发展与政策》。虽然城市体系研究只是从系统论的角度对城市群内部的组织及空间关系进行抽象研究,但其基本概念及技术路线,仍然为城市群体空间的深入研究提供了重要的背景支撑和借鉴意义。

现代意义上的城市群空间研究的开拓者当属法国地理学者任琼·戈特曼（Jean Gottmann）。早在20世纪20年代,戈特曼就已将研究领域从都市区扩展到城市群体层次。1957年,他在细致考察了美国东北海岸城市的发展后,发表了著名的《大都市带:东北海岸的城市化》一文。戈特曼认为,大都市带将是城市群体结构的必然演化趋势和最高的发展研究水平,并极力推崇其作为人类居住空间的完美性。其后,戈特曼一直致力于都市带的研究,深入探讨了都市带的特征、功能、形成的影响因素和发展阶段等内容。同期,N. 金斯伯格（N. Ginsburg）重点研究了日本大都市带的一些特性,提出了"分散大都市带"的概念。另外,法国学者F. 佩鲁（F. Perroux）的"增长极理论"和"点轴发展理论",是城市群研究的一大理论贡献。1957年,美国地理学家厄尔曼提出的空间相互作用理论,对城市群内外空间相互作用机制研究影响深远。1964年,J. 弗里德曼（J. Friedmann）结合俄罗斯的经济发展阶段与过程,提出"核心-边缘"模式,并模拟了城市群体的运作过程。1968年,瑞典学者T. 哈格斯特朗（T. Herstrand）提出现代空间扩散理论,揭示了

---

① 参见刘晓丽《中原城市群空间整合研究》（学位论文）,河南大学2006年。

空间扩散的多种形式。20世纪70年代，小林博士在对东京大都市圈的研究后总结了前人观点，归纳并强化了城市群发展的三个概念：大都市地区、大城市区、城市化地带。F. 库默斯（F. Kormoss）和 P. 霍尔（P. Hall）分别对西北欧城市群和英格兰大都市带进行了研究。1970年，希腊学者 A. 杜克西亚斯（A. Doxiadis）大胆预测世界城市发展将形成连片巨型大都市区。1985年，加拿大地理学者 G. 麦吉（G. Mcgee）对东南亚发展中国家的城市密集地区进行研究后提出"城乡融合区"的概念，并认为这些地区已出现类似于西方大都市带的空间结构。D. A. 卢德耐里（D. A. Rondinelli）总结了区域城市群体中相互联系的七种类型。J. B. 麦吉尔劳林（J. B. Mcloughlin）强调城市群应当通过理性规划的约束，以达到空间持续发展平衡。联合国人类聚落中心使用城市群（urban agglomeration）作为衡量大城市规模的标准。

20世纪90年代后，经济全球化和以信息技术为标志的技术革命极大地促进了城市群研究进一步向区域化、信息网络化的方向发展。1991年，范吉提斯（Pyrgiotis）、昆曼（Kunzmann）与魏格纳（Wegener）通过对经济全球化与区域经济一体化背景下跨国网络化城市体系的研究认为，大城市实际上是产业空间整合的产物，作为新的地区空间组织形式，将占据全球经济的核心位置。一些学者从人类居住形式的演变过程入手，提出了21世纪城市群空间结构的演变必然会体现人类对自然资源最大限度集约使用的要求，并针对日益显著的大都市带现象，提出了世界连绵城市结构理论。代表人物有 C. A. 杜克西亚迪斯（C. A. Doxiadis）、R. 费希曼（R. Fisman）、阿部和俊、高桥伸夫等。1990年以来，广大学者对21世纪自然—空间—人类融合的城市空间结构的研究逐渐增多。20世纪90年代，戈德曼在其新著《自大都市连绵带以来》一书中对他早年许多忽视社会、文化、生态的观点做了修正。美国规划师 H. 莱特（H. Wright）及 C. 斯泰因（C. Stein）等提出了与自然生态空间相融合的区域城市（regional city）模式；K. 林奇（K. Lynch）则提出了类似的另一种模式：扩展大都市（dispersed metropolis）。1992年，M. 魏克纳吉（M. Wackernagel）、W. 莱斯（W. Ress）以"生态脚印"（ecological footprint）的概念来反证人类必须有节制地使用空间这种资源。1993年，欧盟15国开始了"欧洲空间展望"（European spatial development perspective）这一跨国空间规划工作，该规划的提出旨在促进可持续发展，而共同实现城市群体空间集约发展的思想也得到了学者们的广泛共鸣。各种形式的大都市地区协调管理机制正在西方国家被广泛建立，城镇群体空间规划已成为一种参与全球性竞争的战略手段。

总体而言，西方国家关于城镇群体空间的理论与实践研究经历了从静态到动态，从小尺度都市区到大尺度都市带，从结构分析到机制探索，从本国研究到国际研究的过程。随着城镇群体空间研究尺度的日趋增大，西方学者对城市群发展的认识亦表现出多元化与深刻化的特征：抽象的理论性研究与形象化的规划设计相结合；遵循技术路线与重视人文生态的空间观念相交织。另外，对全球化、信息化时代下，城市群空间的新变化及其组织管理模式的探索，也成为西方城市群空间研究与实践中的一项重要内容。[①]

三、国内城市群的空间结构布局

（一）城市群空间结构布局的内涵

城市群空间结构就是在认识各城市多层面的结构，如经济结构、社会结构、规模结构、职能结构与人流、物流、资金流、信息流相互作用的基础上，分析形成这种机构与相互作用的主导机制或组织原理，也就是城市结构、相互作用与形成机制三者结合的研究。城市群空间结构是各城市的经济结构、社会结构、规模结构和职能结构等组合结构在地域空间上的共同投影。

经济、社会的一体化需要城市空间的承载，三者间相互促进。城市群是经济、技术相对发达，客货流、资金流、信息流相对集中的区域。在经济发展时期，城市群的空间发展将面临多种选择，每个城市的选择都将影响未来城市群的发展。因此，对城市群空间结构和形态的整体研究，将有利于构架各个城市群中各城市总体规划的宏观框架，有利于各专业规划的衔接和整合，也有利于城市发展的科学决策。

此外，城市群空间结构和形态研究还有利于城市群形成合理的空间格局，有利于城市群经济的发展。城市群经济社会的发展要求整合城市群内各城市的发展目标和资源，以协调各城市的社会经济结构、构建优势区域，发挥其整体优势。城市群空间结构和形态研究就是根据战略空间内合理布局这些城市要素，构筑作为一个有机整体的城市群空间，更好地发挥城市群的整体效应。对城市群的空间布局模式的研究要建立在城市群区域结构特征的基础上，并与其空间结构的发展阶段相适应。

（二）我国城市群空间结构布局

我国在改革开放之后，国民经济得到了迅速发展，以交通、通信等为代表的国家基础设施建设得到了长足的发展，尤其是在经济发展较快的东部地区。然而，我国的经济发展存在地域不均衡、区域经济规划滞后、城市体系不健全等问题，使我国城市群的发展相对于国外发达国家仍然较为滞后。在全国范围内仅在东部地区形成了较为密集的城市群，在中部地区形成了规模相对较小的城市群。这些城市群由于地理位置、交通环境、人文环境、区域经济发展特点等多方面都存在着较大的差异性，因而各自形成了不同类型的空间结构布局。

---

① 参见叶玉瑶、张虹鸥、罗晓云等《中外城镇群体空间研究进展与评述》，载《城市规划》2005年第4期，第83–88页。

1. 单核心多组团"之"字形空间格局

我国城市群中,长三角城市群为单核心多组团"之"字形的空间结构,具体分析如下。

(1) 城市群范围。长三角区域的规划范围定为 16 个地级以上城市,主要包括上海,江苏省的南京、苏州、无锡、常州、扬州、镇江、南通等 8 个城市,浙江省的杭州、宁波、湖州、嘉兴、绍兴、舟山、台州等 7 个城市。内含 2 个超大城市、1 个特大城市、4 个大城市、14 个中等城市以及 33 个小城市。

(2) 城市群空间结构。长三角城市群以一个直辖市为中心,由 2 个次一级中心城市、3 条城市发展轴线、3 个城市组群体构成,呈"之"字形空间格局。

上海位于太平洋西岸的国际航线岸上,是亚太地区的交通枢纽,同时也是全国最大的经济中心、金融中心和重要的国际贸易港口城市,集经济、贸易、金融和航运等功能于一体的上海,成为长江三角洲地区的经济发展的增长极。南京作为省会城市,是华东地区重要的中心城市,也是我国铁路、公路、水运、航空和管道等运输方式齐全的综合性交通枢纽之一,其优越的地理位置和交通条件,使其对长江三角洲区域的城市群的建设起到了重要的作用。杭州作为发达省区的政治经济文化中心,其城市的外向功能量仅次于上海、南京。因此,在长江三角洲区域一带,上海成为城市群的核心城市,南京、杭州成为城市群北翼、南翼的城市组群的联系中心。

长三角城市群的空间结构明显表现出按照一定的轴线被联系起来的特点。从城市之间的联系和扩散效应来看,长三角城市群以上海为增长极,依赖长江沿岸河港航运、沪宁铁路和沪宁高速公路,沪杭铁路和沪杭、杭甬高速公路等交通框架,形成了 3 条基本传导方向和运动路径,即三大主要的城市发展轴线:①北线(上海—苏州—无锡—常州—镇江—扬州—南京);②南线(上海—嘉兴—杭州—湖州);③东线(上海—嘉兴—绍兴—宁波)。

沿着 3 条主要的城市发展轴线,均匀分布地级中心城市和众多的小城镇,这些城市自然条件相近、产业关系紧密,又具有地方文化的内在亲和力,相互之间有充分、必要的合作基础,基本形成了大中小城市梯度发展的城市群,即①沿北向发展轴线,以制造业为主,教育事业发达的城市,由沪宁、沪杭铁路、高速公路相连,形成了以南京为次一级中心的宁镇杨城市群。此外,在这条发展轴线上,苏州、无锡、常州、南通等城市深受上海的影响和控制。其中,南通处于沿海经济带与长江经济带"T"形结构的交汇点上,面临海外和内陆两大经济辐射扇面,区位条件相当优越。这些城市都以加工工业为主,功能相近,依靠铁路、高速公路,发达的城际铁路被联系起来,形成了苏锡常城市群。②沿南向、东向发展轴线,上海与杭州、宁波、嘉兴、湖州等城市间逐步建立了较为密切的经济、文化、科技与旅游方面的联系。其中,宁波市具有较高的外向功能作用,与杭州一起,成为长三角城市群南翼的区域性增长中心,这几个城市由杭甬铁路、高速公路连通各市,形成了以杭州为次一级中心的杭嘉湖城市群。

2. 一个核心三角和两个外围三角的多中心空间格局

我国城市群中,京津冀城市群为1个核心三角和2个外围三角的多中心空间格局,具体分析如下。

(1) 城市群范围。京津冀城市群由北京、天津两个直辖市和河北省的承德、张家口、秦皇岛、唐山、廊坊、保定、沧州等地区的城镇组成。内含5个特大城市、3个大城市、7个中等城市,以及1085个小城镇。

(2) 城市群空间结构。京津冀城市群以2个直辖市、1个次一级的城市为中心,由1个中心三角、2个外围三角组成。

该城市群中,北京是我国北方重要的交通枢纽城市,也是全国的中心;天津是首都之门户,是北方最大的商业中心和进出口市场,人口、产业高度集中;唐山是冀东最大的经济文化中心,也是京津唐地区的能源和材料供应基地。这三市均为特大城市,并且相互之间发展密切,对区域内的城镇发展具有领导作用和强烈影响,成为该城市群强有力的核心。

京津冀城市群的空间结构表现为由3个三角形城镇集群构组成,分别为①核心三角:北京、天津、唐山这3个城市自然条件优越、交通便捷、经济实力雄厚、文化教育发达,以北京为核心,天津、唐山依托京沈铁路、京津唐高速、津唐高速两两相连,这3个城市之间资源互补,经济来往密切,形成了一个三角形的城镇集群。此三角形城镇集群,不仅是华北地区的经济核心,而且对全国其他地区的经济发展产生了越来越大的影响,成为京津唐地区的核心三角城市群。②京津保外围三角:保定位于北京、天津、石家庄三大城市的中心地带,该市的工业经济门类齐全,具有一批经济实力雄厚的工业、企业,已形成机电、纺织、食品、建筑建材和信息产品制造五大优势行业。此外,京广铁路、京深高速纵贯保定南北,津保高速横跨保定东西,区位条件优越。保定在京津唐地区的作用日趋显著,津保高速的开通使两市间的来往更加密切,在保定地区的涿州境内,已经建设了一定数量的中央直属机构,发挥着为首都服务或分担一些职能的作用。因此,依靠北京、天津的优势,凭借优越的地理位置和良好的经济条件,形成了由京津保三市组成的外围三角城镇集群。该城镇集群依靠北京、天津,不仅可以起到分担职能的作用,而且从保定市可依靠的交通周线形成向外放射性扩展轴,得以促进和带动与其临近的其他城市的发展。③京津张外围三角:张家口市地处京、冀、晋、蒙四省区市交界处,是京津冀、环渤海经济圈、冀晋蒙外长城经济圈的交汇点,也是连接西北和华北地区的枢纽城市。张家口还是北方现代物流链中的重要链接点,并承接东北亚国际市场,其在地理位置上占有特殊的优势,张家口铁路、公路基础良好,已初步形成了以"四横三纵一线"公路网为主,京包、大秦电气化铁路为辅的四通八达的综合交通网络。目前,桑张铁路与京张铁路接轨项目已被列入国家和省中长期铁路发展规划,张集铁路正在积极规划建设,张集、桑张铁路建成后,张家口将成为连接西北部和东部地区的铁路枢纽。张家口位于一个很特殊的地理位置,它借助京津冀经济圈的资金、技术、人才优势,借助晋蒙地区丰富的资源优势,形成京津张外围三角城市集群,该城市集群形成后,通过张家口可以进行各地区间的资源交换,成为京津唐地区和西北地区相互进行联系的重要区域。

3. 两核三轴组团式"兀"形空间格局

我国城市群中,珠三角城市群为两核三轴组团式的空间结构,具体分析如下。

(1) 城市群范围。珠江三角洲城市群包括"广佛肇"(广州、佛山、肇庆)、"深莞惠"(深圳、东莞、惠州)、"珠中江"(珠海、中山、江门)等3个新型都市区,还包括香港、澳门特别行政区。

(2) 城市群的空间结构。该城市群以广州、香港为核心,其中广州是以区域功能为主的中心城市,是珠三角的基础工业和机械装备制造业中心,也是该地区高新技术产业基地和研发中心。香港特别行政区是国际性商业、贸易、金融和旅游中心,是以国际功能为主的中心城市。

珠三角城市群的空间结构表现出按照一定的轴线产生联系的特点。广州、香港2个中心城市(区)同澳门、深圳2个国际性城市(区),以及佛山、珠海、东莞、惠州、中山、肇庆等区域中心城市,依靠广深铁路、广佛、广九、广深、广珠深港高速等交通线,形成了3条城市发展轴线:①广州—佛山—肇庆城市发展轴线;②广州—东莞—深圳—香港城市发展轴线;③广州—中山—珠海—澳门城市发展轴线。

沿各城市发展轴线,形成了3个区域性城市组群:①沿第一条发展轴,广州、佛山、肇庆等城市,在地域上联系密切,其中广州、佛山很多基础设施联系紧密,且很多基础设施都是彼此共享的,这3个城市工业门类齐全,成为珠三角的综合性工业基地,因此也形成了以广州为核心的包括佛山、肇庆等城市在内的中部城市组群。②沿第二条发展轴线,深圳、东莞、惠州是珠三角地区外向型经济最发达的地区,它们与香港特别行政区之间的通勤系统日益发达,深圳和香港特别行政区之间的合作越来越多样化,香港的居住空间已延伸至深圳、东莞等地,这些城市与香港之间的社会经济融合度较高,形成了以香港为核心,包括东莞、惠州等城市的东岸城市组群。③沿第三条发展轴线,澳门、珠海、中山、江门等城市机械加工、微生物、计算机制造业和旅游业已形成一定的特色,珠海与澳门在地域上联系便利,正在逐步实现珠澳一体化,形成了以珠海、澳门特别行政区为主要核心的包括中山、江门等城市在内的西部城市组群。该城市群的发展较为缓慢,港珠澳大桥建成后,珠海接受香港特别行政区的辐射逐渐加强,对珠三角西部城市群的发展有至关重要的作用。

4. 两核四轴组团式"H"形空间格局

我国城市群中,成渝城市群为两核四轴组团式"H"形空间格局,具体分析如下。

(1) 城市群范围。成渝城市群包括一个直辖市重庆和一个中心城市成都，以及德阳、乐山、眉山、资阳、内江、遂宁、南充、广安等地级城市。

(2) 城市群空间结构。成渝城市群由两个中心城市，两纵两横城市发展轴线，三个较小的城市组群构成，空间格局呈"H"形。

该城市群以成都、重庆为核心。成都市地处四川盆地西部，是成都平原的腹地，是四川省唯一的特大城市，也是带动全省经济、文化发展的中心城市。重庆是长江上游的经济中心、水陆交通枢纽，也是中国西南地区最大的工业基地和历史文化名城。

成渝城市群内沿着发达的交通线，形成了两纵两横的城市发展轴线，沿宝成铁路、成绵高速公路、成昆铁路、成乐高速公路形成了四条发展轴线：①以成都为中点，向北、向南延伸的纵向城市发展轴线；②以成渝高速公路、长江水道和拟建的沿江公路为基础，形成以重庆为中点的纵向城市发展轴线；③沿老成渝公路和成渝铁路，以成都为起点至重庆的横向城市发展轴线；④沿达成—遂渝铁路、成南—遂渝高速公路一线，以成都为起点经南充、遂宁等城市至重庆的横向城市轴线。

城市群区域沿着城市发展轴线，形成了三个较小的城市组群：①沿第一条发展轴线，聚集有广元、德阳、绵阳、成都、眉山、乐山、绵竹、都江堰等城市，这些城市等级较高，彼此之间的交通十分便利，城市经济实力较为接近，城市间相互作用力及产业分工的互补性较强，形成以成都为中心的成都城市组群。②沿第二条城市发展轴线，分布有江津、永川、涪陵、万州等港口城市，以重庆为枢纽，通过长江水道与华中、华东地区连接，随着长江上游干流、支流航道的疏浚，长江上游干流的水运功能将进一步得到提升，沿江城市间的经济社会联系更加密切，发展成为一个以水运交通为轴线的经济带，形成以超大城市重庆为中心，聚集了涪陵、江津、永川、合川等城市的重庆城市组群。③沿第三条城市发展轴线，形成了由自贡、泸州、宜宾、内江等城市组成的多中心块状地域，该区域位于长江上游四川南部，川、滇、黔、渝三省一市的交界处，也是四川省域内人口稠密的地区之一，其区位优势明显，空间聚合形态良好，拥有较强的工业基础和各具特色的优势产业，形成了川南城市组群。④第四条城市发展轴线是成渝地区北部人流、物流东西走向的主要轴线，它以高速公路、铁路为运输通道，连接重庆、成都，横跨川中人口、城镇密集区域，随着遂渝高速公路、遂渝铁路的建成，成遂渝一线有可能成为成渝经济区未来又一条重要的经济带，形成以重庆、成都为中心，向北辐射的包括遂宁、南充、广安、达州、合川等城市在内的川东城市组群。

5. 双核沿海走廊式空间格局

在我国城市群中，福厦城市群为双核沿海走廊式的空间结构，具体分析如下。

(1) 城市群范围。福厦城市群包括福州、厦门、泉州、漳州、莆田5个地级市。

（2）城市群空间结构。福厦城市群由2个中心城市，以及沿交通主轴组成的2个城镇群体构成，呈带状的交通走廊式空间格局。

该城市群以福州、厦门为核心城市，这2个城市具有十分优越的地理位置与区位优势，前者是全省的政治、经济文化中心，后者是港口航运、金融服务中心。

城市群内有福厦高速公路和国道，另有国道和8条省道向境内横向辐射。福州主要向闽江下游和沿海公路两侧发展，逐步和周围的马尾、亭江、王官头、甘蔗等建制镇连成都市圈，外围辅以福清、长乐、闽清等小城市，福州发挥省会城市的统领作用，带动起福清、长乐、闽清等市的工业和旅游功能，形成了以福州为中心的闽江中下游小区域的城镇集群。随着城市的规模日益扩大，厦门和泉州两市在闽南的地位相对下降，厦门特区作为闽南经济中心的作用将越来越突出，沿着主交通轴，形成了以厦门为中心，漳泉两市为次一级中心的外向型经济为主的闽南城市群。

6. 两核两轴组团式空间格局

我国城市群中，辽中南城市群为两核两轴组团式的空间结构，具体分析如下。

（1）城市群范围。辽中南城市群由沈阳、大连、鞍山、抚顺、本溪、营口、辽阳、盘锦、铁岭等城市组成。

（2）城市群空间结构。辽中南城市群由2个核心城市，2条城市发展轴线，2个城市组群和1个区域小三角构成。该城市群中，沈阳是辽宁和东北的政治、经济、文化中心，也是东北地区最大的交通枢纽，经济发展规模和交通枢纽价值及其中心城市的作用是东北地区其他城市所不能代替的。大连市经济发达，是辽宁省乃至东北地区最大的外商外资流入地，经济地位举足轻重，与沈阳一起成为辽中南城市群一南一北的核心区域。

城市群内拥有包括铁路、公路、航空、海运和管道在内的5种运输方式，沿着沈大、京沈、沈抚、沈丹等铁路和公路干线，组成向四周放射的十分发达的综合交通运输网络。沿着交通轴线构成了2条发展轴，分别为：①铁岭—沈阳—鞍山—大连城市发展轴；②鞍山—营口—盘锦城市发展轴线。

这2条发展轴线串联了境内沈阳、大连、鞍山、本溪、营口、铁岭、抚顺等市，也形成了2个较小的子城市群与1个区域三角：①分布在第一条发展轴线上的城市，都是处于沈阳、大连两大中心城市间的次一级中心城市，这些城市恰好处于两大中心城市的经济区之间，接受着两大中心城市的辐射，其产业结构几乎都处于"二三一"的形式，形成了以沈阳为中心的含沈阳、鞍山、抚顺、本溪、辽阳、铁岭的大都市连绵区，即辽中城市组群。②大连市由于其特殊的地理区位，其辐射范围只到营口市附近，大连、营口等市均为港口、旅游、工业城市，这些城镇沿着发展轴线，形成了以大连为中心的辽南城市组群。③分布在第二条发展轴线上的城市，其内部具有极强的互补性，鞍山的钢铁重工业、营口的轻工业与港口交通运输业、盘锦的石油开采和现代农业、海城的大市场等等，区域内各城市的主导产业各有特色，形成经济整合发展的区域三角。

7. 两核两轴"T"形空间格局

我国城市群中，山东半岛城市群为两核两轴"T"形的空间结构，具体分析如下。

（1）城市群范围。山东半岛城市群主要包括济南、青岛、淄博、东营、烟台、潍坊、威海、日照8个城市。

（2）城市群空间结构。山东半岛城市群由2个核心城市、2条主要城市发展轴线构成，呈"T"形空间格局。

济南是全国的政治、文化、科技、教育和交通中心，是全国的超大城市之一；青岛是中国东部沿海重要的经济中心和港口城市。济南、青岛两市是特大型的综合性城市，在半岛城市群的形成和发展过程中起到了双核心作用。

山东半岛城市群内交通网络体系发达，沿轴线发展：①沿胶济铁路、蓝烟铁路，形成济南—淄博—潍坊—青岛城市发展轴线；②沿青烟、烟威等高等级汽车专用路线，形成日照—青岛—烟台这一沿海轴线。这两条发展轴线共同构成了山东半岛城市群城发展的"T"字形骨架。

济南—淄博—潍坊—青岛主轴线包括山东省境内的几个重要的省级城市，也承载着山东最大的人流、物流、信息流。其中，东营市陆地交通非常发达，与首都北京、济南、天津和青岛等重要的港口城市都有高等级公路相连通，通港高速公路已通车，并与济青高速公路实现对接。因此，在这条发展轴上就形成以济南和青岛为中心，包括淄博、潍坊、东营等城市的城镇集群。日照、威海、青岛、烟台这几个城市在长期的发展中，已经具备了一定的经济基础和社会基础，并且区位条件优越，旅游资源丰富，是对外开放的先锋，也是外资投资的首选之地。因此，依托日照—青岛—烟台这一沿海轴线，形成以青岛为核心，包括日照、威海、青岛、烟台的城镇集群。在这两条城市发展轴上，依据城市的可达性高低，也形成了空间紧密联系的济南—淄博—东营、青岛—日照—潍坊、烟台—威海这三个联合城市区。

8. 一核两轴圈层式"十"字形空间格局

我国城市群中，中原城市群为一核两轴圈层式"十"字形的空间结构，具体分析如下。

（1）城市群范围。中原城市群以省会城市郑州为中心，包括洛阳、开封、焦作、许昌、平顶山、漯河和济源共9个省辖市。

（2）城市群空间结构。中原城市群由一个省会城市、"十"字形交通轴线和两个圈层构成。郑州作为区域性金融中心城市，是全省先进制造业和科技创新产业的基地，郑州还是最重要的铁路干线——陇海和京广铁路干线的交汇点，成为中原城市群的核心。

中原城市群的综合交通走廊以郑州为核心，形成西起洛阳、东到开封、北起安阳、南接漯河的"十"字形的综合交通网络。中原城市群中的中心城市，大多位于"十"字形交通网络上。南北干线上由北至南依次分布着新乡、郑州、许昌、漯河等城市；洛阳、郑州、开封等城市依东西干线排列；焦作、济源、平顶山虽然没有分布在"十"字形干线上，但均有铁路、高速公路经过。

按照交通轴线来看，中原城市群形成以郑州为核心城市，包括分布在周围的洛阳、开封、新乡、焦作、安阳、许昌、漯河、平顶山、济源等以工业为优势职能的城市，共同形成中原城市密集区。

9. 一核心三角三轴线扩散形空间格局

我国城市群中，长株潭城市群为一核心三角三轴线扩散形的空间结构，具体分析如下。

（1）城市群范围。长株潭城市群为长江中游城市群的重要组成部分，包括长沙、株洲、湘潭三市。

（2）城市群空间结构。长株潭城市群包括一个核心三角和三条发展轴线，为扩散形空间结构。该城市群地处湘江下游及长江中下游，区域内长、株、潭三市间拥有便捷的水陆交通综合运输网络，联系紧密，综合经济实力相当，呈"品"字形分布，是湖南省经济最为发达的核心区域，也是整个城市群的重点核心区域。

长株潭城市群内的城市主要分布在铁路、国道和高速路这几条主要交通轴线上，以长沙市区为核心城市的城市群空间结构，形成了向三个不同方向扩散延伸的态势：①沿石长铁路、京珠高速公路形成向北延伸的轴线长沙市—岳阳市；②沿京珠高速公路、沪瑞高速公路形成向西延伸的轴线长沙市—湘潭市—湘乡市；③沿京广铁路、浙赣铁路、沪瑞高速公路形成向东延伸的轴线长沙市—株洲市—醴陵市。总体上分析，长株潭城市群的三个中心城市组成了一个核心三角，并以这个核心三角为中心，形成向外扩散的城市发展轴线。

10. 一核两轴扩散式空间结构

我国城市群中，关中城市群的空间结构为一核两轴扩散式，具体分析如下。

（1）城市群范围。关中城市群包括西安、宝鸡、咸阳、渭南、铜川 5 个地级市和杨凌示范区，韩城、兴平和华阴 3 个县级市。

（2）城市群空间结构。关中城市群为由一个核心、两条发展轴线组成的扩散形空间结构。

西安市是中国西部地区最大与最重要的科研、高等教育、国防科技工业和高新技术产业基地，也是国内重要的航天工业中心、机械制造中心和纺织工业中心。西安拥有较强的工业基础，是中国西部地区科技实力最强、工业门类最齐全的特大城市之一。在全国区域经济布局上，西安具有承东启西、东联西进的区位优势，在西部大开发战略中具有重要的战略地位。西安的比较优势突出地表现在三个层次上：

世界级的旅游观光资源优势；国家级的科研教育和高新技术产业基地优势；区域级的金融、商贸中心和交通、信息枢纽优势。西安在城市群内的中心地位突出，是城市群经济发展的首要增长极。

关中城市群内交通便利，铁路和公路网络纵横交错。陇海铁路横贯东西，西包—西康铁路、西宝—宝成铁路成为我国西部的南北大动脉，这两条交通线成为关中城市群的两条主要发展轴线。此外，西铜、西侯铁路也与陇海线在西安交汇，共同构成了以西安为中心的"米"字形的高等级公路网。

在交通轴线上，集聚了西安、咸阳、宝鸡、渭南、杨凌、兴平、华阴、兴平和铜川等多个城市和重要城镇。这些地区都以工业为优势职能，产业结构间存在着较强的互补性，核心城市西安与咸阳有连绵化趋势，与城市间的作用强度较大。因此，依托放射形的交通网络，关中地区形成了以西安为中心，由宝鸡、咸阳、渭南、铜川等城市和重要城镇组成的扩散发展的关中城市群。

11. 点轴式空间格局

我国城市群中，吉林中部城市群为点轴式的空间结构布局，具体分析如下。

（1）城市群范围。我国城市群中，吉林中部城市群包括长春市、吉林市、四平市、辽源市、松原市，以及5市所辖的市县。

（2）城市群空间结构。吉林中部城市群为点轴式空间结构，呈四边形空间格局。

吉林中部城市群中，各市功能突出、交通便利。其中，长春市处于中国东北地区辽、吉、黑、蒙四省区通衢的十字要冲，为中国北方区域性中心城市之一，是东北中部经济区的铁路、公路枢纽，是东北中部重要的航空交通中心，也是全省的政治、经济、文化中心。四平市地理位置优越，交通十分便利，是东北地区中部的重要交通枢纽，也是吉林省通向大连港最近的城市。四平市的机械、食品工业为两大支柱产业，能源、化工、建材、电子工业具有明显优势。辽源市是一座工业经济比较发达的城市，拥有以煤炭、纺织、服装、轻工、塑料、机电、化工、食品、制药、新材料为主体的多个行业，并形成新材料、健康产业、机械加工制造、纺织服装、食品加工5个基地。松原市是农业生产条件最好的地区之一，是国家大型商品粮基地和油料基地。松原市已形成石油开采、石油炼制、医药、纺织、机械、电子、建材、食品等较为完整的工业体系。

长春市同省道相连，哈大、沈吉、长图、平齐—四梅等铁路线穿区而过，区域内的吉林、四平、辽源诸城市之间由高速公路及铁路相连；吉林市依托长图铁路、沈吉铁路、松花江与吉林市飞机场，在区内由国道与长春市、榆树市、梅河口市发生联系；四平市位于哈大铁路、哈大高速公路、平齐—四梅铁路交会处。5市及所辖县由两两相连的交通网络连接，组成了点轴结构的城市群。

12. 一核放射状空间结构

我国城市群中，武汉城市群为一核放射状的空间结构，具体分析如下。

(1) 城市群范围。武汉城市群包括武汉、黄石、鄂州、孝感、黄冈、咸宁、仙桃、天门、潜江等9个城市。

(2) 城市群空间结构。武汉城市群是围绕一个核心放射状分布的城市群。武汉水运便利,是全国最重要的水陆交通枢纽之一,武汉也是华中地区最大的工业城市和教育中心,拥有冶金、纺织、造船、制造、光电、信息、医药、食品、化工、汽车等产业,在华中地区的高等科技教育综合实力居全国前列。武汉城市群以武汉为核心,区域内的城市地域相接、道路相连、商旅相通、习俗相近、人文相融,具有共同的历史渊源和人文特征。区域内有黄金水道长江纵贯,京广、京九、汉丹、武九铁路在此交会,形成放射状的交通网络。依靠发达的交通网络,形成3条不同方向的发展轴线:①沿长江水道、武黄高速的东向发展轴;②沿汉宜高速的西向发展轴;③沿京广线、京珠高速的南北向发展轴。

另外,依托放射性交通网络,沿江地区以基础工业为主的城市更加集中,并且各个城市间交通联系和产业联系均较强,通过内联外引,形成了武汉—黄石—鄂州沿江城市带。南北向发展轴线上,孝感、咸宁、仙桃分别是次一级中心,形成了武汉—孝感—咸宁城镇密集带。

13. 节点走廊空间格局

我国城市群中,哈大齐城市群为节点走廊式的空间结构,具体分析如下。

(1) 城市群范围。哈大齐城市群是指以哈尔滨、大庆、齐齐哈尔、绥化为中心的城市群。

(2) 城市群空间结构。哈大齐城市群为节点走廊式的空间结构。哈大齐是以哈尔滨为龙头节点,以大庆为核心节点和齐齐哈尔为骨干节点,包括沿线肇东、安达等市在内的区域。"龙头"哈尔滨市突出高新技术,大庆以石油、天然气和化工产业为主,齐齐哈尔以装备制造为主,而肇东和安达则以农业副产品加工、轻工业等为主。区域内的哈大、滨绥、滨洲、滨北、拉滨铁路四通八达,哈尔滨、齐齐哈尔、大庆三个城市之间由高速公路贯通,密集的交通网络大大压缩了哈大齐之间的时空距离,基本形成以大庆为中转站的两小时经济带。沿着交通走廊,哈大齐城市群形成点轴式的空间结构。①

---

① 参见赵婷《我国城市群的空间结构及其分形特征研究》(学位论文),河北师范大学2008年。

第三节　城市群协调机制的不断健全

区域经济差距扩大、区域发展不平衡是困扰我国国民经济发展的一个重大问题。早在20世纪90年代初，我国学术界就已经开始探讨区域协调发展问题。国家更是在"九五"计划中把促进区域经济协调发展作为一项重要的国民经济发展方针，并在"十五""十一五""十二五"规划中继续贯彻和强化。实现区域协调发展，需要调整区域发展战略，制定相应的区域政策，形成区域协调机制。《中共中央关于制定"十一五"规划的建议》中提出了健全区域协调的四种机制：市场机制、合作机制、互助机制以及扶持机制。《中共中央关于制定"十二五"规划的建议》指出，在实施区域发展总体战略过程中要加强和完善区域合作机制，在实施主体功能区战略中要完善绩效考核办法和利益补偿机制。党的十八大报告中也把区域协调发展机制基本形成作为主要任务。因此，城市群治理需要有效的协调机制作为保障支撑。[①]

我国城市群的发展历程表明，城市群难以形成协调发展格局的根本原因在于缺乏统一、协调、有效的竞争规则，缺乏制定和执行规则的权威性机构。为此，进行城市群协调必须建立行之有效的区域协调机构。国外城市群虽然完全实现了自由市场经济，但是区域协调机构大都为松散的由官方、企业和民众参与组成的非官方或半官方性质的机构，但他们具有两方面的权力，即对地方规划进行审查的权力和对具有区域影响力的重大基础设施项目进行审查的权力，从而对下级规划持有较强的指导性或指令性，可见其协调机构具有较大的权威性。而我国城市群的协调机构尽管具有官方性质，但往往由于不具有权威性而收获不大。因此，我国城市群需要建立由各级城市的上一级政府组织成立的具有权威性的协调机构。首先，必须建立具有协调权威的区域协调机构，设立其日常机构和合理有序的组织架构；其次，制定城市群内部相关的组织协议或法律，使之成为调解各城市矛盾、部门利益冲突的法定依据，使区域协调机构的协调活动有法可依、有章可循；再次，赋予区域协调机构协调权力，确立它在进行城市群内部协调时的权威性；最后，赋予城市群经济发展等规划法律效应，规范城市群内各成员的行为，使城市群经济活动有约可循。[②]

[①] 参见寇大伟《我国区域协调机制的四种类型：基于府际关系视角的分析》，载《技术经济与管理研究》2015年第4期，第99-103页。
[②] 参见刘静玉、王发曾《我国城市群经济整合的理论与实践》，载《城市发展研究》2005年第4期，第15-19+10页。

一、城市群协调发展的内涵及类型

(一) 城市群协调发展的内涵

城市群协调发展也指城市之间的统筹发展。在具体统筹发展的过程中,我们要确认对哪些方面进行统筹,虽然涉及很多方面,但在一般情况下我们考虑的统筹主要有两个方面:一是城市群内部各个城市之间的统筹协调,二是城市群内部城市与外部城市间的统筹协调。城市群内各城市之间的统筹协调是城市群发展的基础,城市群外部城市之间的统筹协调发展可为整个城市群的协调发展创造较好的运行环境。

在城市群中,各城市的地位是不一样的,有一级城市、二级城市、三级城市和四级城市。一级城市是城市群的中心城市,二级城市的发展必须围绕一级城市的发展进行,三级城市需要围绕二级城市的发展来进行,以此类推。因此,在城市群的发展过程中一定要注意不同层级城市之间的统筹与协调。在进行城市群统筹协调发展的过程中,要对城市的哪些内容进行统筹协调,就是城市群协调发展的内容协调。这些内容包括产业、交通、规划和制度等方面的统筹协调。

(二) 城市群协调发展的类型

在城市群的发展过程中,我们可以发现各城市之间的协调是通过制度约束或者自主参与的形式来进行的。需要通过制度约束的机制是指各个城市之间的合作与发展要依据已建立的制度进行,不可有主观随意性,这被称为制度化机制。除了这种制度化的机制之外,还存在非制度化协调机制,即城市群内部城市可以自主选择是否要参与这种经济活动,而即便是选择参与,在之后就各种事物进行处理时也必须是所有成员在集体协商和共同承担的原则下进行的平等协商,成员之间是相互平等的关系,信誉是进行长期合作的保障,利益是相互合作的纽带,不能采用任何法律手段来强迫各成员履行某种义务。另外,在一些城市群中还有这样的协调机制,即对一些事物采取制度化的协调机制,而对一些事物则采取非制度化的协调机制,这样的协调机制被称为混合式协调机制。在什么情况下要采取制度化的统筹协调机制,什么情况下采取非制度化的统筹协调机制或者混合式统筹协调机制,各个城市群应该根据自身情况来进行选择。[①]

城市群协调的主要内容包括产业协调、基础设施协调、制度协调、管理协调和规划协调等。从协调的主体来分,可分为政府主导型、企业主导型和民间组织主导型等。从中国目前来看,政府主导型的协调占据主导地位。企业的跨区域布局更多是企业内部的问题,也涉及企业与地方政府之间的协商,以招商引资为表现形式,

---

① 参见李妮《经济全球化背景下城市群协调发展研究》,载《营销界》2019年第38期,第123—124页。

这其中伴随着各省市间的竞争。

政府主导型进行协调的根本目的是通过政府的宏观调控与指导作用来弥补市场失灵，减少地区间的经济合作成本，节约市场运行成本，减少地区间的贸易摩擦，打造一体化市场，提升综合发展效益。在中国大力推进市场经济的背景下，协调更特指政府的行为，也就是政府间的宏观调控，因为市场力量是自发调节的，正常的供给关系自然可以带来合理的资源配置格局。这里的问题在于，由于某种程度上地区利益的存在，比如存在某种程度的保护，阻碍或不利于城市群间统一大市场的形成，影响市场效率与资源配置，因此需要建立城市群间协调机制。[①] 所以，对城市群内协调机制发展的研究主要以政府组织间的协调为主。

二、城市群组织协调机制的基本模式

随着区域经济和城市化的不断发展，城市群在空间上日益融合，但行政组织和管理体制的制约为城市群管理带来了一系列矛盾和问题，诸如基础设施重复建设、产业趋同、环境污染等，迫切需要有相应的管理体制来解决这些问题。上述问题在西方发达国家城市群的发展过程中也同样存在。因此，研究城市群协调管理模式有利于城市群内各中心城市之间的协调管理及克服现有行政体制的制约，促进区域经济的发展。国外城市群在协调管理方面的成功经验可以归纳为两种典型模式。

（一）以城市合并、市管县及撤市设区为主导的行政区一体化模式

城市行政区一体化模式是指将城市群区域中的城市合并，组建新的城市政府，以此培育强大的区域中心城市，从而领导本区的发展。合并不只是地域上的统一，同时也产生了长期的规模经济，降低了政府的运行成本。这种模式的主要优点有：一是提高了行政级别，同时又减少了刺激行政区的层次和数目；二是区域内的城市完全合并，在一个集权政府的统一管理下，各项决策易于贯彻执行；三是有利于城市群区域的统一规划，充分利用这个城市的资源财力，有效地结合各个城市的公共服务项目，形成城市公共服务的规模效应。但也存在不足之处，一是区域内城市实现行政一体化，操作起来有一定难度，困难主要来自各市行政官员的阻力，以及合并以后他们的位置如何安排；二是合并后的政府容易导致行政机构数量增加，这样不仅有悖于行政机构精简的改革政策，而且还不利于政府职能的转变，造成政府对经济行政干预权的恶性膨胀，易形成合并—竞争膨胀—再合并的恶性循环。因此，在我国现行的行政管理体制下，城市群内同级政府的合并并不容易施行，一是大量的行政官员不好安排，阻力较大；二是会使同级机构设置过于烦琐，政府的行政效率为之降低，不符合政府机构精简的政策。而改变下一级机构的行政隶属关系，如

---

① 参见蔡中为《中国建设城市群的意义及推进城市群协调发展的路径》，载《北方经济》2018年第1期，第102–104页。

实现市管县、撤县建区等方式比较可行，因为这种做法并未增加机构设置，不涉及人员安排，阻力较小。目前，国内较多城市群采用这种做法。例如，广东省的番禺、花都两市撤市设区并入广州，佛山市把顺德、南海、三水3个城市撤市设区而纳入直接管辖范围。但这种做法也需谨慎，因为容易剥夺下级行政机构的自主权并影响其积极性。

（二）以组建区域协调委员会等非政府机构为主的政府联合组织模式

政府联合组织模式是指针对城市群区域难以统一行使跨界职能的状况，建立松散的城市群协调机制（非政府机构）——区域协调委员会，行使类似于大都市区政府的某些职能，采取协商的方式对涉及区域的治安、交通、环保、水利等问题进行统一规划，以协调各城市之间的矛盾，解决跨界的公共服务和管理问题。这种模式的主要优点有：区域协调委员会虽是一种政府组织，但不是单独的一级政府机构，一般规模较小、灵活性较大，从机构设置到开始运作，相对来说比较容易，也便于调整；便于市民参与和监督，有利于提高决策的透明度和科学性。其不足之处在于：协调机构的权限不够，缺少相应的行政干预权，对城市群区域内跨越行政界限或功能区界限内更大范围的公共服务显得束手无策，决策实施的效果不甚理想。

华盛顿大都市区是实行这种管理模式的典型地区。华盛顿大都市包括哥伦比亚特区（核心区）及马里兰州、弗吉尼亚州的15个县市。华盛顿大都市区形成了统一正规的组织——华盛顿大都市区委员会，这与其作为联邦首府所在地而受到相对强烈的政府调控影响，以及成员政府间具有较强的合作意识密切相关。该组织成立于1957年，组织职能众多，从交通规划到环境保护，解决了许多公众关注的区域问题。虽然它也是一个没有执法权力，由县、市政府组成的资源组织，但由于其较好地解决了区域问题并为成员带来了实质性的利益，因而是一个相对稳定的联合形式。①

三、城市群政府及组织协调机制的主要形式

（一）建立政府间协调组织

在城市群中，随着城市群范围的扩大，城市群合作领域也在不断拓展，合作水平不断提高，开始逐步建立一些稳定的政府间组织和论坛组织。以珠三角城市群为例，其合作范围由"小珠三角"到"大珠三角"再到"泛珠三角"。2003年8月8日，福建、江西、湖南、广东、广西、海南、四川、贵州、云南这9个省（自治区）相关人员齐聚广州，共推"大珠江三角洲"合作战略。9个省加上香港、澳门2个特别行政区，便构成了"泛珠江三角洲"，简称"9+2"。内地9个省区面积约为200万平方千

---

① 参见方创琳、姚士谋、刘盛和《2010中国城市群发展报告》，科学出版社2011年版。

米,约占全国总面积的 20%,人口占全国的 1/3,生产总值占全国的 1/3 左右。再加上香港和澳门 2 个特别行政区,"泛珠三角"区域在全国的地位十分重要。①"泛珠三角"城市群政府的合作协调机制主要体现在《泛珠三角区域合作框架协议》上,根据协议框架,设立了行政首长联席会议制度、政府秘书长协调制度、各成员方日常工作办公室制度、部门衔接落实制度,以保证城市群内政府合作的有效开展。

(二)建立城市群领导机构

为更快地推进合作,省内的城市群领导机构往往由上级政府出面组建。通常,当城市群有上级领导机构时会发展得更快;反之,可能会停滞不前。这个规律以长株潭城市群最为典型。1985 年 1 月,长株潭城市群规划办公室成立。1985—1987 年上半年,在将近两年半的时间里,长株潭一体化第一次在一些重要方面取得了突破性进展,后因故停滞。1997 年 3 月,湖南省委、省政府主要领导主持召开长株潭三市领导和省直有关部门领导参加的"长株潭座谈会",之后成立长株潭经济一体化协调领导小组,由时任省委副书记储波担任组长,并专门设立了单列、垂直的具体办事机构。长株潭三市也分别成立了长株潭经济一体化办公室。自 2006 年起,长株潭城市群实施了四个"一"政策,即三市实行了同一个规划、同一个财政政策、同一个政绩考核标准,还成立了同一支环保执法队伍。

2014 年,京津冀城市群成立协同发展领导小组。协同发展领导小组意味着在将京津冀一体化上升为国家战略之后,中央正试图加强顶层设计和统筹协调。在此之前,为协调京津冀一体化发展,北京市已成立"区域协同发展改革领导小组",该领导小组由北京市常务副市长李士祥担任组长,小组办公室设在北京市发展和改革委员会。河北省推进京津冀协同发展领导小组办公室设于廊坊市,该领导小组办公室由河北"加快环首都绿色经济圈产业发展协调工作办公室"更名而来。京津冀协同发展领导小组的成立为实现京津冀协同发展提供了保障。而实现京津冀协同发展在形成区域发展机制创新、完善城市群布局、探索生态文明建设有效路径、实现京津冀优势互补等方面均有非常积极的作用。②

武汉城市群由武汉市域周边黄石、鄂州、孝感、黄冈、咸宁、仙桃、潜江和天门 8 个城市共同组成。2004 年 4 月 7 日,中共湖北省委办公厅、湖北省人民政府办公厅转发《省发展改革委员会关于加快推进武汉城市圈建设的若干意见》的通知,明确提出了武汉城市群建设"四个一体化"的基本思路,成立了由湖北省政府主要领导同志任组长,各城市主要负责人和湖北省直有关部门负责人为成员的城市圈建设领导小组,湖北省发展和改革委员会具体负责日常协调工作。

---

① 参见方创琳、姚士谋、刘盛和《2010 中国城市群发展报告》,科学出版社 2011 年版。
② 参见寇大伟《我国区域协调机制的四种类型:基于府际关系视角的分析》,载《技术经济与管理研究》2015 年第 4 期,第 99 – 103 页。

中原城市群以郑州为中心，包括洛阳、开封、新乡、焦作、许昌、平顶山、漯河、济源，共9个省辖市。河南省政府成立了由省长任组长、省常务副省长和主管副省长任副组长、9市和河南省直有关部门主要负责同志参加的中原城市群协调发展领导小组；建立了中原城市群市长联席会议，制定了议事规则，对重大问题进行协调。协调发展领导小组办公室印发了《关于明确2006年中原城市群建设目标任务和责任单位的通知》，对工作目标任务进行了分解与细化，并与9市政府、领导小组成员单位建立了沟通联络机制和信息反馈机制。

（三）建立政府高层论坛和各种贸易展会平台

为了加强城市群之间以及城市群内部的经济技术交流和贸易往来，不少城市群地区所在政府举办了各种规模的高级论坛或高峰论坛，开展了多种形式的国际、国内博览展会，为城市群的发展和快速崛起提供了平台。例如，珠江三角洲城市群的核心城市广州组织的一年一度的中国进出口商品贸易会、深圳组织的中国国际高新技术成果交易会；南北钦防城市群的核心城市南宁组织的中国—东盟博览会和环北部湾经济区高峰论坛；哈长大城市群的核心城市长春组织的东北亚经济论坛；京津冀城市群的廊坊市组织的环渤海东北亚合作论坛和环渤海五省二市省市长联席会议。2005年8月，在城市流通京津国际论坛中，天津市商务委员会和北京市商务委员会共同拟定各类协议，确定京津两市每年轮流举办城市流通京津国际论坛。另外，中原城市群组织的中部崛起论坛，武汉城市群组织的武汉论坛、中部投资贸易博览会，长株潭城市群组织的长株潭国际论坛等，这些政府高层论坛和贸易展会平台搭建起了政府、企业、学术界、国际组织、投资商等云集，共谋城市群发展的桥梁，也成为我国城市群组织协调机制的主要形式。

（四）明确国家归口管理部门，组建国家城市群协调发展管理委员会

国家级城市群协调发展管理委员会是最顶层的城市群发展与规划协调机构，应该由国务院牵头成立，归口国家发展和改革委员会，将国家发展和改革委员会、住房和城乡建设部、自然资源部三个部委分别编制的城市群经济社会发展规划、城市群城镇体系规划和城市群土地利用规划统一纳入国家级城市群协调发展管理委员会，实行多项规划协调衔接。城市群总体规划由国家级城市群协调发展管理委员会组织编制和审批，规划实施分别由国家发展和改革委员会、住房和城乡建设部、自然资源部组织实施。国家级城市群协调发展管理委员会要重点抓好事关国家经济建设大局的城市群总体规划与管治工作，包括跨省和部分不跨省的城市群，如长江三角洲城市群、成渝城市群、珠江三角洲城市群、京津冀城市群、山东半岛城市群、长株潭城市群、武汉城市群、海峡两岸城市群等。国家级城市群协调发展管理委员会旨在打破地方保护主义，建立城市群共同市场，实现城市群利益共享机制，推进城市

群形成平等、互利、互律、互动的治理结构和协调新机制。国家级城市群协调发展管理委员会应享有对区域环境整治或重大基础设施建设等的认可权及相应的资金分配权、对区域性金融贷款拥有倡议权等权利,从而使其具有一定的经济调控能力与投资管理能力,以实现区域整体利益的优先发展。

(五) 明确地方归口管理部门,组建地方级城市群协调发展管理委员会

地方级城市群协调发展管理委员会由省级人民政府牵头成立,将省建设厅、省发展和改革委员会、省国土资源厅分别组织编制的城市群经济社会发展规划、省域城镇体系规划和土地利用规划统一纳入地方级城市群协调发展管理委员会,实行多项规划协调衔接。城市群总体规划由地方级城市群协调发展管理委员会组织编制和审批,规划实施分别由省建设厅、省发展和改革委员会、省国土资源厅组织实施。地方级城市群协调发展管理委员会组成人员中有一半以上为专家、学者,这些专家、学者对规划的审批、仲裁、调节将发挥主要作用。地方级城市群协调发展管理委员会要协调好关乎全省经济建设大局的城市群总体规划与管治工作,如中原城市群、关中城市群、天山北坡城市群、银川平原城市群、呼包鄂城市群等。地方级城市群协调发展管理委员会旨在打破地方保护主义,建立城市群共同市场,实现城市群利益共享机制,推进城市群形成平等、互利、互律、互动的治理结构和协调新机制。地方级城市群协调发展管理委员会应享有对地方性环境整治或重大基础设施建设等的认可权及相应的资金分配权、对地方性金融贷款拥有倡议权等权利,从而使其具有一定的经济调控能力与投资管理能力,以实现地方整体利益的优先发展。

(六) 建立跨城市的行业协调组织

在城市群地区,随着专业化和分工的不断深化,城市之间的矛盾和冲突不可避免,协调各行业之间的关系变得越来越重要。通过建立各种行业性的协调组织,以汇聚、互通信息,提供求同存异的平台和多方谈判机制,这些举措都有助于降低城市之间的交易成本,促进跨区域问题的解决,有利于政府权威协调机构措施的有效实施,对其协调职能进行补充,并且也可以对其协调职权进行监督。因此,在城市群地区仅成立一个政府间的协调机构仍然是不够的,还需要成立各种行业性的协调组织,比如可以成立各种产业协调组织和环境保护协调组织。各种行业性协调组织主要解决跨区域的基础设施建设、环境保护、产业发展等问题,促进政府之间、政府与民间的合作与交流。城市群各种行业性协调组织可以是官方的,也可以是半官方或民间的,从而形成多种利益集团、多元力量参与、政府组织与非政府组织相结合、体现社会各阶层意志的新公共管理模式。

(七）确立协同共治理念，实现从"自由裁量"到"阳光行政"和科学决策

针对我国城市群形成过程中过多的行政干预等现象，城市群政府的治理理念要从政府管理转变到公共管理。一是在本体论上要改变"官本位"思想，树立民本观念，应放弃以制性方式为主的管制，转而实行协商对话式的政府与市民合作。二是在治理范围上要突破行政区划的刚性约束，从行政区行政到区域公共管理，从城市管理到城市群治理。三是在治理主体上要摆脱政府垄断行政的观念，引入多元主体，实现政府、市场、社会通力合作，确保城市群管理目标的实现。在协同治理理念的指导下，城市群治理方式要做出相应的转变。

首先，从直接干预到宏观调控。以往城市政府管制都是直接干预经济和社会活动，对经济、社会活动进行过多、过细的直接控制与微观管理，导致市场运行机制不畅甚至发育不良，政府、市场、社会的关系扭曲。城市政府治理是以政府运用财政政策、金融政策、货币政策和制定实施法律法规为主要手段，辅之以行政手段对经济社会进行宏观调控和引导。

其次，从"自由裁量"到"阳光行政"。由于有的城市政府借用行政自由裁量的名义，进行私下的暗箱操作、内部交易等违规行为，从而造成了政府合法性的危机。因此，城市群在治理中要推行"阳光行政"，加大政务公开力度，鼓励公民、社会组织和舆论对政府行为进行监督。

最后，从政府独断到科学决策。长期以来，受计划经济体制和传统政治文化的影响，城市群的公共管理体制和公共事务都是由政府单一主体做出决策的，其他社会主体只是被动地接受。实行城市群治理就是要民主决策、科学决策，严格按照决策程序，并充分允许利益相关者参与政策的制定。

（八）倡导多中心治理，建立城市群利益协调机制

在城市群发展过程中存在利益冲突是由于相关各方利益和愿望不统一导致的，这是必然会发生的现象。玛丽·福莱特（Mary Follett）提出了一种创造性的方法——整合法，即把冲突双方各自的利益和愿望结合起来，其结果能使双方都得到充分的满足，任何一方都无须牺牲任何东西。府际关系即政府之间的关系，其实质是政府之间的权利配置和利益分配的关系。在纵向府际关系中，要构建中央政府与城市群政府共同参与相关决策的有效机制，通过分税制、分权等动态平衡措施形成二者之间的相互依赖关系，要重塑城市群内各城市政府间平等互利、协调一致的横向合作关系，强化城市群共同平台的建设。

与此同时，要建立城市群横向利益分享机制和利益补偿机制。利益分享机制就是在充分尊重各组成城市政府的不同利益主体地位的基础上，本着信任与合作的理

念，通过协商和谈判解决城市群公共利益分配问题，从而形成利益均沾、分配合理的局面。利益补偿机制就是在城市群提供公共服务的过程中，按照有投资就有回报、有消费就应付费的原则，通过制度化渠道，实现城市群内各政府之间的利益平衡。在传统城市群管理体制下，政府负责城市群内所有公共产品和服务的提供，使得有限的城市群政府管理能力和市民无限的物质文化需要之间的匹配随着时代的进步而逐渐变得不协调，特别是在资源、环境方面，政府单一作用主体存在一些不足之处。城市群治理的主体从"一"到"多"，建立包括政府、非营利组织、企业、市民等利益相关者在内的多中心治理模式，以此来有效地克服政府单一管理对城市群公共事务"力不从心"的困难。多中心治理模式要与城市群政府职能转变和依法行政相结合，要大力激发市民、企业和非营利组织参与城市群治理的责任意识，对除政府外的治理主体要及时反馈信息，提高其参与多中心治理的积极性，要健全法制、畅通渠道，强化多中心治理的可行性。[①]

第四节 城市群纠纷解决与信息共享机制的加速建设

一、信息化建设与城市群治理

随着科学技术的日益进步和信息化程度的逐步提升，现代信息技术已经渗透城市群经济、社会、管理、规划等各个方面，信息资源成为经济社会的重要支撑保障，深刻影响着社会的发展。党中央、国务院早已把推进国民经济和社会信息化确立为覆盖现代化建设全局的战略举措，各级政府也明确了信息化对城市社会功能和经济功能的再造与提升作用。城市群在发展过程中绵连的一个重要时代背景，就是以信息技术为代表的新一轮科技革命方兴未艾，深刻改变着人们的生产生活方式，带来生产力质的飞跃，引发生产关系的重大变革，成为重塑国际经济、政治、文化、社会、生态、军事发展新格局的主导力量。全球信息化进入了全面渗透、跨界融合、加速创新、引领发展的新阶段。随着世界多极化、经济全球化、文化多样化和社会信息化的深入发展，全球治理体系深刻变革，只有在信息化方面占据制高点，才能把握先机、赢得优势。因此，城市群建设发展与信息化建设相互交融也是必然的。

城市群进程的加快导致人口膨胀、资源短缺、环境污染、交通拥堵、安全隐患等问题日益突出，成为困扰城市群建设与管理的难题，而信息技术和信息化可成为有效化解城市群问题的有力工具。信息技术的广泛应用、信息资源的整合和共享可以使整个城市群区域变得更易于被感知，区域资源更易于被充分整合，并在此基础

[①] 参见方创琳、姚士谋、刘盛和《2010中国城市群发展报告》，科学出版社2011年版。

上实现对城市群区域的精细化和智能化管理。多技术的结合则可以实现对区内一切物品的智能化识别、定位、跟踪、监控与管理，及时传递、整合、交流、使用城市群经济、文化、公共资源、管理服务、市民生活、生态环境等各方面信息，提高物与物、物与人、人与人之间的互联互通，从而极大地提高城市群的区域协调发展能力，有利于实现城市群内各市之间的优势互补，增强城市群整体优势。

放眼全球，信息技术和信息化无一不是各大城市群协同联动发展的关键。作为全球城市群之首，纽约城市群在遵从共同的发展战略的前提下开展了智慧城市建设，在信息基础设施普及、电子政务实现政府职能转变、智能交通优化城市管理和信息化改善公共服务质量等方面取得了显著成效。特别值得提出的是，由于美国行政体系相对松散，为了更好地开展信息化建设与应用，纽约城市群成立了专门的组织协调机构，以负责相应的信息化工程的实施和保证城市圈信息一体化的有序推进。伦敦城市群内的各个城市也都将信息技术和信息化看作发展的机遇，重视自有信息化战略规划的制定与实施，以此明确信息化建设方向，刺激城市经济发展，将信息化红利惠及个人。在伦敦的城市群改造计划中，仅信息化项目就有8个，并确立了伯明翰未来的城市发展路线图；而利物浦也发表了"连接利物浦计划"以实现整个城市的数字化转型。日本政府从大局出发，着眼未来对东京城市圈进行全方位的统一规划，并出台了"东京泛在计划"，在大规模信息基础设施建设的基础上，全面推动信息技术的广泛深入应用。首尔城市群通过制定统一的信息化发展战略，在信息基础设施、智能交通、城市管理、政府服务等方面开展信息化大平台建设与应用，以促进整个城市群无障碍、一体化发展。① 可见，城市群建设需要信息共享机制的支撑，信息共享体系可以更好地服务于城市群的发展。

二、城市群治理中信息化建设的作用

首先，信息化建设辅助城市群治理工作。当前，信息化治理已经逐步取代传统的管理手段和模式，为城市群治理提供了解决城市群规划、市政管理、企业与民生服务、交通与物流、资源节约和环境保护等问题的手段，推动城市群管理和服务向智慧化、智能化、精细化和便捷化的方向发展，提高城市群的运转效率，从而辅助城市群内政府的分析决策。

其次，信息化建设推动城市群经济发展。信息化对城市群经济发展的影响程度远远超过信息技术和信息产业本身。信息化促进产业升级发展，信息技术在产业内各个领域的广泛应用以及融合发展，可以带动企业生产和经营管理方式的革新，提升产业技术创新能力和发展能级。此外，信息化还有力支撑金融、航运、物流、贸易等产业的发展，可以扩大城市就业机会；同时，城市群信息化建设对IT行业来说

---

① 参见秦荣环、刘惠欣、曹健等《京津冀城市群信息资源协同共建对策》，载《河北联合大学学报（社会科学版）》2015年第15期，第22－24页。

也是发展的机遇。

最后,信息化有助于实现城市群的可持续发展。随着城市群进程的加速,城市群内各种矛盾问题开始凸显,威胁着城市群经济社会的进步,而信息技术将为政府机构与职能的调整与改革、城市群社会与经济的发展提供新的机遇。信息化建设亦为城市群建设规划及管理的理论创新提供了实践条件,不断优化人居环境,使城市群发展更为合理有序。[①]

[①] 参见李旻《扬子江城市群信息化协同发展研究》,载《城市建设理论研究(电子版)》2017 年第 35 期,第 18-22 页。

第六章 城市群治理的绩效评价

绩效评价是我国城市群治理创新的一个重要领域。作为一种管理工具，绩效评级对于强化行政部门的责任意识，提升政府回应性和服务效率，促使政府部门贴近基层、贴近群众而言具有重要作用。近年来，在相关部门的不断推动下，通过变革区域治理方式，我国逐渐形成了具有自己特色的城市治理绩效评估模式。就城市治理绩效评估的价值导向来看，城市治理绩效评价基于"不测评就无改进"的理念，通过绩效测量和评价来促使各部门提升组织绩效、增强其公共责任意识、改善资源配置、加强过程控制。从价值定位来看，政府绩效评价存在内部控制和外部责任两种导向。内部控制导向以提升执行力为核心点，其在行政系统内部签署绩效合同，通过自上而下的途径开展绩效测量和考评，促使各部门及工作人员改进工作，提升执行效率和公共服务质量。早期的政府绩效评价普遍注重内部控制，绩效评价成为上级控制下级的一种工具。外部责任导向则以提升社会满意度为诉求，凸显了政府的社会责任，反映了政府与社会互动的价值取向。20世纪90年代以来，随着行政改革的主体变为"顾客导向、质量为本"，西方城市治理在注重内部控制的同时，更加强调公众参与，凸显外部责任对政府部门的约束。在外部责任的导向下，城市治理绩效评价以满足公众满意度为第一目标，而行政效率则为第二位，因为效率只有在满足公众需求时才有意义。外部责任导向的绩效评价主要是通过民意调查、用户调查和市民投诉等方式进行绩效测量。

第一节 城市群治理绩效评价的内涵与原则

一、城市群治理绩效评价的内涵

城市群的绩效评价就是对城市群内城市的绩效评价，以强化城市群内行政部门的责任意识，提升政府的回应性和服务效率，促使城市群内政府机构及相关部门可以继续坚持以公众为导向，更好地服务于公众。绩效最早被用于投资项目管理方面，后来在企业管理，尤其是人力资源管理方面得到了广泛的应用。单纯从字面意义来看，绩效包括成绩和效益的意思。用在经济管理活动方面，是指社会经济管理活动的结果和成效;用在人力资源管理方面,是指主体行为或者结果中的投入产出比;用在公共部门中来衡量政府绩效活动的效果,则是一个包含多元目标在内的概念。

绩效在不同时期、不同类型的组织中有不同的含义。但就分类来看,绩效可以划分为个人绩效和组织绩效两个层面。总的来说,绩效可以说是主体通过不同方面组织的有效整合,努力实现自身的目标。管理学界对绩效评级可以分为个人绩效评价和组织绩效评价两个层次,个人绩效评价指的是对员工工作成绩进行绩效测评,最终得出评定结果并提供反馈的过程;组织绩效评价一般是针对营利性企业组织,对其资金实力、盈利水平的总合评测过程。我国学者将绩效评价的概念界定为:通过设立绩效评价指标体系,制定评测模板,对企业的业绩做出一个合理、客观且科学的评定。该定义也同样适用于行政管理领域,如中国行政管理学会的联合课题组认为,绩效评价应该是运用科学化、合理化的标准、方法和步骤,对组织工作中的成果等进行考核评定,是一种发现、分析、解决问题的过程,以提高工作业绩水平为目的。[1]

城市治理绩效,在西方也被称为"公共生产力""国家生产力""公共组织绩效""政府业绩""政府作为"等,就字面意思而言是指城市政府所做的成绩和所获得的效益,但从内涵来看,城市绩效评价的内涵又很丰富,既包括政府"产出"的绩效,即政府提供公共服务和社会管理的绩效表现,又包括政府"过程"的绩效,也就是政府在行使职能过程中的绩效表现。政府绩效还可以分为组织绩效和个人绩效,组织绩效包括一级政府的整体绩效、政府职能部门绩效和单位团队绩效。[2]

二、城市群治理绩效评价的原则

关于城市群治理绩效评价的原则,对城市群治理绩效评价应当遵循以下五点。

第一,科学性与可行性相结合的原则。对城市群治理绩效评价是实践科学发展理念与建立和谐社会的现实要求。因此,建立符合科学发展理念要求的城市群公共治理绩效的综合评价体系,应当坚持理论与实践相结合的原则,即在对客观实际抽象描述的同时,也要具备可操作性。评价城市群治理绩效的因素有很多,在提炼指标时要抓住最重要、最关键、最本质且最具有代表性的因素。对客观实际抽象描述得越清楚、越简练、越符合实际,其科学性也就越强。一方面,绩效评价的指标体系应尽可能地明确易懂、简繁适中,数据易于采集计算,并且要对数据进行标准化和规范化的处理;另一方面,指标体系的评价方法和相应的各项指标的计算方法要简便科学、易于操作。

第二,定性与定量相结合的原则。数字和量化标准通常被作为评估的基础。然而,并不是所有的公共服务和公共项目都能被简单量化,即使是企业绩效评价,指

---

[1] 参见雷晶晶《城市社区治理绩效评价研究》(学位论文),湘潭大学2015年。
[2] 参见王伟《基于社会效益最大化的城市治理绩效研究》(学位论文),天津大学2009年。

标确定也不可能完全采用定量分析。为了更好地进行综合评价，必须将反映城市群治理绩效的定性指标与定量指标结合起来，对定量指标要保证其可信度，对定性指标要保证其适用性，或选择那些能间接赋值或计算予以转化的定量指标。一方面，对城市群的经济贡献必须采用定量指标进行分析，并且要考虑资料数据的易获取性；另一方面，对社会效益、管理的效率、公众满意度等指标应尽可能采用定性指标来分析，并使定性指标定量化、规范化，为采用定量评价方法奠定基础。

第三，过程目标与结果目标相结合的原则。对城市群治理绩效的评价会受到各种因素的影响，因此不能只考虑结果目标，而必须采用过程目标与结果目标相结合的评价原则，才能全面、客观地对其做出合理评价。有学者指出："业绩测评基于这样的总体理念，即每个生产或政策过程能够被细分为四个基本元素：投入、通过量、产出和后果。如果可能的话，这些元素应当用客观的措施和指标来测评。对投入、过程、产出和效果的测评应当区分开来。"[1] 城市群治理的绩效，既包含城市群有关部门提供的可以体现城市群内部进行治理的"结果目标"的绩效，也包含相关部门在形式职能过程中的"过程目标"的绩效。

第四，经济效益和社会效益相结合的原则。对城市群治理的绩效评价就是根据对城市群社会治理的效率、能力、服务质量、公共责任以及社会满意度等多方面的判断，对公共部门管理过程中投入、产出、中期成果和最终成果所反映的绩效进行评定和划分等级。这种评估是在体现 4E 原则，即效率性（Efficiency）、经济性（Economy）、效果性（Effectiveness）、公平性（Equality）的基础上展开的。例如，美国政府绩效评价的通用绩效指标分别为低收入住房援助、职工培训与就业、荒地火情管理、减轻水灾损失、参加灾害保险、卫生环境改善、农村水利工程绩效、非定点水源污染项目绩效等，从这些指标中可以看出美国的政府绩效评价更多的是关注民生指标与社会指标。

第五，治理与服务相结合的原则。城市群治理的绩效就是城市群内单位城市政府相关职能部门行使行政职能的水平与效率。随着当前社会治理理念的转变，传统的管理逐渐向多元化治理转型，城市群要实现多个城市相互促进、带动，形成一体化的发展格局，其治理理念也应当向"善治"转变，管理者应当从传统的城市管理向社会保障、环境保护、信息服务等公共服务拓展。对相关职能部门的评估，要看其治理理念，依法行政的程度以及行政效率。对城市群治理的绩效评价要实现从以往的以政府为中心的重管制、轻服务，到以注重公共服务、满足公众的需求、实现城市群一体化发展为中心的转变。

第六，灵活性原则。绩效评价指标应该是相对稳定的，这不仅有利于对绩效评价结果的有效利用，还有利于组织个体绩效的提高。但是，绩效评价的指标也不能

---

[1] 卓越：《政府绩效评估指标设计的类型和方法》，载《中国行政管理》2007 年第 2 期，第 25 – 28 页。

一成不变，而是要随着城市群治理目标和环境的变化做出相应的调整。①

第二节　城市群治理绩效评价的主要功能及内容

城市群治理绩效评价其实就是对城市群内政府行使自身权利，发挥各自职能部门的作用，通过相关绩效评价指标，对城市群社会进行的全方位治理过程与结果进行的评价，城市群治理绩效评价可以说是对城市群政府绩效的评价。提高政府绩效，始终是公共管理追求的重要目标之一。一百多年前，美国学者托马斯·威尔逊（Thomas Wilson）在开创行政学时就表明，他所关心的是政府如何以最高的效率和最低的成本做好社会整体治理。一百多年后，伴随着全球化、信息化和市场化以及知识经济时代的来临，英美等西方发达国家相继掀起了以提高政府绩效为核心的政府改革浪潮。在这场改革中，他们引入市场竞争机制，改善公共管理，优化行政绩效，增强服务意识，提高服务质量，用企业家精神"重塑政府"。② 由此可见，发达国家之所以把追求高效政府作为其重要目标，是因为政府绩效直接关系到国家的经济和社会发展。就城市群而言亦同样如此，城市群经济社会的发展有赖于政府绩效的提高，对城市群治理绩效的评价有助于促进政府角色、观念的转变，更好地满足城市群内公众的需求，提升公众满意度。总的来说，城市群政府治理绩效评价的功能主要有以下四个方面。

一、适应民主政治发展的要求，有助于城市群建设民主政府

《中华人民共和国宪法》规定我国的一切权利属于人民，发展社会主义民主政治，建设社会主义政治文明，是社会主义现代化建设的重要目标。人民民主是社会主义的本质要求和内在属性，人民当家作主是社会主义民主政治的本质特征，没有民主就没有社会主义。权力与制衡是现代民主国家政治制度的基本要素，也是确立国家政治制度的重要原则，政府绩效评价符合这一现代民主社会的法治原则。对政府治理绩效评价的本质在于促进政府行为的规范，促进政府行政监控体系的完善和政府透明度的提升，进而促进其行政效率的提高。

长期以来，随着我国社会主体民主化进程的加快，行政体制改革的深入和政府职能的调整，开展政府治理绩效评价是城市群民主政治建设的必然要求。对城市群进行绩效评价，还有利于城市群政府治理目标的分化和资源的合理配置，促进政府部门形成绩效意识，将提高绩效贯穿于行政管理活动的各个环节，从根本上促进政府行政效率的提升。同时，开展城市群治理绩效评价，有助于提升政府的信誉，有

---

① 参见王伟《基于社会效益最大化的城市治理绩效研究》（学位论文），天津大学2009年。
② 参见范柏乃《政府绩效评估与管理》，复旦大学出版社2007年版。

助于广大群众了解、监督和参与城市群的社会治理工作，提升政府的透明度，推进城市群内社会民主政治的建设。此外，绩效评价伴随着民主政治而来，并随着民主化水平的提高而提高。绩效评价的价值意义与社会民主政治的发展水平呈正比例关系，即城市群社会民主化程度越高，人民对政府治理社会的情况了解得越多，公民参与的机会越多，对政府绩效评价愿望越迫切，评级的效果也会越好，社会公众对政府的治理行为约束就越到位。

二、强化治理者的责任意识，有助于建设城市群责任政府

责任政府既是现代民主政治的基本理念，又是对政府公共管理进行民主控制的制度安排。作为民主政治时代的一种基本价值理念，责任政府理念要求政府必须回应并满足社会和民众的要求，积极履行其社会义务和职责。而政府作为公共利益的代表者、判断者、维护者和促进者，也是公共服务的供给者。对政府职能范围内政府工作的绩效进行评估，也就是要确定政府公共服务供给的质量和价格标准，以保证供给者无法利用提供公共服务的机会谋取不正当利益，对保障城市群社会公平、提高公共服务质量、增加顾客选择的机会和更好地满足顾客需要等活动的绩效进行综合评估。政府绩效评价作为改善政府与公众的关系、增强公众对政府信任的措施，体现了服务和顾客至上的管理理念。因此，通过绩效评价有助于强化政府行使公共权力，其主要是为了实现公共利益，通过提供公共服务和主动为公众谋福利的责任意识，推动与改变城市群责任政府的建设。

三、提高治理的效率，有助于城市群建设高效政府

效率是判断一个公共管理体系是否优良的基本标准，同时也是判断政府是否有能力承担公共服务职能的重要标准。市场经济条件下，政府作为一种资源配置机会，通过提供公共物品、管理公共事务，消除或减少市场失灵，解决外部效应，提高资源配置效率，促进社会公平和经济的可持续发展。政府能否有效发挥资源配置作用取决于政府运行效率的高低。在国际竞争日益激烈的形势下，只有高效率的政府才能为城市群社会治理提供完善的法律体系、科学的决策、优质的服务和发达的教育等，并以此促进市场发展和经济增长。

政府效率是提升城市群竞争力的重要因素。绩效评价作为有效的治理工具，就是根据治理的效率、能力、服务质量、公共责任和社会公众满意程度等方面的判断，对政府公共部门管理过程中投入、产出、中期成果和最终成果所反映的绩效进行评定和划分等级，以此强化政府服务动力机制和竞争机制，增强政府组织履行职能和完成任务时的成本观念与绩效观念。政府绩效评价作为一种有效的治理工具，可以为管理者提供有关服务效率、效果的信息，以便其更好地了解运作过程，了解有关公共部门的最佳实践经验和公众、社会的需要，鉴别绩效评价的效果，分配有限资

源，做出明智的决策。通过政府绩效评价，管理者将评价结果反馈给负责评估工作的机构，可使其了解工作中存在的缺陷，并依据评价建议相应地调整和改进政府的工作。因此，对政府治理城市群进行绩效评价，有利于提高政府效率，推动城市群建设高效政府。

四、提高政府的信用，有助于城市群建设信用政府

实施绩效评价，能够在较为科学和民主的条件下制定政府治理社会的工作目标，明确工作的方向、程序和资源状况，避免主观色彩浓厚的个人意志判断，促进政府行为的规范化和法制化；政府绩效评价将社会公正纳入衡量体系，有助于其更广泛地代表城市群内不同发展阶段的单体城市以及城市群内各阶层的利益，维护城市群社会的安定，有效地利用政府的再次分配手段促进城市群内资源的合理配置，缩小城市群区域内各城市间的发展差距；有利于增强社会公众的参政意识，建立良好的互动型关系；政府绩效评价是政府向公众展示工作成就和赢得其对政府信任和支持的机会，同时也能增进公众对政府的监督力度，政府绩效评价意味着各种信息在政府、绩效评价者和社会公众之间的交流与沟通，有利于克服公众对政府的偏见，增进相互之间的认识与理解，建立和巩固相互信任的合作机制。因此，对城市群开展科学合理的绩效评价，于治理主体政府而言，有助于提升政府的形象和公信力，推动城市群信用政府的建立。[1]

总的来说，城市群发展规划的贯彻落实需要强有力的体制、机制保障。随着城市群发展规划的有序推进，有必要建立城市群发展的绩效评价体系，确定相关考核指标，以对城市群协同合作的效果进行评估检验。这有利于突破经济优先型发展模式中侧重经济增长的压力型政绩考核指标体系，改变区域发展绩效评估机制缺失的局面，促进区域内各政府部门贯彻落实区域整体规划、积极协同部署达成城市群发展的基本目标，从而提升区域治理的整体绩效。可以说，通过建立科学化、规范化、制度化的城市群政绩考核体系对城市群治理进行绩效评价，是引导城市群内各政府树立和落实整体发展观、正确政绩观，促进合作性博弈发展的关键性战略举措。整体性规划引领的发展模式要站在城市群整体发展的高度，统筹短期利益与长远利益，局部利益与整体利益，经济发展与资源、环境之间的关系，建立科学型、复合型的政绩考核指标，加深城市群内各城市间的深度合作，推动城市群的可持续发展，从而形成质量、效益、速度相统一的城市群发展综合绩效考核体系。[2]

---

[1] 参见范柏乃《政府绩效评估与管理》，复旦大学出版社2007年版。
[2] 参见于迎《从经济优先型到整体性规划：中国城市群发展新型动力建构战略及其实现路径》，载《行政论坛》2017年第24期，第45－52页。

第三节 城市群政府治理绩效评价的基本方法

一、平衡计分卡

(一) 平衡计分卡的发展和内涵

1990年，美国诺顿研究所进行了一项题为"衡量组织的未来绩效"的课题研究，美国哈佛大学的罗伯特·卡普兰（Robert Kaplan）教授和美国复兴方案公司总裁戴维·诺顿（David Norton）参与其中，并提出一整套用于评价企业经营业绩的财务与非财务指标体系。紧接着，卡普兰和诺顿于1992年、1993年和1996年先后在《哈佛工商评论》杂志上发表了题为《平衡计分卡：提高效绩的衡量方法》《平衡计分卡的应用》和《将平衡计分卡用于战略管理系统》等论文，并在此基础上结合美国一些企业应用平衡计分卡的实施经验和新的研究进展，分别出版了《平衡计分卡：一种革命性的评估和管理系统》和《战略中心型组织》两部专著，系统阐述了平衡计分法的中心原理，提出了组织中存在的问题并提出相应的解决建议。[①]

总的来说，平衡计分卡提供了一种全面的评价体系，其分别从财务、客户、内部流程和学习增长四个视角向组织内各层次的人员传递组织的战略，以及他们各自在每一个步骤中的使命，最终帮助组织达成目标，平衡计分卡能使组织管理层有效地跟踪财务目标，同时关注关键能力的进展，并开发对未来成长有利的无形资产。平衡计分卡在企业绩效管理中获得成功后，引起了许多政府机构和公共部门的密切关注，人们开始尝试在这些机构和部门中引入平衡计分卡来加强管理。平衡计分卡的精髓是追求在组织长期目标和短期目标、结果目标和过程目标、先行目标和后期目标、组织绩效和个人绩效、外部关注和内部诉求等重要管理变量之间的微妙平衡，追求过去的经营结果考核与未来业绩评价之间的平衡，外部组织满意程度和客户满意程度之间以及内部的经营过程、激励机制、职员知识的学习和产品服务增长之间的平衡。对于政府部门和其他公共组织来说，对多种价值的平衡和对使命及组织战略的关注是非常重要的，而公共部门绩效评价的价值取向充分体现了这种平衡。[②]

平衡计分卡具有以下五个特点：①平衡计分卡将战略目标具体化，即通过对具体目标的选择将大的战略转化为具体的行动，并通过对指标反映业绩的分析得到战略改进和实施方案；②平衡计分卡从绩效评价体系的构建方法上加强了企业内部员工的沟通，使每个层级的员工都能更准确地领会企业的愿景和战略目标，促成企业

---

① 参见罗伯特·卡普兰、大卫·诺顿《战略中心型组织》，周大勇、刘海译，人民邮电出版社2004年版。
② 参见张定安《平衡计分卡与公共部门绩效管理》，载《中国行政管理》2004年第6期，第69-74页。

内部决策的战略一致性；③平衡计分卡以客户为主，重视竞争优势的获取和保持；④平衡计分卡引进了非财务指标，综合性较强；⑤平衡计分卡利用多方面考核具有的综合性，促进了短期利益与长期利益的平衡。

从平衡计分卡的特点不难看出，平衡计分卡具有显著优势，具体表现如下：一是平衡计分卡可以更有针对性地折射出利益相关者的要求。在财务方面，平衡计分卡专注于与股东利益相关的各个角度；客户方面，重视客户对企业的态度；内部流程方面，从细化的业务流程来满足股东及顾客的需要；学习和成长方面，强调员工的满意度。若企业能在这几方面做到尽善尽美，即可视为企业社会责任的成功履行。可见，平衡计分卡绝非简单项目的随意堆叠，而是针对企业利益相关者的利益而制定的系统且实用的管理工具。二是平衡计分卡将绩效评价综合化，可以更好地为企业管理者和决策者提供有效信息，而非财务评价体系的引入，使绩效评价趋于综合化。此外，企业需要获得能帮助管理者做出决策的内部信息，如企业基本信息、产品生产信息等，同时企业还必须搜集充足的市场信息、顾客信息、行业竞争者信息等外部信息。

平衡计分卡能将影响绩效的四个方面有效地列示出来，并将各个指标按照产生的时间顺序合理衔接，通盘考虑影响绩效的各个重要因素，进而揭示传统财务评价体系无法揭示的非财务的、外部的、无形的和潜在的绩效评价体系，使企业能够有的放矢地囊括所有需要的信息，并应用于日常经营和管理中。科技的持续进步和生产力的飞速发展，将导致企业内部环境的变化愈演愈烈，全面拓展企业对内外部信息认识的深度和广度，有助于将平衡计分卡的优势更好地凸显出来。[①]

（二）平衡计分卡与城市群政府治理绩效评价的适用性分析

转变政府职能，深化简政放权，创新管理方式，增强政府公信力和执行力，建设人民满意的服务型政府，是党的十九大提出的重要目标。城市群的发展需要各城市间的相互沟通、协调以配合实现区域协调发展，同时也要更加注重区域全面、协调可持续性的发展，这需要建立合理的政府绩效评估体系，以此实现对政府进行城市群社会治理的整体认识。[②] 然而，政府绩效管理的实施和完善是一个长期的过程，从最初的被动式和口号式阶段发展到现在，经历了一个漫长的探索、尝试、失败和创新的过程，绩效评价的内容和方式方法都遇到了极大的挑战。在这个过程中，由于主客观各种因素的制约，绩效评价实施的结果并不理想，缺乏可以大范围推广的成功案例。在绩效评估的内容上，各级政府的理解千差万别，有的只重视经济发展、

[①] 参见张继德、许小崇《平衡计分卡在我国应用的现状、问题和对策》，载《会计之友》2014年第27期，第123 - 126页。
[②] 参见杨海华、郝宏桂《新时代下扬子江城市群区域一体化发展：瓶颈及消解》，载《中国名城》2018年第3期，第27 - 33页。

公共管理意识淡漠，因而在考核时片面地强调经济指标，却忽视了很多政府自身管理等方面的内容；有的过度纠结于管理流程和一些表面文章，却在经济与环保等方面有所忽视；还有的只重视经济与环保等能引起社会关注的宏观发展方面，对于民生、社会治安等与人民群众利益息息相关的方面却用力不足。因此，无论从转变政府职能、改善政府管理方面，还是从提高人民生活水平、促进社会发展等方面，创新政府绩效评价模式，全面实施政府绩效评价都是刻不容缓的。[①]

平衡计分卡将政府部门的战略目标细化为具体的绩效评级指标，组织及成员的具体行为在制度设计下自觉与这些目标相契合，从而为政府部门绩效的提高及其战略的实现提供可能性。平衡计分卡所具有的特点和优势可以弥补以往政府部门绩效评价中的缺陷，这也决定了其在政府部门应用的必要性。

首先，平衡计分卡具有平衡性。传统的绩效评价模式更突出对财务方面的评价，一定程度上导致了政府以国内生产总值增长率为基本价值取向。而平衡计分卡在考虑财务指标的前提下增加了学习与成长、社会公众、内部流程三项非财务指标，弥补了财务指标的滞后性、片面性和短期性。传统的绩效评价对单位的学习、发展重视度不高，而政府部门的发展趋势是学习型和服务型的，平衡计分卡将学习与成长作为评价标准之一，有利于政府部门学习方面的提升和管理体制的改善，并最终提高其行政能力和完善组织制度。服务型政府以社会公众的意志为基础导向，建设服务型政府需要让公众参与其中，对政府工作的民主化产生引导作用，实现政府进行社会治理中相关工作的公开化和透明化。

其次，平衡计分卡具有全局性。在传统的绩效模式下，各单位城市、部门的绩效目标相互独立、分割，导致城市之间、部门之间的合作力度不足，信息沟通较少，影响了工作效率，阻碍了一体化发展。平衡计分卡通过全局性的思想理念，在各部门之间建立互相联系、依托的绩效目标，促使各治理部门成为统一的整体，减少了部门之间横向或纵向的检查，加强了沟通和交流。平衡计分卡将战略细化为明确的具有可操作性的组织目标，并对目标层层分解、细化，让各层级人员对自身职责都有了更为清晰全面的认识，将个人目标与组织目标相结合，有利于组织目标的实现。并且，平衡计分卡通过四个层面将评价指标进行分类，各评价指标之间有内在的因果关系，避免了绩效指标之间的重复、无序和散乱，更容易完善治理的薄弱环节、资金财务问题以及设计不合理之处。通过绩效评价的结果反馈，不断对这些薄弱环节进行改善，以更好地履行职能、提升效率。

最后，平衡计分卡具有战略性。作为战略管理的基石，平衡计分卡高度重视组织的战略目标，为实现政府可持续发展的战略计划、推动政府进行社会治理提供可执行的平台，帮助其树立战略观，这也可以使各城市地方政府转变以往只重视财务

[①] 参见李天勇《基于平衡计分卡的政府绩效评估研究》，载《山东社会科学》2019 年第 9 期，第 166－170 页。

指标的短视行为，有效地将组织的战略与各层面的绩效指标和行动结合起来，兼顾短期目标与长期目标，使组织致力于更好地实现城市群社会治理的战略目标。①

二、标杆管理法

（一）标杆管理法的内涵与特点

标杆管理的思想可以追溯至20世纪初弗雷德里克·泰勒（Frederick Taylor）的科学管理理论中的标准化管理。一般认为，标杆管理由美国施乐公司于1979年首创，标杆管理法是西方发达国家企业管理活动中，支持企业不断改进和获得竞争优势的最重要的管理方式之一，西方管理学界将其与企业再造、战略联盟一起称为20世纪90年代的三大管理方法。②随后，许多知名企业纷纷效仿标杆管理法，在全球范围内寻找行业内外管理实践最好的公司进行标杆比较并努力超越标杆企业，他们也因此成功地获取了竞争优势。为此，西方企业把标杆管理法作为获得竞争优势的重要思想和管理工具，通过标杆管理来优化企业实践、提高企业经营管理水平和核心竞争力。

标杆管理，又可以称为标杆瞄准、基准管理，是指通过相互比较来改善本部门、本组织绩效的管理方式，被普遍认为是一种评估、比较的过程，以改进工作程序并取得更高的绩效，其本质是一个系统性、持续性的评估过程，其最终目的是提高组织的绩效。标杆管理是具有完整的体系和持续不断的学习过程的一种管理理念和方式，和其他管理工具一样，其目的在于追求绩效的持续改善。

标杆管理除了可以与其他管理工具互补之外，还有以下四个特点：第一，流程的再造。标杆管理的一个重要特点就是针对流程予以再造。标杆管理不同于竞争者之处在于它侧重分析流程，通过从整体上寻找最佳实践，发掘优秀的"部分"进行标杆比较，将焦点放在过程而不是结果上，强调在流程中的深度思考——究竟是哪一部分的差异造成了差距，并积极重新设计流程以弥补这样的差距，最终使得组织得以全面提高。

第二，绩效的持续改善。所有管理工具都是在寻求提升组织业绩的方法，而标杆管理的另一个特点就在于特别强调绩效的持续改善。它是具有良性循环再生特性的流程，这个循环的特性说明了只有在长期循环的创新学习中，组织才能不断地提高绩效。如果将标杆管理的对象视为一个移动的标靶，那就可以理解为何标杆管理是一段必须持续的过程。

第三，创造优势，塑造核心竞争力。标杆管理有助于组织强化自身的资源基础，形成自身的核心能力。其原因就在于标杆管理的重点不仅了解标杆组织到底生产或

---

① 参见余世红《平衡计分卡下政府部门绩效评价体系优化研究》（学位论文），厦门大学2017年。
② 参见宋争《对标管理破解企业发展难题》，载《中国电力企业管理》2010年第29期，第48－49页。

提供了怎样的服务，更重要的是去了解这项服务是如何提供的，即注重"整体的流程"。如果组织能分析这种最佳运作方式提供的资讯，并且经过内化吸收，成功地转换并应用到自己的组织内，就可以成功地塑造出自身的核心能力，为组织创造竞争优势。

第四，有利于创建学习型组织。在现今这个以知识为武器的时代，组织的学习能力至关重要，每个组织都面临着把其转变为学习型组织这样一个迫切的任务。所谓学习型组织就是要从组织内部跳出来，学习外界的新事物和新观念，并且将新观念带进组织内来刺激组织的变革。这与标杆管理学习行业内外的先进经验的观念不谋而合。标杆管理所提倡的持续改善的观点，可以刺激组织不断地学习外界先进的管理方法和理念，进一步激励组织发展。

（二）标杆管理法用于治理绩效评价的原因及必要性

城市群主要是政府各部门通过颁布政策、出台法规、沟通合作等措施来进行治理的。可以说，对城市群治理绩效的评价就是对治理主体，即公共部门的绩效进行评价。而标杆管理法适用于政府公共部门绩效评价的原因主要体现在以下三个方面：其一，提升政府社会治理中的行政效率是人们所关注的问题，但是政府部门在可利用资源不足时，需要寻求更有效的工作方式，因而推动部门进行自我反省，挖掘其潜力，找出组织中存在的问题以提高绩效是当前需要解决的问题。其二，由于政府在其活动领域内往往处于垄断地位，作为社会治理的主导者，公共部门内部自行改进的动力缺失，而标杆管理法的运用，可以利用最佳实践，促使政府部门能够以类似于与外部竞争的方式相互促进，从而推动绩效的提升。其三，随着社会管理向治理的转变，治理理念的变化导致政府职能与社会的关系发生了深刻的变化，越来越多的政府之外的主体参与到社会治理中来，政府的社会职责更多地以服务或市场为导向；同时，社会公众对政府社会治理一系列行为、工作的关注度逐渐增多。基于这样的行政文化的转变，政府有必要寻求最佳实践，提升社会治理绩效。[①]

具体来说，标杆管理对政府社会治理绩效评价主要有以下三点作用。

第一，有利于绩效指标的改进。有研究认为，如果中央政府想要维持对政策执行的控制，而同时又要对日常责任实施监督，那么，绩效指标就成为一个基本工具，必须集中了解有关绩效的主要方向，以便能够进行分权活动。从价值取向来说，评价政府绩效优劣，主要不是看它投入了多少资源，做了多少工作，而是要考察它所做的工作在多大程度上满足了社会、企业、公众的需要。当前的政府绩效评价体系往往更重视经济指标的完成，这是由于经济指标的完成更容易带来私人利益的增加和政治前途的发展，而增强公共服务力度、推进行政体制改革等涉及政府职能转变

---

① 参见张梦茜《标杆管理：推进地方政府绩效评估改进的有效途径》，载《科技管理研究》2009 年第 29 期，第 35–37 页。

的非经济指标未得到充分体现，这给政府职能的转变和效率的提升带来了负面影响。因此，政府绩效考评指标应积极向增强公共服务职能、提高人民生活质量、维护良好的生态环境和提高行政效率等方向转变，引入标杆管理能够更准确地实施对政府绩效的考核。标杆管理不仅包括经济方面的指标，而且更重视非经济方面的指标确认，同时力图通过可检测的方法来对非经济指标进行规定。将标杆管理引入政府部门绩效评估体系，应尽可能用准确的标示描述及多等级标准衡量以增加其可衡量性。比如，抽象的"让公众满意"可以转化为"公众投诉为零""公众满意率为百分之多少"等内容，通过具体数据和资料的显示能够更加清晰与准确地反映出政府部门的行政绩效。

第二，有利于对政府部门绩效评价标准的改进。以往通常采用历史标准和预算标准等内部标准对政府部门进行绩效评价，这些是以部门的历史绩效或实际与预算之间的比率作为衡量绩效的标准的，大多都是在同部门内部进行的比较。但城市群的发展是多个城市之间进行协调、合作，实现协同与一体化的发展目标，这就要求绩效评价不能仅仅局限于城市或者部门内部。因此，标杆管理的介入可以推动绩效评价标准的改变。一方面，标杆管理以行业内外的最佳实践作为衡量标准，拓展了政府部门绩效评估的比较范围，政府部门可以与全国范围内任何具有最佳绩效的部门进行比较。这不仅使政府部门有了更高的奋斗目标，而且促使其在外部竞争的基础上拥有长远发展的眼光。另一方面，在政府部门绩效评估中引入标杆管理有利于促进不同职能部门之间的合作和发展。最佳实践和标杆管理首次使各个不同的公共职能部门聚合在一起，打破其原有的壁垒，以达到不同部门之间相互补充、互相促进的目的。

第三，有利于政府部门确立正确的价值取向。传统的政府部门绩效评价主要是用由上级主导、自上而下式的方法，由此形成了压力型的评估体制。在这种评估体中，绩效评价行为相对封闭，缺乏公开性和来自外界的监督，带有上级政府的主观性，作为社会治理主导者的公职人员容易受到评价者私人利益观的影响，导致价值取向的偏差，很有可能会造成社会公共利益的受损。现代政府以向公民和社会提供优质、高效的公共服务为宗旨，而对政绩最有发言权的是人民群众。因此，政府的政绩评价应当以公共利益为价值取向，政府绩效的根本衡量标准应该是政府及公务员的行为是否以及在多大程度上促进了公共利益，是否将政府职能切实转变成为社会提供公共产品和公共服务，是否强化政府的社会服务功能等方面。标杆管理法的介入，将单纯的内部考核转变为不同职能部门之间的比较竞争，使得评估过程相对透明、信息更加公开，同时更加强调公共利益价值取向，有效地反映了地方政府的服务对象和利益相关群体的愿望和要求，保证了绩效评价的客观性、可靠性和科学性。

(三) 实施标杆管理进行绩效评价的流程设计

首先，为绩效评价确立一个标杆。一个好的目标可以促进城市群治理效率的提升。因此，在运用标杆管理法进行治理的绩效评价测评时，关键是对标杆目标进行选择，确定城市群所要追赶的目标，同时还要确认是为某个流程还是全部流程选择标杆目标。城市群治理的一系列工作具有多层面、多样化的特征，因而在实施过程中，需要坚持流程系统化的思想，要着眼于城市群一体化发展、整体最优的目标，而不只局限于某个局部的优化，以便获得协同效应。政府要通过学习领先的城市群在治理过程中某个或某些方面的优势，找出自身的缺陷和突破口并认真检查，从而确定需要实施标杆管理变革的流程。

其次，对照目标城市群进行学习。在确立了目标之后，需要进行资料收集、分析和计划的制订与实施。政府在实施标杆管理法时有很多环节，需要收集大量的相关资料，以便进行城市群之间的比较分析、跟踪学习、重新设计并实施行动等一系列规范化的程序。在收集资料的过程中，要注意对资料进行筛选与识别以及对目标城市群的资料收集应当是动态的，对某一标杆的分析不能只停留在静止层面，应与动态层面相结合，以确保资料收集的效果和效率。而对资料分析的好坏，直接关系到政府的标杆学习效果。通过系统地分析与比较，找到一个适合自己的方法，这是实施标杆管理法的关键所在。城市群治理主体即政府应立足于自身的实际发展情况，设定标杆管理的短期、中期和长期目标，制订将要采取的战略步骤和计划，为不同的绩效目标设计相应的测评体系并开始行动。

最后，比较总结与做出调整。在每一个实施阶段结束后，都应将实际的实施效果与拟定的绩效目标即确定的标杆相比较，进行阶段性的效果评价，总结经验和教训，以便对下一阶段的方法做出调整，直至达到标杆水平。标杆管理是一个动态的过程，其区别于一般的绩效管理。实施标杆管理是一个长期的渐进过程，需要组织对标杆管理进行不断校准并进行评价，从而提高标杆管理目标。同时，实施标杆管理还是一个不断学习的过程，在每一轮学习过程中，都需要重新检查和审视标杆管理目标，以不断提升实施效果。[①]

三、360 度反馈评估法

(一) 360 度反馈评估法的内涵

360 度反馈评估法是指某位组织成员同时获得来自以下几个方面的评价与信息反馈：直接上级、下级、同级或同事、被评价者本人。有时，来自组织外部的客户

---

① 参见张晓磊《标杆管理——政府绩效评估发展的新趋势》，载《中州学刊》2006 年第 5 期，第 46 - 48 页。

或者供应商也有可能被邀请作为评价者参与评估。在具体操作时，往往是事先设计出一套包括评价指标及其等级标准在内的问卷，然后让与被评价者存在工作联系的利益相关群体对被评价者的工作行为、能力或者是由这些能力或行为产生的结果进行评价。组织通常会将评价结果反馈给被评价者，其目的在于使被评价者不仅接受这些反馈信息，而且能够制订计划，以改进他们未来的工作行为、能力或绩效。

360度反馈评估法是20世纪80年代由美国学者艾德沃（Edwards）和艾文（Ewen）通过在一些企业组织中的不断研究发展而成的。由于360度反馈评估法体现了组织调查（organization survey）、全员质量管理（total quality management）、发展回馈（development feedback）、绩效评估（performance appraisal），以及多元评估系统（multisource assessment system）等多个组织绩效原则，符合公开、公平、公正的管理精神，也更符合时代的潮流与趋势，因而该名词在1993年经美国著名的《华尔街时报》与《财富》杂志引用之后，在短时间之内，即在美国与全球掀起了一股组织绩效管理的浪潮。[①]

到20世纪90年代中期，这一技术已经开始被广泛运用在企业界。之所以在这一时期开始热衷于360度反馈评估法，其主要原因在于，随着全球竞争的日趋加剧，企业经营的风险增大，组织必须能够灵活应对外部环境的变化，尤其是对客户需求做出快速的反应，这样，组织结构扁平化就成为一种潮流。组织环境变化和组织结构扁平化的要求对企业提出了两个方面的挑战：一是企业的各级管理者必须具备更为全面和更强的管理能力；二是必须鼓励公司的普通员工甚至包括外部的客户和供应商都积极参与到公司内部的管理过程当中来。而360度反馈评估法恰恰能够同时满足这两个方面的要求，因为它既是一种帮助组织中的各级管理人员进行个人能力开发和绩效改善的工具，同时也是吸收相关利益群体共同参与组织管理过程的一种方式。20世纪90年代以来，360度反馈评估法不仅在私营部门中被广泛运用，而且也在公共部门中被广泛实施，在新公共管理运动的推动下，美国、英国等许多国家都在政府机构中推行了这种技术。

360度反馈评估法在形式上与传统的绩效评价有类似之处，即都是让组织中的其他人来对某位员工的行为表现、能力或绩效做出评价。但传统的绩效评价方式仅仅依靠上级这样一个信息来源来对下级的工作业绩、能力或行为进行评价，难以保证评价的全面性和准确性，而360度反馈评估法却是一种更为全面的评价方式。此外，360度反馈评估法在很大程度上受到了20世纪五六十年代兴起的人际关系运动的启示。当时，很多组织都试图利用后来被称为组织开发的各种活动来改善组织内部的流程以及沟通方式，而在其中被普遍运用的一种形式就是组织调查和反馈，即通过问卷调查的方式来了解组织成员对与工作有关的多方面内容的总体意见及满意

---

① 参见范柏乃《政府绩效评估与管理》，复旦大学出版社2007年版。

状况。360度反馈评估法吸收了这种调查反馈的理念和相关的技术手段,不同的是,它并非针对组织,而是特定的个人尤其是管理者。正是由于360度反馈评估法与传统的绩效评价以及组织开发这两种活动都有着一定的联系,因而在实践中,360度反馈评估法也就很自然地成为对管理人员进行管理技能开发以及绩效考核的工具。[①]

(二) 360度反馈评估法运用于城市群治理绩效评价的必要性

360度反馈评估法也被称为"全方位与多维度的绩效评价",其显著的特征就是向所有了解被评估者工作情况的有关人员征询信息与意见,从多个方面、不同角度对其进行全方位的绩效评价,并得出反馈结果的科学方法。360度反馈评估法作为绩效管理的一种评价方法,运用在对政府治理城市群进行绩效评价方面具有很强的必要性。

首先,强化城市群政府的责任意识与效能行为,打造高效城市群政府。绩效评价的宗旨与目的在于打破传统行政体制的束缚,把管理新理念、行政新方法以及先进性的行政范式引入政府活动中。360度反馈评估法形成了政府机关内部同事互评以及外部共同参与评议的机制,通过这种纽带的联系,政府部门能够获取更多人民群众对于其日常工作的建议与意见,进一步深化与认识行政过程中的不足与缺陷,从而按照民众的诉求与意愿有针对性地开展工作。360度反馈评估法能够促使政府工作人员认清形势,扭转工作作风,树立正确的发展观与政绩观,不断提高工作效率与公共服务质量。

其次,改善政府行政运行机制,建立顺畅的工作层级关系。360度反馈评估法强调上级与下级的沟通互动,改善传统行政决策与执行过程中下级唯命是从、主动性弱化以及职能部门家长制等固有弊端。建立高效、透明、顺畅的行政运行机制是政府改革的重要方面和迫切要求,决策权、执行权以及监督权相互制约、协调发展的运行机制有利于提高行政效率,加速行政效能的建设。上级对下级合理性的建议与正确看法可以通过有效途径进行交流与沟通,增强管理过程中的透明度与民主性,充分调动公务人员的工作积极性与主动性,从而促进形成和谐的工作氛围,提升政府整体绩效水平。[②]

最后,构建多元化的城市政府绩效评价主体。通过引入360度反馈评估法,建立多重评价体制,实现政府绩效评价主体的多元化。政府部门的评价引入360度反馈评估法是十分必要的,其可以充分发挥自上而下和自下而上评估的优势。自上而下的评估可以发挥政府信息充分的优势,及时、有效地考核政府部门的工作质量、

---

① 参见刘昕《360度反馈的管理能力开发功能及其实践启示》,载《江海学刊》2009年第4期,第94-99+238页。

② 参见韩锋《360度绩效考核在政府绩效管理中的应用性探析》,载《经济与管理》2011年第25期,第93-96页。

实效以及政府官员的政绩;而自下而上的评估可以发挥政府服务对象作为评价主体的作用,可以最直观地体现评价的满意特征,明确评价的价值取向,这体现了公共部门绩效管理的核心准则。政府要将自上而下和自下而上的评估结合起来,将政府机关自我绩效评价、上级绩效评价、社会公众、专家、企业、高校等主体的评价有机结合起来,以实现政府绩效的360度反馈评估。要保证政府绩效评价过程的公正性、结果的全面性和准确性,就需要将城市群内的公众、企业、高校、专业评价机构等主体调动起来,构成上下级结合、复合多元的绩效评价主体,通过评价主体的多元化发展,逐渐完善政府治理城市群的绩效评价体系的建设。①

(三) 360度反馈评估法在城市群治理中的应用条件

首先,完善相关法律,设置专门的城市群治理绩效评价组织机构。一方面,政府绩效管理推进的有序性、科学性在于权威政策法规予以保障,政府绩效立法可以统一政策性框架,为国家行政机关、基层政府部门以及区域性服务性部门绩效工具的应用提供制度基础。将绩效管理的目的、原则、方法、程序和步骤以法律形式固定下来,是推进政府治理城市群绩效评价的根本出路。政府绩效法规的约束可以促使各种绩效方法以及工具性应用在政府部门的可持续、专业化推行,有效避免单个城市或行政部门领导的随意性与独断性。另一方面,绩效评价的成功运营是专业性的绩效评价体系强势推进的结果,设置权威性与权责一体化的绩效评价部门,可以提高绩效评价与绩效应用的效率、效果及效益。传统的区域性与部门化的绩效应用虽然取得了一定的成效与经验,但是相关成果在固有的行政体制内难以被复制,没有相应的机构进行管理与组织,政府绩效评价与绩效管理始终处于形式化、区域化与部门试点的尴尬状态中。借鉴发达国家推行政府绩效管理的相关经验,在政府部门组建绩效管理部门势在必行。

其次,明确评价标准,科学设置绩效评价指标。360度反馈评估法如何能更好地发挥其预设功效,在很大程度上取决于能否根据治理的实际情况制定科学与合理的评价标准和指标,依照治理主体界定考评和与被考评者,根据城市群社会治理的现实情况设计问卷调查以及测评指标。在治理主体中,上级对于下级、同事互评、自身评价的评测标准力求围绕工作质量、工作态度、工作能力等方面开展,服务对象对于政府公务人员的评价,针对服务满意度、工作作风与态度等内容进行配置。具体的评估主体以及分值权重需要根据部门功能的定位进行归类,要以外部评估主体的评分权重为主、内部自评相结合的方式实施360度绩效评估。各项绩效指标要根据人事部门、公众以及专家团的建议科学制定。同时,还要对城市群各政府进行划分,建立关于专业技术类、行政执法类以及综合管理类等专业差别较大的部门和

---

① 参见蔚超《政府部门引入360度绩效评估反馈系统的路径思考》,载《云南行政学院学报》2009年第11期,第22-24页。

单位的公务人员考核标准和指标内容,有的放矢地实施绩效评价方案。

再次,指定不同被评估者的评价要素,根据不同城市、不同部门的具体岗位进行合理评价。单一指标分析的有效性主要取决于评估主体的权利范围,选择有利于比较不同对象绩效的指标,需要综合考虑绩效的主要影响因素、绩效信息数据的有效程度、被评估对象对绩效的可控程度、内部管理约束机制的有效程度,以及各种利益相关主体的重要程度。360度反馈评估法根据政府机构人员的岗位性质以及被评估者不同级别、不同工作内容、不同的服务状况来制定考核调查表,综合分析影响指标内容的各种因素、评估者的主观意识、行政层级状况以及参与者利益权衡等,从而确保考核过程真实、客观、有效。具体实施过程中要充分考虑以下内容:①上级对于下级的评估调查表要注重工作能力、业务水平、服从大局意识、主动性与创造性、组织协调能力、危机应对水平等指标;②下级对于上级的评估要素需要注重领导的领导力、战略与规划、公正视角、对于下级的培养教育、业务水平等情况;③同事之间的评估要考虑协作水平、关系融洽程度、对待同事的态度、人际关系的处理水平等指标;④外部公众参与评估要包含被评估者的服务态度、服务水平、问题处理满意度、办事效率、服务质量、工作作风以及部门绩效等方面;⑤自身的评估根据个人的工作实绩、建议与想法、自我认知等以小结或者报告的形式进行自我评价。

最后,绩效评价结果的有效应用。城市群治理绩效评价结果的公开和使用是绩效评价的关键,绩效评价要想真正有效地发挥其激励、监督、导向作用,就必须公开并科学合理地使用绩效评估结果。360度绩效评估结束后,要通过政府公告、政府网站、新闻以及报纸杂志等形式公布评估报告,及时向被评估者提供反馈结果,评估部门系统查找解决方案和资源支持路径。其中,反馈的内容包括:①城市群治理的单体城市绩效状况以及城市群整体绩效水平;②明晰单体城市治理者在工作中的不足与缺陷,告知其在以后的工作中需要整改的内容与方向;③建立奖惩制度,发挥鼓励以及鞭策的作用;④提供人员职务调整、后续培训教育、薪金配比以及其他方面的方案计划。注重绩效评价结果与激励机制,以及问责机制的结合,通过内部竞争压力与外部导向强化绩效意识,可以提高城市群内政府治理效能,建立和完善准确、迅速的反馈机制和及时有效的纠错机制,确保社会治理中政府回应渠道的畅通。因此,通过对360度绩效评估结果的有效应用,加强城市群内公众与政府之间的联系,作为治理主导者的政府可以尽快发现治理中的问题与缺陷,在职责权限范围内努力整改,从而提高工作效率。城市群内部的运行机制要及时调整、外部要加强监督引导、评估环节中要加强沟通与联系,还要不断提升治理者的服务意识、合作意识,拓宽多元主体参与途径,从而更好地促进城市群社会治理。①

---

① 参见韩锋《360度绩效考核在政府绩效管理中的应用性探析》,载《经济与管理》2011年第25期,第93-96页。

第四节　城市群政府治理绩效评价的主要环节

一、制订评价计划

为了保证绩效评价的顺利进行，必须制订绩效评价计划，这其中主要包括明确评价的目的和对象，确定绩效目标，并以此为依据选择重点评价内容，并确定评价的时间和方法。

首先，明确绩效评价目的。绩效评价必须有明确的目的作为指导，城市群治理政府绩效评价的主要目的在于通过对治理的主导者进行全面且综合的评估，以此判断其在社会治理中是否履行职责，也将此作为管理政府部门的依据。

其次，确定绩效评价的目标。明确绩效评价的目标应该包括以下三个方面：①明确绩效评级的执行者，并确定其进行绩效评价的方式，比如独立完成或多方协作；②明确完成绩效评价的时间节点；③保证措施的明确。当然，在绩效评价工作中还要明确的是，由于目标是对未来的预期，绩效评价期间可能会存在一些不确定性的因素影响绩效评价目标的实现，因而绩效评价目标也应随着情况的变化而进行适当的调整。

二、确定绩效评价的指标

绩效评价指标是对城市群治理绩效的数量、质量等进行考评的准则和依据。通常来看，评级指标要想保持科学合理性，就要依据绩效评级的基本原则先对指标进行充分的检验论证，使其具有科学依据，然后再运用绩效指标体系的设计方法进行指标分析与修正，最后确定绩效评价的指标体系。

绩效评估指标的编制方法一般有以下四种：其一，个案研究法。这种方法是指通过选取具有代表性的治理成效的典型绩效特征进行研究，并以此确定绩效评价的指标体系。其二，问卷调查法。即设计者将所要调查的内容都设计在一张调查表上，写好填表说明和要求，以问卷的方式分发给有关人员填写，收集和征求不同人员的意见。其三，专题访谈法。即研究者可以通过与不同治理问题的行政主管人员进行广泛交谈，用访谈沟通的方式直接获取有关信息的研究方法。其四，在广泛的分析调查和收集资料的基础上，采用因素分析和聚类分析等方法，从较多数量的初选指标中，找出关键性的指标以及各种治理问题的绩效情况的基本结构，以此作为绩效评估的指标。

三、明确绩效标准

有效的绩效评价标准有利于激发治理者正确的工作动机，调动其进行城市群社会治理的积极性，提升社会治理的整体效率。有效的绩效评价标准应具备以下特征：其一，基于治理情况设立。绩效评价标准应依据城市群社会治理的现实情况来建立，并尽可能反映政府治理的实际现状和全貌。不同的治理问题、内容，其绩效评价标准也应当有所差异。其二，绩效评价标准应当具体、易操作。绩效标准应当明确、具体，对治理的主要内容、质量、治理的成效、业绩等指标都应尽量具体化、定量化。其三，评价涉及的主体应充分参与到制定绩效标准的工作中。在绩效评价标准的设计中，应让治理涉及的相关主体均参与到制定绩效标准的工作中，发挥其主观能动性，以获得其理解和支持。其四，具有一定的灵活性。绩效标准不应过于死板，而应通过对现阶段的治理情况、治理任务、治理问题、治理绩效、内部外部环境等多方面的观察了解，及时对绩效标准进行修改。[①]

四、确定绩效评价的主体

城市群治理绩效评价可以由政府部门的相关内部人员进行，包括专家小组进行专业的绩效评价。当然，随着治理理念的转变、评估方式的多样化，公众也成为评价主体之一。

首先，绩效评价的主体可以是政府部门。政府作为城市群治理的行为主体，了解和掌握城市群社会治理的全面信息，所以应当是对治理绩效最直接、最现实的评价主体之一。政府对城市群治理绩效评价的优势主要在于三个方面：一是政府作为治理主导者，了解城市群治理的运作机制，真正把握治理成效，更方便地获得相关资料数据，这样可以简化绩效评价的程序，节约成本并提高效率。二是政府自身作为评估者，有利于其角色的内化。也就是政府可以通过评价自身的实践能力，加深对政府职责、任务以及目标的认识和理解，并自觉规范和约束自我行为。三是有利于鼓励政府部门人员积极参与评估过程，正确认识治理现状，拓宽评价信息的搜索渠道，提升政府的自我评估能力，并提高其治理的水平。当然，在城市群治理绩效评价的过程中，政府作为治理的主导者，同时又是评估主体，这同样也具有一定的争议，有些人认为，就好比运动员不能同时兼任裁判员，政府进行社会治理的绩效如何，不能仅仅由政府部门自己来评估，还要更多地发挥其他主体在绩效评价中的作用，引入公众、专家、学者等主体进行绩效评价，避免政府部门的出现只是走过场、让绩效评价流于形式等问题。

其次，绩效评价的主体可以是公众。近年来，随着公众参与意识的提升、社会治理理念的转变，在绩效评价中，逐渐鼓励公民参与社会治理的绩效评价。在城市群社会治理绩效的评价中，公众承担了评价的主体，将公众纳入绩效评价主体的范畴，不仅可以更好地保障城市群治理绩效评价的全面性和科学性，同时也适应了城

---

① 参见何叶《公共部门人力资源绩效评估的基本程序》，载《商业研究》2007年第5期，第89-94页。

市群倡导的多元主体协同共治，实现了城市群一体化发展的要求。公众参与城市群治理绩效评级，为社会治理绩效的评估增添了新的途径，可以有效地弥补传统的、由政府主导进行评议的评估的局限性。公众作为主体参与评价是一种自下而上的评议模式，与自上而下的评估制度起到相互补充的作用。城市群治理与每个公民都息息相关，公众参与社会治理的绩效评价，可以更好地了解治理所提供的的服务种类、质量等是否能满足公众需求，发现公共问题治理成效与群众满意度之间的差距。当然，公众评价社会治理绩效也有其明显的局限性。因为公民参与绩效评价的前提是要以广泛的政务公开为基础，其正确评价的基础是对治理绩效的了解程度，公众评价治理绩效是政务公开制度的有机组成部分，这一部分有利于推动政务公开制度的发展。但在政务公开未达到一定水平的城市群内，公众并不了解城市群社会治理的主要内容、过程等，缺乏应有的评估信息、评估知识和评估能力，在这种情况下，直接纳入公众作为治理绩效评价主体，就可能出现较大的误差。在实践过程中，公众评议一方面范围太广泛，易造成局面失控导致评价结果失真；另一方面评价内容过于庞杂，若不区分事务性质、管理对象的特点，笼统地加以评价，则可能会难以达到提高治理绩效的真正目的。

最后，绩效评价的主体可以是专家学者。除了上述的政府、公众作为绩效评价的主体之外，专家学者的评价也是国外起主导作用的绩效评价模式。专家评估，通常是聘请多位专家成立绩效评价小组，根据一定的评价指标和评价标准，对城市群治理多方面的内容以及整体治理成效进行评价。专家评价中涉及的问题较多，如专家的选择与确定、评级指标的选取与确定、权重问题等等，专家评价与群体决策有相似的特点，即每个专家都有自己的价值观、有自己的判断，每个专家也都有自己的目标和不同的信息资源，他们对问题的认识也有所差异，因而这些都会或多或少地对评价结果产生影响。根据专家评价的实践结果看来，专家小组是受绩效评价领导小组的委托，根据绩效评级的目标，对组织治理绩效进行评价的临时性组织。专家作为绩效评价主体有以下五个特征：一是临时性。评价专家是根据城市群整体或者某项内容评估的需要而被临时组织起来的，没有稳定的组织专门从事绩效评价工作。当然，由于缺乏稳定的队伍，绩效评价在理论上和实践上都难以形成体系，一些评价主体也难以专心于这方面的研究。二是多样性。绩效评价主体来自人大、政协、政府部门、学术界等多个领域，具有多样化的特征。三是权威性。评价主体大多是各领域的专家，他们对该领域的了解更为深入和专业，因而他们的观点也具有很强的代表性和权威性。四是有限性。绩效评价专家小组的成员相对有限，不具有较为广泛的代表性，并且评价专家小组成员只是精通某个领域的专家，他们可能对评估理论等并没有深入的了解，当评价问题并非治理的某一项自己熟知领域内的问题时，或者评价具有较强的综合性、整体性时，就会存在较大的局限性。五是从属性。与国外专家进行绩效评价不同，我国的绩效评价大多是在政府主管部门的组织下进行的,因而评估主体还受政府的支配,不具有完全的独立性。[①]

五、培训评估主体

要使绩效评价系统的制定和实施更为科学、合理、客观和可行,有必要对评价主体进行培训和指导,以提升其评价能力,从而保证绩效评价过程的正常进行。对绩效评价主体的培训主要包括以下五个方面:其一,绩效评价误差培训。绩效评价误差是指评价主体在判断过程中产生的结果与不受偏见或其他主观、不相关因素影响的客观、准确的评价之间的差值。对评价主体进行培训的目的之一就是要避免误差的发生,使评价主体了解如何最大限度地消除误差与偏见。其二,为了使评价的结果更有说服力,能为评价之后的绩效反馈提供充分的信息,评价主体必须在绩效评价期间充分收集有关城市群治理绩效的相关材料信息。其三,要对绩效评价指标进行培训。对评价主体进行绩效评价指标的培训,主要是为了使其熟悉评价过程中使用的各个绩效指标,了解指标内涵,只有评价主体正确理解各个绩效指标,才能保证绩效评价有效地进行。其四,绩效评价方法培训。绩效评价的方法较多,每种方法都有各自不同的优缺点,具体选用哪种评价方法,应当根据评价的目的和具体内容来确定。通过对评价主体进行有针对性的培训,使其充分掌握在实际绩效评价工作中可采用的不同的评价方法,以便充分发挥各种方法所具有的优势,并使评价主体对评估方法产生认同。其五,绩效反馈培训。绩效反馈关系到绩效评价能否达到预期的目标。通过对评价主体进行绩效反馈培训,评价主体可以掌握绩效反馈面谈中的各种技巧,更好地发挥绩效反馈的作用,促进绩效评价预期目标的达成。

六、收集绩效信息

全面、及时且准确地收集绩效评价的相关信息对于展开绩效评价工作而言,是必不可少的步骤。收集相关信息不仅能为绩效评价提供事实依据,而且还能发现其中的问题以及原因。当然,由于收集信息需要耗费大量的人力、物力和财力等资源,因此,并非所有的信息都要收集,也并不是信息收集得越多越好,而是应当有选择地收集信息,且收集信息的重点必须以绩效为核心。绩效评价的相关信息一般可以通过实地观察法、访谈法、工作记录法、网上查询资料、他人反馈等一系列方法收集。

七、实施绩效评价

如何正确实施绩效评价,避免绩效评价流于形式,充分发挥其正面影响,是进行绩效评价工作中不可忽视的问题。由于在实施绩效评价的过程中总是不可避免地

[①] 参见范柏乃《政府绩效评估与管理》,复旦大学出版社2007年版。

存在各种各样的人为因素，导致绩效评价的公正性、客观性会受到或多或少的影响。因此，要尽可能地避免在绩效评价过程中可能出现的种种偏差。

总体来看，绩效评价中常见的人为误差可以分为以下五种：其一，绩效评价标准理解误差。即对治理绩效的最终评价结果进行衡量打分、排序，不同的评价主体主观判断存在差异，对绩效评价标准的理解也会存在偏差，对于某项相同的治理内容，不同的评价主体会给出不同的评价结果，从而导致评价结果出现不公平的现象。其二，晕轮效应误差。评价主体在绩效评价的过程中，把某一方面或某一部分内容看得过重，从而对绩效的整体评价产生影响。晕轮效应可能会导致评价结果过高或过低。其三，首因效应。这种误差也叫"第一印象误差"，即评价主体对评价对象、内容、问题等第一印象不佳或良好，以致在后期的评价过程中受先前印象的影响，做出的评价结果无法真实地反映实际情况。其四，从众心理。通常来讲，有一部分人会为了避免与周围人的意见明显不一致，而言不由衷地赞同大多数人的意见。在绩效评估过程中，这种情况也时有发生。当周围的人对某项治理内容的评价都不好时，即使对有的评价主体印象非常不错，但迫于压力，他也可能做出"不好"的评价。其五，趋中误差。在绩效评估中，评估者可能不是很了解每一项治理问题、内容等的实际情况，或者出于明哲保身、不愿意得罪人的目的，在评价过程中就将所有回答都默认为中间等级，从而导致结果有趋中误差倾向。

根据上文所提及的绩效评价治理中容易出现的偏差来看，如何避免偏差也是绩效评价中应当解决的问题，这样才有可能更好地促进绩效评价的科学性、合理性。总的来说，可以通过采取以下措施来避免绩效评价的误差：①制定客观、明确的绩效评估标准。绩效评价主体应对评价指标体系及参照标准等各等级的内容做进一步的检查和分析，并删除重复的部分、改正含糊不清的措辞，使每一个指标的内涵清楚，参照标准各等级间的内容界限分明，并选择客观行为的特征作为评估尺度。②选择合适的评估人员，并对其进行严格的培训。实施绩效评价时，所选择的评价主体应多元化、主体的素养应多元化，且赋予不同评价主体的评价结果不同的权重系数。③对评价主体进行严格的培训，使其不仅能有效避免绩效评价中的主观误差，而且还能切实地掌握绩效评价的相关技术，提高绩效评价结果的准确性。④相关部门要加强对评价结果的审核。当一项评价内容在每一个指标、因素上都获得相同的评定时，或许就是存在晕轮效应，当缺少极端评价时，就证明有趋中误差倾向。此时，相关负责人就应该要求评价主体给出合理的解释，或者要求重新进行一轮评价，以确保评价的有效性。

八、绩效结果反馈面谈

亨利·法约尔（Henri Fayol）认为，如果只进行绩效评价而并不将结果进行反馈，那么绩效评价便失去了极其重要的激励和培训功能。因此，通过将绩效评价结果进行反馈,可以使治理者了解城市群治理绩效评价的结果,清楚地认识到治理的成效和不足。通常来说,绩效评价结果反馈面谈包含以下三个步骤:一是绩效反馈面谈的准备工作。首先是时间、地点的准备和安排。选择什么时间进行绩效结果反馈很重要。面谈是一个双向沟通的过程,因此,最恰当的时间应选择在双方都有空闲的时间,照顾到彼此的实际情况。选择合适的面谈场所也非常重要。一般来说,应选择在一个比较安静的环境,尽量避免外界干扰,如单独的一间办公室,且没有第三者在场,这样就可以使双方都处于一个比较放松的状态,从而有利于双方的沟通与交流。其次是相关资料的准备。进行绩效反馈面谈前,还要准备好相关资料,包括对治理绩效评价的表格、数据、结果等。二是绩效反馈面谈的过程。包括营造良好的沟通氛围,明确面谈的目的和作用,共同对城市群治理绩效评价结果进行探讨,加深对结果的认识,并提出进一步的治理方案,设定治理目标等。三是绩效结果反馈面谈的效果总结。面谈结束后,还要进行总结与反思,查漏补缺,真正发挥绩效评价的作用。①

---

① 参见何叶《公共部门人力资源绩效评估的基本程序》,载《商业研究》2007年第5期,第89-94页。

第七章　国内外城市群治理的案例研究

对国内外城市群治理的典型案例进行研究，一方面，可以对我国典型城市群治理形成系统且全面的了解，有利于形成城市群治理的中国经验，也可以为国内外其他城市群治理提供经验借鉴；另一方面，可以了解国外典型城市群治理，学习其成功的治理经验，当然，还可以发现其不足，并以此为戒，避免我国城市群治理中出现同样的问题。

第一节　国内城市群治理案例

一、京津冀城市群

京津冀城市群包含北京、天津两个直辖市以及河北省的石家庄、唐山、秦皇岛、廊坊、保定、沧州、张家口、承德、邢台、邯郸、衡水 11 个城市。城市群区位优势明显，在我国经济发展及融入经济全球化中占据着重要地位。近年来，城市群在建设、发展、治理过程中取得了成效，也面临着治理难题。主要表现在以下六个方面。

（一）城市群府际合作治理机制

京津冀城市群作为我国重要的城市群，其政治特性导致区域协同发展主要依靠纵向协调机制，与此同时，横向协调机制在京津冀协同发展中的作用也日渐凸显。其中，府际联席会作为中国情境下的有效横向协调机制，已经成为推动京津冀一体化、促进地区协同发展的重要工具，为京津冀协同合作发展发挥重大作用。当前，京津冀城市群内形成了多种协作方式，如府际联席会、府际协议、异地互访等。京津冀地区的府际联席会萌芽于 20 世纪 80 年代，由 15 个环渤海区域的城市一同构建了环渤海区域市长联席会，该组织的设立标志着京津冀三地区域合作协议机制的初步建立。2004 年"廊坊共识"的达成及 2008 年《北京市、天津市、河北省发改委建立"促进京津冀都市圈发展协调沟通机制"的意见》的签署，使京津冀府际联席会进入了深化发展阶段。总的来说，京津冀城市群的府际联席会机制可以分为京津冀协同发展领导小组—府际联席会—府际协议三个层次。事实上，领导小组与府际联席会都是议事协调机构。议事协调机构既是中国政府过程中的特有名词和特有话语，也是我国区域发展的重要工具，当区域合作利益关系比较复杂或议题众多时，议事协调机构能够有效地推动合作各方沟通协调，降低交易成本，从而促进地方政府间的府际合作。

为有效解决京津冀地区政府治理主体碎片化的困境，国务院于2014年6月成立了京津冀协同发展领导小组，并在领导小组下面设立了常设办公室，旨在通过中央层级的统一协调，自上而下地推动京津冀地区府际合作的良性发展。同时，该领导小组负责编制了《京津冀协同发展规划纲要》和《"十三五"时期京津冀国民经济和社会发展规划》，为京津冀地区协调发展顶层设计出谋划策。府际联席会推动了地方政府及各部门间"跨区域、跨层级、跨部门"协作的有效开展。行政首脑型的府际联席会，如"京津冀政协主席联席会"与"京津冀常务副省市长联席会"主要负责区域整体性事务的对话与交流；职能部门型的府际联席会，如"京津冀工信系统联席会""京津冀商务部门第三次联席工作会议"则为解决地区间的具体问题提供有效途径。根据统计数据显示，京津冀城市群各政府主体大都通过府际联席会做出一体化的制度性安排，基本上已形成正式的府际合作协议，为京津冀城市群的府际合作提供制度保障。[①]

（二）形成多层次多中心城市体系

城市群是依托历史基础而得到发展的，但与此同时，因受到资源禀赋、发展基础以及行政力量等多方面因素的影响，城市群的发展状态存在着较大的差异。城市群的发展就是城市功能的分化与整合，并在此基础上进行功能互补和建构中心的等级秩序的过程。城市群的发展质量与城市群内中心地的等级秩序，以及城市间的功能互补程度密切相关，在中心地的空间布局上表现为大、中、小城市的差异化。伴随着互补水平提升的差异化发展是城市群进程中的特点，根据此特点来催生产业集群和提升城市的创新度，城市在实施差异化发展战略过程中需要找准自身的功能定位，准确地进行城市功能定位的过程就是城市群内不同层次中心彼此间功能互补与磨合的过程。京津冀城市群可以说是城市群的中心地分化、功能互补以及等级有序发展的典型例证。在京津冀城市群区域内，各个行政区划开始以行政区域为限来构建中心地体系，在整个区域内出现了以北京市、天津市和石家庄市为核心的三个城市体系，三者之间虽然存在经济层面的联系，但由于行政区划的阻隔而不能形成优势互补的产业链。

20世纪90年代，京津大都市作为京津冀的核心，按照"分区+分步"的发展秩序逐渐构建起由"京津大都市—区域中心城市—市级中心地—县级中心地—乡镇

[①] 参见锁利铭、廖臻《京津冀协同发展中的府际联席会机制研究》，载《行政论坛》2019年第26期，第62–71页。

中心地"等构成的五级层次体系,从最初提出首都圈,到后来提出大北京经济圈、环渤海经济圈、京津冀一体化,再到最后提出京津冀协同发展战略,京津冀城市群在这种不断发展的建构理念中从分化走向互补,从囿于行政单元到打破行政单元,以京津大都市为核心构建的城市群的范围也突破了京津行政区的规划范围,逐渐将河北省全域整合到协同发展战略当中。总体来看,京津冀城市群在行政力量的影响下,逐渐形成功能互补、等级有序的差异化发展格局。[①]

(三) 完善城市群规划体系

京津冀城市群的发展主要得益于国家规划政策的强力支持,政府在城市群区域合作发展上发挥了决定性力量,中央及地方不断出台各类政策、规划,以完善城市群规划体系。自 2004 年开始,由国家发展和改革委员会地区经济司召集各地发展改革负责人在廊坊召开京津冀区域经济发展战略研讨会,达成"廊坊共识",标志着京津冀三地合作从务虚向务实的转变;2005 年,国务院批准的《北京市城市总体规划(2004—2020)》为京津冀城市群的整体发展绘制了蓝图,京津冀的整体发展及对北京城市发展的意义被写入规划总则;2006 年,北京市和河北省签署《北京市人民政府 河北省人民政府关于加强经济和社会发展合作备忘录》,双方在交通基础设施、水资源、环境保护等九个方面开展合作;2008 年,天津市和河北省签署《天津市人民政府 河北省人民政府关于加强和社会发展合作备忘录》,共同促进建设发展;2011 年,国家"十二五"规划正式把"京津冀一体化""首都经济圈"的概念写入规划中,京津冀一体化在国家层面得到有力的支持;2013 年,习近平总书记提出要推动京津冀协同发展,明确指出京津冀城市群是继长三角、珠三角以来第三个最具活力的城市群,标志着京津冀协同发展正式上升为国家战略;2015 年,中央政治局会议审议通过《京津冀协同发展规划纲要》;2016 年,《"十三五"时期京津冀国民经济和社会发展规划》发布,这是全国首个跨省区的"十三五"规划,明确了京津冀在未来五年的发展目标。

此外,在土地利用、产业调整、交通规划等方面也不断出台相关规划,如在 2016 年,自然资源部和国际发展和改革委员会联合印发的《京津冀协同发展土地利用总体规划(2015—2020)》、工业和信息化部、交通运输部及国家发展和改革委员会联合编制的《京津冀协同发展交通一体化规划》、北京市人民政府、天津市人民政府和河北省人民政府联合印发的《京津冀产业转移指南》等[②],这些都充分体现了京津冀城市群的发展有赖于完善的城市群规划体系,通过明确的发展规划为城市

---

① 参见孟祥林《城市群内中心地的功能互补与等级有序的差异化发展:兼论京津冀多层次多中心城市体系的建构》,载《上海城市管理》2019 年第 28 期,第 21－30 页。
② 参见姚鹏《京津冀区域发展历程、成效及协同路径》,载《社会科学辑刊》2019 年第 2 期,第 127－138 页。

群提供发展方向和目标。

(四) 城市群区域交通网络一体化

交通一体化是京津冀城市群发展的现行领域。目前，京津冀城市群初步形成了以渤海西岸港口为龙头、铁路为骨干、公路为基础、航空运输相配合、管道运输相辅助的综合交通运输网络。其特点可以概括为以下五个方面：一是形成了以京沪铁路和京沪高速公路为主干的京沪综合运输大通道；二是形成了以大秦、京秦铁路、京沈高速公路和京秦输油管道为主干的京沈综合运输大通道；三是形成了以京广铁路为主干的京兰综合运输大通道；四是形成了以京九铁路和京珠公路为主干的京九综合运输大通道；五是形成了以石德、石太铁路和石太高速公路为主干的石太、石德综合运输大通道。这五大运输大通道是全国综合交通体系的重要组成部分，在京津冀城市群一体化建设中发挥着重要作用。[1]

自 2014 年习近平总书记提出京津冀城市群要实施协同发展战略以来，按照国家对交通一体化在协同发展中要做"主骨架""先行官""试验田"的要求，京津冀三地联合互动，共同进行一批重大交通项目的落地实施，促进了交通一体化的建设。首先，大力开展交通基础设施建设，签署接线协议以促进区域内交通的互联互通。其次，实施公共交通改造，提升区域一体化运输服务水平。京津冀三地全力推进"交通一卡通"建设，北京市于 2015 年率先在 139 条试点公交线路上实现京津冀"一卡通"的互联互通，并于 2016 年覆盖市区全部 876 条公交线路以及 122 条郊区公交线路。2017 年 12 月 30 日，随着北京地区 3 条轨道新线的开通，轨道交通与京津冀"交通一卡通"互联互通同步启动。至此，"一卡通"覆盖北京市区全部公交线路和轨道交通线路，公共交通基本实现与京津冀区域内接入省级平台城市的互联互通，初步形成一卡走遍京津冀的出行模式。最后，政策法制的协同水平不断提高，通过制定实施一系列相关法律法规，实施交通执法一体化建设，共同联合推进交通标准化建设，完善了联合治理超限超载的长效机制，有效缓解了交通拥堵，推进了区域节能减排工作，打造了区域智能交通网络，提高了京津冀交通应急联动的工作能力。[2]

(五) 产业布局不合理，环境治理效果差

根据《2015 年中国环境状况公报》公布的空气质量相对较差的 10 个城市中，河北省占据 7 个席位，而京津冀 13 个城市中平均达标天数比例为 52.4%。进入冬季后，受污染物排放量大和不利气象条件的影响，京津冀城市群内发生过多次污染

---

[1] 参见姜策《国内外主要城市群交通一体化发展的比较与借鉴》，载《经济研究参考》2016 年第 52 期，第 78-82+90 页。

[2] 参见北京市交通委员会《打通京津冀的交通经络》，载《前线》2018 年第 12 期，第 70-72 页。

程度重、影响范围广、持续时间长的空气重污染,其中,保定、衡水一度出现过连续8天的重度及以上污染天气。在京津冀13个地市级中,以保定、石家庄、邢台和邯郸的雾霾污染最为严重。从雾霾成分来看,主要污染物是PM2.5和臭氧。从雾霾引起的主要原因来看,主要是因为第二产业的比重偏高,能源消费中煤炭比重过大。据了解,北京市产业结构相对比较合理,第三产业最多,已经形成"三二一"的产业布局,天津市和河北省两地产业结构相似,但天津市第二产业的比重是略高于第三产业的,而河北省第二产业的比重则远高于第三产业,第二产业比重偏高且多以煤炭开采和洗选业、黑色金属矿采选业、黑色金属冶炼和压延加工业,以及金属制品业为主,天津市和河北省两地的产业结构为"二三一"布局,这也是导致京津冀地区雾霾污染严重的主要原因。① 可见,在京津冀城市群治理的过程中,产业布局不合理、调整不彻底是污染久治不愈的关键原因。②

(六) 城市群人口布局不合理

由于自然资源、历史背景、区位优势、行政管理等诸多原因,京津冀地区要素过多地集中在北京,致使北京的人口、产业、公共服务资源体量庞大,外来人口数量多。对比看来,天津市的人口与社会经济发展过多地集中在中心城区,外围及郊区县发展缓慢;河北省城市发展、人口、公共服务资源等与北京、天津两地差异悬殊,且人口规模偏小,第一产业与第二产业比重偏高。京津冀城市群整体来看,人口分布不均、区域空间结构不合理问题突出。京津冀人口密度的差异化很大,尤其是北京作为世界级大城市,人口分布遵循国际大都市同心圆式的疏密分布,从中心城区到外围的区域密度逐渐降低。天津作为四大直辖市之一、国家的中心城市亦是如此,且人口密度的圈层差异更大,人口密度高度集中于中心城区。河北省相对于京津两地而言,人口密度无论在全域层面、地市层面还是市辖区层面均普遍较低,地市层面人口密度最高为每平方千米763人(邯郸市),各市辖区的人口密度最高为每平方千米7610人(石家庄市辖区),河北的高密度人口地区与京津两地相比相差甚远。③

这一现象最终导致的结果就是京津两地作为人口密集地区,城市内交通、学校、医院等公共设施超负荷运转,而河北省大部分城市对人口的吸纳能力不足,造成公共设施利用率低,进而导致公共设施建设水平较京津两地更加落后的现象。此外,北京人口稠密,大量流动人口的涌入势必引发"大城市病",人口密集为城市基础设施、

---

① 参见戴宏伟、回莹《京津冀雾霾污染与产业结构、城镇化水平的空间效应研究》,载《经济理论与经济管理》2019年第5期,第4-19页。
② 参见陆小成《京津冀污染防治与低碳发展》,载《前线》2019年第1期,第62-64页。
③ 参见王婧、刘奔腾、李裕瑞《京津冀人口时空变化特征及其影响因素》,载《地理研究》2018年第37期,第1802-1817页。

公共服务体系和城市环境带来了巨大压力，造成城市基础设施拥挤、公共服务水平低下、公共资源不足，以及城市交通拥堵等问题，影响了经济社会的协调发展。[①]

二、长江三角洲城市群

长江三角洲城市群是我国最大的经济核心区，自然条件优越、区位优势明显、经济基础良好、科技和文化教育事业发达，被公认为全球最具活力的地区之一。在全国来说，该城市群对经济发展占有举足轻重的地位。[②] 长江三角洲城市群是由上海、江苏、浙江、安徽三省一市组成的，核心区是由上海、南京、苏州、无锡、常州、镇江、扬州、台州、南通、杭州、宁波、湖州、嘉兴、绍兴、舟山、台州16个城市组成的区域。长三角城市群是国际公认的六大世界级城市群之一。[③] 经过多年的建设和发展，长三角城市群在区域治理上取得了令人瞩目的成绩，但同时也面临着治理困境。主要表现在以下七个方面。

（一）多核心网络化格局

随着全球化进程中产业范围的不断扩散，长江三角洲城市群地区作为全球化快速深入的区域，城市发展呈现出区域一体化和多核心网络化的空间格局，形成了以沪、宁、杭等特大城市为核心的若干个都市区。从经济空间发展态势来看，长江三角洲区域经济总量占全国的比重持续增长，经济发展速度明显高于其他区域，并且区域内经济增长速度趋于均衡，产业分工逐渐成熟合理，苏州、无锡和宁波等地的快速崛起，改变了以往上海"一枝独秀"的局面，整体发展效应明显；从社会空间发展态势来看，长三角地区的社会发展空间，特别是社会一体化已初现成效，区域内社会层面整合加快；从演变趋势来看，长三角城市群空间范围呈扩张趋势，空间结构由单中心向多中心、圈层式和网络状发展，城市群内各城市之间的联系逐渐加强，结构体系向扁平化方向发展。

总的来看，自20世纪80年代开始，长江三角洲区域治理经历了中心城市单向扩散阶段。目前，长江三角洲地区发展已经进入一个多层次、多维向、多动力的联动整合模式转变阶段。虽然从某些经济指标来看，长三角城市群等级结构依然明显，但上海与周边的苏州、无锡共同构成了区域发展极核，且南京、杭州的次中心地位依然重要，城市群内其他城市，尤其是各县级城市发展速度加快，多中心、网络化发展成为长三城市群发展与治理的总体趋势。上海市作为长三角城市群体系中的发展引导极核作用不断增强，各城市在上海的引领下已经形成层级和圈层结构，城市

[①] 参见姚士谋、周春山等《中国城市群新论》，科学出版社2017年版。
[②] 参见徐康宁、赵波、王绮《长三角城市群：形成、竞争与合作》，载《南京社会科学》2005年第5期，第1-9页。
[③] 参见姚士谋、周春山等《中国城市群新论》，科学出版社2017年版。

群网络结构逐渐明晰。由此可见,鉴于长三角地区经济的进一步发展和全球化的不断渗透,其多中心联动整合的基础会持续增强,多核心网络化的经济一体化格局也会不断完善。①

(二) 多层面区域管治体系

伴随着经济全球化和高端服务业经济的发展,城市群区域内呈现出多中心的发展态势。在这类区域中,由于多中心和经济发展程度较高等特征,城市竞争所带来的外部性也更加突出。与此相伴,管治的重构也正在各个多中心城市区域中展开,其中,多层次的管治普遍成为新的、富有效力的管治形式。作为多中心巨型城市区域之一的长三角地区,无论在行政等级上,还是经济发展上都呈现出多中心的趋势。传统的三大中心城市上海、南京和杭州在区域发展中的中心度呈相对下降的趋势,苏州、无锡、宁波等城市正在成为新兴的中心城市,未来这种多中心的趋势将进一步加剧。

同世界上其他的多中心城市区域一样,长三角也面临着诸多区域管治问题的困扰,为了解决区域发展中出现的新问题和增强区域整体竞争力,长三角区域已经从国家与省区市等不同层面进行了对区域管治的探索,初步形成了多层面的区域管治体系。首先,在国家层面的区域管治,主要表现为其通过制定区域发展政策,来影响区域发展和促进区域协调。例如,编制《长江三角洲地区区域规划》《长三角城镇群规划》等出于国家发展战略的需要而主动推进的区域管治工作,这些跨行政区的区域规划和城市群规划,在协调城市群发展、增强竞争力等方面发挥着重大意义。其次,省(市)层面的区域管治,例如,长三角城市群就区域发展与合作建立了定期会晤机制;就发展区域大交通、旅游合作、生态环境治理、资源信息共享、区域规划合作等方面进行研讨。再次,地市级层面的区域管治,主要由城市群内的相关城市自发建立,以长江三角洲城市经济协调会、南京都市圈发展论坛等机构或平台为代表进行。这种管治形式是对现有政府管理形式的补充,通过协商、谈判的方式解决既有制度难以解决的问题。最后,城市(县)层面的区域管治,主要是某两个或多个城市政府之间以市场利益为纽带,形成各种跨行政区管治形式,长江三角洲城市群才能够建立多层面管治体系,并以此来完善城市群治理模式,取得明显的治理效果。②

(三) 区域一体化治理机制

自1982年国务院提出成立上海经济区以来,长江三角洲地区经历了快速的一体

---

① 参见姚士谋、周春山等《中国城市群新论》,科学出版社2017年版。
② 参见张京祥、罗小龙、殷洁《长江三角洲多中心城市区域与多层次管治》,载《国际城市规划》2008年第1期,第65-69页。

化发展进程，机制建设是长三角区域一体化发展的重要内容，也为长三角区域一体化发展的进一步完善提供了保障。长三角区域一体化发展已经进入新的历史时期，合作内容由以往单纯的经贸合作逐步转向全方位的一体化发展，在不同层面、不同专题上形成了相对完善且具有区域特色的一体化发展机制，涉及政府协商、经贸合作、区域治理、资源共享等多个方面，主要内容如下。

首先，建立政府协商机制。目前在长三角城市群整体层面上形成了以长三角地区主要领导座谈会为决策层，以长三角地区合作与发展联席会议为协调层，以联席会议办公室、重点合作专题组、城市经济合作组为执行层的"三级运作"机制。这种多层次的跨区域政府协商机制有助于协调解决区域合作中的重大问题与日常事务，实现方向把控与具体实施的结合。政府部门间的合作、往来主要是以专题合作等形式进行的，一般由某一城市相关部门牵头，就某一问题进行集中研究，并会同其他城市就相关议题进行协商，组织多政府、多部门共同协商以解决问题。

其次，建立经贸合作机制。经贸合作是推动长江三角洲城市群一体化发展的内在驱动力，其目标是构建统一的产品和要素市场，建立完善的市场经济体制。目前，长三角经贸合作机制建设主要包括旅游合作开发机制、平台合作机制、专利交易以及知识产权保护机制等内容。

再次，建立区域协同治理机制。区域协同治理是长三角城市群一体化的重要内容，对规范整体市场环境、消除区域间的负外部性、强化跨区域治理起到了良好的促进作用。长三角城市群区域治理机制主要包括环境联防联控机制、安全共管工作机制、征信联动机制、司法协作机制等内容。

最后，建立民间组织合作机制。长三角地区的民间合作起步较早，主要是由企业自发地寻求技术和市场合作的行为。民间组织主要包括社会团队、行业协会、公益组织和产业联盟等，在区域产业布局、企业商贸合作和技术交流，以及一体化政策的实施等方面发挥着重要作用。当前，在长三角区域一体化治理进程中，民间组织机制包括了成立产业发展联盟、以论坛形式开展各项学术交流和人文交流活动以及协会合作等内容。[①] 这些不同的治理机制有针对性地发挥着各自的作用，共同实现城市群内公共事务的治理，促进城市群一体化发展进程。

（四）城市群交通一体化建设

推进交通一体化建设是长江三角洲城市群一体化发展的重要前提。长江三角洲城市群的交通规划发展可以分为以下三个阶段：①1997—2005年，构建"一核六带"的发展格局。② 2005—2010年，长江三角洲城市群的交通一体化建设已经初具规模，基本建成了包括公路、铁路、水运在内的"五圈、六廊、十六枢纽"的交

---

① 参见张学良、林永然、孟美侠《长三角区域一体化发展机制演进：经验总结与发展趋向》，载《安徽大学学报（哲学社会科学版）》2019年第43期，第138–147页。

通一体化运输发展格局。在交通信息管理方面，建成了包括上海、杭州、南京、宁波在内的大通关协作区域，实现了区域内的物流一体化发展。在旅客运输方面，建成了以城际公交为主要运输方式，以"一卡互乘，零距离换乘"为特点的客运一体化服务网络。③ 2010—2020 年，长江三角洲城市群在 2020 年以前建成"两纵六横"的现代化水运航道网，建成"3 小时公路交通圈"，建成以上海为中心，以沪宁、沪杭为两翼的现代化城际交通轨道。①

现阶段来看，长江三角洲城市群区域内高速公路、铁路、航空、航运、城市轨道交通和公共汽车等领域已初步实现互联互通。高速公路网、高等级国道省道陆路干线网络基本成型，高铁网络在全国最为密集和完善，以上海、南京、杭州、合肥为中心城市的 1 小时交通圈初现雏形，2 小时交通圈覆盖城市达到 24 个，交通圈重合交集，圈层化特征明显。② 在上海浦东机场和虹桥机场、南京禄口国际机场和杭州萧山国际机场的支撑下，形成了国际航空网络主枢纽、国内航空网络主枢纽、区域航空枢纽等综合立体航空网。沿海沿江港口正在形成分工合理、协同发展的现代化港口群。

据 2017 年的数据显示，长江三角洲区域旅客运输量达 32.56 亿人次，货物运输量达 97.68 亿吨，旅客运输周转量达 6082.12 亿人次，货物运输周转量达 56305 亿吨。总体来说，长江三角洲城市群在交通一体化上基本实现了区域内道路交通网一体化、铁路运输网一体化、港口集群一体化、航空网络一体化以及城市公交一体化。此外，长江三角洲城市群还通过借用"互联网＋炫科技"等方式，提高交通服务一体化水平。在售票、车货匹配、运输行业平台以及网约车监管等方面，借用智能手段加强管理，不断提升交通服务水准。另外，通过成立综合交通改革与发展领导小组办公室，组建交通建设营运管理局和交通运输发展研究中心，制定《长三角地区一体化发展三年行动计划（2018—2020 年）》、签订《长三角地区治理货物运输车辆超限超载合作协议》《港口战略合作谅解备忘录》《关于共同推进长三角地区民航协同发展努力打造长三角世界级机场群合作协议》等方式完善城市群内交通体制机制。③

（五）城市群生态环境治理问题突出

长江三角洲城市群在推进城市群生态环境治理方面进行了诸多有益的探索，但同时也面临着一系列困境。首先，城市群内工业排放控制效率失衡。一方面，从区

---

① 参见姜策《国内外主要城市群交通一体化发展的比较与借鉴》，载《经济研究参考》2016 年第 52 期，第 78 – 82 ＋ 90 页。

② 参见李燕、侯树展《"十三五"时期杭州都市圈交通一体化发展问题研究：基于结点模型理论的公路网问题分析》，载《浙江社会科学》2016 年第 12 期，第 141 – 147 页。

③ 参见熊娜、郑军、汪发元《长三角区域交通高质量一体化发展水平评估》，载《改革》2019 年第 7 期，第 141 – 149 页。

域来看,在长三角城市群内,安徽省的单位工业产值下的工业排放量最高;另一方面,城市群内同一地区对不同类型的生态问题控制失衡。其次,城市群内多主体环境事件协作治理难。环境治理具有跨界特征,污染事件的外部性问题严重,污染的影响区域和社会影响较大。但在治理中由于涉及至少跨区域的两个管理主体,其中既会存在价值偏好和利益冲突,又会存在信息沟通以及行动协调方面的难点,利益不一致导致协调存在内在张力,加之长江三角洲是一个边界模糊的开放型区域,但各主体却是封闭的行政单元,无法进行有效的融合导致环境治理难以取得预期效果。再次,受现行体制与区域发展模式的影响,政府之间的深层次合作未取得突破,地区之间的行政壁垒难以被打破,在触及地方利益问题上难以取得共识,利益难以协调,导致跨区域环境治理较难。另外,城市群内各地区发展阶段不同,同一环保标准对不同地区的适用性不同,亦会造成欠发达地区无法平衡经济发展与环境治理。最后,缺乏有力的执行机构。目前,长江三角洲城市群合作组织松散,城市群内环境治理没有形成有效的合作协调机制,现有的组织大多由政府协调组建,如长江流域管理委员会、太湖流域管理局等。但这些组织并非权力机构,执行权与监控权有限,难以在现有行政主体上执法,因而在面对严峻生态环境问题时仍需要中央政府的干预解决。[①]

(六) 产业同构问题严重

长江三角洲城市群治理过程中产业分工布局不尽合理,因而未能形成完整的产业链。经济学家常用克鲁格曼专业化指数来衡量一个地区产业一体化过程中产业分工的程度,数值越大,表明专业化程度越高。据相关数据显示,自2011年以来,该指数在逐渐增加,表明近年来沪苏浙皖间的产业结构专业化分工逐渐走向合理化。但是,由于指数基本在0.15～0.20之间浮动,较低的指数数据表明沪苏浙皖区域内分工水平不高,未能形成完整的产业链,以最大程度地发挥规模经济和范围经济效应。另有数据显示,2017年上海市与江苏省、浙江省、安徽省三省份的产业结构相似性系数依次为0.9306、0.9405、0.8837;江苏省与上海市、浙江省和安徽省三地区的产业结构相似性系数依次为0.9306、0.9971、0.9902;浙江省与上海市、江苏省和安徽省三地区的产业结构相似性系数为0.9405、0.9971、0.9821;安徽省与上海市、江苏省、浙江省三地区的产业结构相似性系数依次为0.8837、0.9902、0.9812。[②] 很明显,它们之间较高的结构相似性系数表明沪长江三角洲地区的产业发展存在着重复建设、无效建设与空间布局不合理的短板问题。而严重的产业趋同性必然会导致各地方政府对有

---

① 参见席恺媛、朱虹《长三角区域生态一体化的实践探索与困境摆脱》,载《改革》2019年第3期,第87-96页。
② 参见樊霞飞《长三角一体化发展的战略意义、现实困境与路径选择》,载《长春金融高等专科学校学报》2020年第1期,第77页。

限资源和市场的竞争呈白热化状态,甚至促使地方政府通过政策倾斜、排挤外来企业的市场准入等隐形手段来保护本地经济,加剧无序竞争。

(七) 城市群中心城市的辐射带动效应不强

长江三角洲地区是推动我国经济发展的强劲增长极。以2018年为例,沪苏浙皖一市三省已占全国约3.7%的土地面积,汇集全国15%的常住人口,创造了占全国大约24%的经济体量,成为推动国家经济发展的重要引擎。但是,长江三角洲区域内一市三省的发展却存在着较大差距。根据国家统计局数据显示(详见表1),2018年,长江三角洲地区沪苏浙皖的国内生产总值依次为32679亿元、92595亿元、56197亿元和30000亿元;人均国内生产总值分别为13.5万元、11.43万元、9.86万元和4.79万元。① 比较它们的国内生产总值和人均国内生产总值,很容易发现安徽省与上海市、江苏省、浙江省之间均存在着较大的发展差距,特别是安徽省作为一个省份,不但经济体量没有超过上海市,人均国内生产总值也只有上海市的三分之一。但是,上海市在区域内的溢出效应仍不如虹吸效应大。如表1所示,作为长江三角洲区域公认的"龙头",上海市与苏浙皖三省的经济联系程度并不高,因而未能在区域内建立多层次合作机制与平台,也未能充分发挥整体联动效应。且从数据中可以看出,安徽省经济主要隶属于江苏省,表明与江苏省的经济联系程度较高,而并未深度融入长三角地区。②

表1 2018年长江三角洲地区三省一市的经济联系强度

地区	指标	上海	江苏	浙江	安徽
上海	联系量	—	6.9811	4.7506	0.7723
	隶属率	—	55.83%	38.00%	6.18%
江苏	联系量	6.3118	—	12.7537	13.9097
	隶属率	19.17%	—	38.66%	42.17%
浙江	联系量	7.8919	12.7537	—	1.2988
	隶属率	35.96%	58.12%	—	5.92%
安徽	联系量	0.7723	13.9097	1.3178	—
	隶属率	4.83%	86.94%	8.24%	—

(资料来源:参见樊霞飞《长三角一体化发展的战略意义、现实困境与路径选择》,载《长春金融高等专科学校学报》2020年第1期,第74-81页)

---

① 参见樊霞飞《长三角一体化发展的战略意义、现实困境与路径选择》,载《长春金融高等专科学校学报》2020年第1期,第77页。

② 参见樊霞飞《长三角一体化发展的战略意义、现实困境与路径选择》,载《长春金融高等专科学校学报》2020年第1期,第74-81页。

三、粤港澳大湾区城市群

粤港澳大湾区指的是由广州、深圳、东莞、珠海、佛山、江门、惠州、中山、肇庆9个城市和香港、澳门2个特别行政区组成的城市群，总面积5.6万平方千米，2020年总人口约8617.1753万人。① 粤港澳大湾区是我国开放程度最高、经济活力最强的区域之一，在国家发展大局中具有重要的战略地位。粤港澳大湾区在中央主导、地方协同的治理过程中，取得了诸多成效，同时也面临着治理困境，主要表现在以下六个方面。

（一）城市群规划体系不断完善

粤港澳大湾区城市群的提出、发展和治理有赖于地方和国家层面规划设计的推动。2014年，深圳市在政府工作报告中首次提出"湾区经济"的概念。"大湾区"概念于2015年由国家发展和改革委员会、外交部、商务部联合发布的《推动共建丝绸之路经济带和21世纪海上丝绸之路的愿景与行动》中首次被明确提出。② 2016年12月，国家发展和改革委员会提出2017年启动珠三角湾区等跨省域城市群规划编制，将香港、澳门和珠三角9市作为一个整体来规划，建立和保持湾区城市群之间合理的协作分工关系。规划由国家发展和改革委员会牵头，同广东及港澳地区共同编制。2017年3月，李克强总理在政府工作报告中指出："要推动与港澳深化合作，研究制定粤港澳大湾区城市群发展规划，发挥港澳独特优势，提升在国家经济发展和对外开放中的地位与功能。"这标志着对建立和保持"两制"下不同城市间的合理协作分工关系的探索已经上升到国家战略层面。随着粤港澳大湾区城市群规划的研究制定，三地合作进入新的阶段，从过去的跨境产业合作以区域间政府合作为主模式，转向由国家规划目标引导的跨境协同发展与跨境区域治理。2017年7月1日，国家发展和改革委员会和粤港澳三地政府在香港签署了《深化粤港澳合作推进大湾区建设框架协议》，明确了合作的宗旨、目标、原则及重点领域，并确定协调及实施的体制、机制安排。③ 2018年，中共中央、国务院发布了《关于建立更加有效的区域协调发展新机制的意见》，明确要以香港、广州、深圳为中心引领粤港澳大湾区建设，带动珠江—西江经济带创新绿色发展。2019年，中共中央、国务院印发《粤港澳大湾区发函规划纲要》，明确了粤港澳大湾区要建设成为充满活力的世界级城市群的目标，为城市群治理明确了方向。从2014年深圳市政府报告首次提出

---

① 数据来源于广东统计局《广东省第七次全国人口普查公报》《国家统计局第七次全国人口普查公报》。
② 参见张日新、谷卓桐《粤港澳大湾区的来龙去脉与下一步》，载《改革》2017年第5期，第64－73页。
③ 参见蔡赤萌《粤港澳大湾区城市群建设的战略意义和现实挑战》，载《广东社会科学》2017年第4期，第5－14＋254页。

"湾区经济"到2019年《粤港澳大湾区发展规划纲要》的颁布,粤港澳大湾区大致经历了从"地方推动,中央支持"到"中央主导,地方协同"的历程。从经济特区到大珠三角、泛珠三角,再到珠江—西江经济带,珠三角经过十年的发展,最后促成粤港澳大湾区的建立,在时间和空间两个视角反映出粤港澳大湾区层层递进、环环相扣的发展历程。①

(二)城市群构建海陆空立体交通网络

粤港澳大湾区城市群建设了通达的交通网络体系。首先,城市群内港口群快速崛起,基础设施能级和货物吞吐量规模名列世界前茅,港口群由香港、广州、深圳、珠海、东莞、惠州、江门、中山和澳门9个沿海港口城市以及佛山、肇庆2个内河港口城市构成。其中,深圳港、香港港、广州港已成为位居国际集装箱吞吐量全球排名前10的世界著名港口。②城市群内港口集装箱吞吐量为世界三大湾区总和的5倍以上。③其次,城市群内拥有5个国际机场(分别位于香港、澳门、广州、深圳、珠海),2018年总体旅客吞吐量超过2亿人次,货邮吞吐量近830万吨,运输规模已经超过纽约、伦敦、东京等世界级机场群,位于全球湾区机场群之首。④最后,城市群内陆路交通建设完备,以高速公路和轨道交通为主的快速交通网已经基本形成。粤港澳大湾区高速公路已贯通各个城市,基本形成多路径的互联互通高速公路网。国家高速G94珠三角环线,将粤港澳大湾区所有城市全部联通;广珠西线高速、广澳高速、广佛肇高速连通广州、佛山、肇庆、中山、江门、珠海、澳门;广惠高速、广深沿江高速、广深高速、惠盐高速将广州、东莞、惠州、深圳、香港相互串联;虎门大桥、港珠澳大桥、南沙大桥能连通珠江两岸并将港澳两地纳入公路交通网。与此同时,粤港澳大湾区轨道交通也实现互联互通。广深港高铁、厦深高铁、南广高铁、贵广高铁、广佛肇城际轨道、广珠城际轨道、穗莞深城际轨道等,加之原有的广九线、广深段和京九线惠深段,已把珠三角9市同香港、澳门串联互通,形成了一个较完整的轨道交通网络。此外,在《广东省综合交通运输体系发展"十三五"规划》中,规划了33条高速公路通道,其中通往香港的有4条、通往澳门的有2条,完善了内连外通网络,强化粤港澳大湾区内部链接的通达性。截至2020年,"轨道线路以广州为核心,把粤港澳大湾区打造成为1小时通勤圈,总里

---

① 参见叶林、宋星洲《粤港澳大湾区区域协同创新系统:基于规划纲要的视角》,载《行政论坛》2019年第26期,第87-94页。
② 参见张国强《粤港澳大湾区港口群优化协调发展研究》,载《综合运输》2019年第41期,第1-6页。
③ 参见单菁菁《粤港澳大湾区:中国经济新引擎》,载《环境经济》2017年第7期,第44-47页。
④ 参见阮晓波《紧抓粤港澳大湾区建设机遇 推进广州第二机场建设》,载《广东经济》2019年第6期,第28-35页。

程达 1480 千米"①。

（三）城市群科技创新水平不断提升

粤港澳大湾区从规划之初就被定位为"具有全球影响力的国际科技创新中心"。据统计，2017 年大湾区的专利申请量已达到 17.6 万件，而且大湾区的专利合作条约（PCT）国际专利产出正处于高速增长阶段，PCT 国际申请专利占比为 5.79%，国际影响力具备较大增长空间。② 湾区内创新要素高度集中，城市群内拥有各类高等院校 170 多所，其中香港拥有 4 所世界排名前 100 名的高校，科教实力强，并且在计算机科学、数学、电子工程学等领域位列世界前 30 名，达到世界领先水平；湾区内集中分布科研院所 800 多家，在科技创新链前端的技术、专利积累以及后端的科技成果转化等方面能力突出，主要研究领域涵盖了生物医疗、现代农业、信息技术、金融、城市发展、自然环境等，并不断向新领域衍生探索。

此外，湾区内还拥有一批极具活力的引擎企业，这些企业既是科技创新的主体，也是科技创新投入的主力军。数据显示，当前湾区内高新技术企业超过 3 万家，世界 500 强企业及独角兽企业分别为 17 家和 35 家，上市企业 2199 家，平均研发费用超过 2 亿元。③ 湾区内制造业领域科技创新实力强大，创新机构有 510 个，与制造业相关的机构 403 个，从专利成果来看，相关研发集中于计算机、通信和其他电子设备制造业，以及电气机械和器材制造业等领域。④

近年来，湾区还涌现出了华为、中兴、美的等具有全球影响力的国际领先企业，开始在全球范围内进行资源配置，形成"全球研发 + 全球应用 + 全球服务"的全球战略布局。在这些企业的引领下，大湾区在前沿领域的创新持续加快，创新成果填补了国际空白，并开始"重塑"全球价值链条，进一步引领世界产业格局。在世界知识产权组织的统计中，2018 年全球通过该组织申请的国际专利数达到 25.3 万件，其中华为申请国际专利数量排名全球第一，中兴申请国际专利数量排名全球第四，另外 9 家湾区内企业专利申请排名均在全球前 20 位。⑤ 可见，当前在大湾区城市群治理发展中，科技创新水平不断提升，进一步增强了大湾区城市群的整体竞争力。

---

① 莫文志、何宝峰：《粤港澳大湾区协同发展思考——基于陆路交通一体化视角》，载《特区经济》2019 年第 12 期，第 34 - 37 页。
② 参见杜德斌、何舜辉《全球科技创新中心的内涵、功能与组织结构》，载《中国科技论坛》2016 年第 2 期，第 10 - 15 页。
③ 参见杜德斌《全球科技创新中心：世界趋势与中国的实践》，载《科学》2018 年第 70 期，第 15 - 18 页。
④ 参见杜德斌《如何提升国际科技创新中心策源能力》，载《解放日报》2018 年 7 月 10 日第 9 版。
⑤ 参见叶玉瑶、王景诗、吴康敏等《粤港澳大湾区建设国际科技创新中心的战略思考》，载《热带地理》2020 年第 40 期，第 27 - 39 页。

(四)城市群生态环境治理体系完善

粤港澳大湾区城市群内三地积极开展区域环境合作,并形成了一些行之有效的机制与做法。从粤港澳环保合作机制来看,首先,粤港环保合作起始于20世纪80年代,从最初的信息交换、技术交流到建立机制,不断拓展合作领域,提升合作层次,形成了包含决策层、协调层与执行层的"三级运作"合作模式。决策层为"粤港合作联席会议",协调层为"粤港持续发展与环保合作小组",执行层为"专家小组"和"专责/专题小组"。通过签订协议、相互交流合作制定方案,落实环保计划政策等方式强化两地环保合作。其次,粤澳环保合作起始于20世纪90年代,2002年成立"粤澳环保合作专题小组",双方在环境宣传教育、环保产业、空气检测等多方面开展交流合作,取得了明显成效。2008年,港澳建立了年度港澳环保合作会议机制,在年度港澳环保合作会议督导下,港澳在空气污染防治、环境影响评估、服务管理等多范畴开展交流合作,共同治理环境。最后,从总体来看,粤港澳三地的环境保护合作主要以双边合作为主,三方主要依托泛珠三角区域环保合作平台开展,并逐步在区域大气污染联防联治等具体领域开展三方合作。

2014年9月,粤港澳三地环保部门共同签署《粤港澳区域大气污染联防联治合作协议书》,这是粤港澳三地首次共同签署环保合作协议,标志着粤港澳环保合作开始走向三边合作。经过不断发展,三地逐步搭建了以行政协议为顶层设计,以合作联席会议、专题小组为基础的协作治理机制,初步构建了政府间环境合作的行动框架,环境合作不断拓展与深化。三地围绕区域性环境问题,在协同实施联合制定区域性、约束性大气污染减排策略,共建、共营、共享空气监控网络,形成多层次、有重点的水环境保护合作模式,开展区域性规划研究,统筹湾区环境保护,实现环境管理社会责任的跨境延伸等方面取得了良好的治理成效。

但目前的合作机制仍存在些许问题。首先,现有的合作机制的实质是信息交换,协商主要采取"某一方申请—中央做出决定—执行决定"的模式,生态环境部没有直接参与全过程,甚少进行组织、协调和决策。其次,环境合作仅限于"一事一议",缺乏对区域性可持续发展愿景的整体环境战略及政策研究,导致区域性环境发展的整体环境政策缺失。[1] 再次,粤港澳环境管理制度存在差异,三地在环境政策、标准等方面存在异质性,环境合作需跨越制度差异的限制。最后,现有的环保合作机制重协作、轻约束、落实推动力不强等问题也亟待解决。[2]

---

[1] 参见马小玲《大珠三角环境保护合作进展与区域环境管治分析》,载《粤港澳区域合作与发展报告(2010—2011)》,第328-344页。

[2] 参见周丽旋、易灵、罗赵慧等《粤港澳大湾区生态环境一体化协同管理模式研究》,载《环境保护》2019年第47期,第15-20页。

(五) 城市群产业同构问题凸显

在全球化和产业结构新一轮调整格局下,大湾区城市群内产业结构同质化现象凸显。从城市群行业内的分工来看,一些城市产业同构现象有所缩减,但一些城市的产业差异化程度也正在扩大。就珠三角地区而言,深圳与惠州制造业在2007年的同构系数高达0.91,深圳与东莞的制造业同构系数也达到了0.89①,产业结构同质化发展是制约珠三角经济发展的重要因素。香港处于经济转型的阶段性困境中,最突出的问题是制造业产业空心化以及创新型经济的薄弱。从工业化水平和产业结构来看,2012年,香港三大产业结构的比例为0.1:6.9:93,制造业对本地生产总值的贡献不到2%。澳门则是产业过分集中和单一,经济发展主要依靠博彩业的外汇收入,占澳门生产总值的45%左右,第一、第二产业所占比重很小且结构比较薄弱,而旅游博彩业的发展依赖周边国家和地区的经济发展水平,给澳门旅游业的持续发展造成了阻碍。可见,粤港澳大湾区内存在明显的产业结构失衡现象。此外,湾区内大部分城市都致力于发展新型产业,且产业布局高度相似,只是发展程度有所不同。因此,湾区内经济发展类型比较单一,具有重复性和重合性,模糊了湾区内各城市所具有的独特城市发展定位,这不仅造成了资源的浪费,也影响了合作,阻碍了区域经济的可持续发展。

(六) 城市群行政体制管理障碍

粤港澳大湾区是由传统珠三角城市群及港澳两地构成,原本就已经存在着诸如地区规模较大、交互范围广泛的特点,其内部的种种关系较为复杂,在联通港澳后,城市群治理过程中各城市之间的差异性更为凸显。首先,粤港澳大湾区是跨境湾区,内部体制层级复杂,存在多个层面的差异,其特点是"一个国家、两种制度、三套法律体系、三个关税区、三种货币、四个核心城市(香港、澳门、广州、深圳)",在行政权力机构、经济制度、财政体系、货币发行制度和司法体制等方面存在很大差异,造成了巨大的行政和市场分割,以致在基础设施建设、资源整合和资本运作等方面存在一定的协调难度。其次,从珠三角地区地级市角度来看,在不足全省1/3的土地面积中,聚集了两个副省级市和7个地级市。一些城市的发展区域面临着行政区经济和地方市场分割的矛盾,行政壁垒和市场分割阻碍了区域经济的协调发展。一些城市则试图通过联席会议等形式建立沟通机制,但缺乏相应的配套政策与制度支持,导致区域问题的共同治理工作很难被推进。②

---

① 参见王郡、郭惠武《珠三角地区城市间的产业分工与一体化发展研究》,南方日报出版社2009年版。
② 参见武文霞《粤港澳大湾区城市群协同发展路径探讨》,载《江淮论坛》2019年第4期,第29–34页。

第二节 国外城市群治理案例

一、美国东北部大西洋沿岸城市群

美国东北部大西洋沿岸城市群是世界六大城市群之一,被公认为综合实力最强的城市群。它以纽约为中心,包含波士顿、费城、巴尔的摩和华盛顿等主要城市,北起缅因州,南至弗吉尼亚州。纽约距城市群北端的波士顿约350千米,距城市群南端的华盛顿约370千米。城市群占地13.8万平方千米,占美国总面积的1.5%。2015年,城市群总人口达到5345万人,占美国总人口的17%,预计到2025年人口将达到5840万人,2050年人口将达到7080万人,这将比2010年增加35.2%。2016年,城市群生产总值达到4万亿美元(约合人民币26亿万元),占全美生产总值的比例超过20%。[1] 随着城市群的不断发展,美国东北部大西洋城市群在人口、产业经济、交通等方面形成了诸多有益的治理经验。

(一) 多级的人口发展格局

美国东北部大西洋沿岸城市群的城镇体系呈金字塔型结构,城市群的增长由纽约、波士顿、费城、巴尔的摩、华盛顿等5个中心城市向外辐射和扩展,出现了纽瓦克、卡姆登、安纳波利斯等次级中心城市,各等级城市相互交织构成城市群的城市网络。美国东北部大西洋沿岸城市群中人口大于100万的城市有9个,介于50万~100万的城市有29个,这两类城市聚集了城市群区域内65%的人口;人口介于20万~50万的城市有34个,人口小于20万的城市有116个,这两类城市的平均规模只有6.4万人。[2]

美国东北部大西洋沿岸城市群中心城市的人口,随着美国的城市化进程,经历了有规律的变化。具体来说,城市群内城市的人口占比在美国城市化的前期迅速增加,随着城市化进入成熟阶段,中心城市的人口占比有所下降并保持稳定。1820年,美国处于城市化初期阶段,城市化率仅有7.2%,但是美国东北部城市化水平远高于美国其他地区,达到11%,5个中心城市的人口占比仅为6%左右。美国的城市化率在1840—1860年间从10.8%上升至19.8%,同期美国东北部地区的城市化率从18.5%上升至35.7%,这5个中心城市吸引了越来越多的人口,致使人口迅

---

[1] 参见潘芳、田爽《美国东北部大西洋沿岸城市群发展的经验与启示》,载《前线》2018年第2期,第74-76页。

[2] 参见潘芳、田爽《美国东北部大西洋沿岸城市群发展的经验与启示》,载《前线》2018年第2期,第74-76页。

速增长。1950年，尽管美国的城市化仍在继续，但是美国东北部地区的城市化率已经将近80%，5个城市的人口占比在这时达到顶峰，"城市群"的概念也是在这段时间被提出的。由于城市人口的不断增加，出现了许多城市问题，美国开始出现逆城市化现象，5个中心城市的人口占比也出现下降的趋势。现今，这5个中心城市的人口占比已经基本保持稳定，但它们仍是美国东北部大西洋沿岸城市群人口最为集聚的城市。

此外，美国东北部大西洋沿岸城市群最核心的城市纽约市在核心区域纽约州中的人口占比也呈现出先升后降的趋势，目前稳定在42%左右。尽管纽约州作为美国东北部大西洋沿岸城市群的核心区域，其人口规模和占比在城市群内最高，但是在发展过程中，宾夕法尼亚州、新泽西州、弗吉尼亚州等区域的人口规模和占比都经历了快速上升的阶段，这在一定程度上缓解了纽约州人口集聚的压力，城市群整体也呈现出多级发展的态势。

（二）产业层级结构完善

美国东北部大西洋沿岸城市群拥有完善的产业层级结构，并在各层级城市间形成了完善的产业分工格局，五大中心城市的功能定位也各具特色，实现了错位而不同质的发展。纽约作为城市群中最核心的城市，处于产业结构的顶层，其同时位于城市群地理位置的核心区域，能够充分发挥辐射和带动作用。纽约是美国人口密度最高的大城市，是一座具有世界影响力的城市，它也是全球金融中心，在全球商业、文化、娱乐、科技、教育、研究等领域具有举足轻重的地位。纽约集中了全球性跨国公司的总部，是联合国等重要国际组织所在地，由此也聚集了各类专业管理机构和服务部门。

波士顿、费城、华盛顿、巴尔的摩四座中心城市均处于美国东北部大西洋沿岸城市群产业层级结构中间层的位置，具有承上启下的作用。它们一方面与纽约在产业发展上齐头并进，另一方面统筹周边的中小城市，带动了周边产业的发展。华盛顿是美国的首都、政治中心，聚集了众多美国联邦政府机构及国际组织，由于其在美国独立过程中的重要地位，留下了大量历史遗迹，因而旅游业非常繁荣。波士顿是美国历史最悠久的城市之一，如今是美国重要的高科技中心，是全球创新创业的引领者。由于众多顶尖高等院校聚集在此，其也是重要的世界高等教育中心，这些学校包括哈佛大学、麻省理工学院、塔弗茨大学等。波士顿重要的经济基础产业有金融业、商业服务业、生物科技产业、信息技术产业等，在全球城市宜居性排行榜上名列前茅。费城是美国著名的历史名城，是美国重要的教育中心和经济中心。费城重要的经济部门包括金融服务业、医疗健康产业、生物科技产业、信息技术产业和旅游业，是美国东海岸重要的钢铁、造船基地以及炼油中心，是美国承担近海航运的主要港口。巴尔的摩位于华盛顿东北方向约64千米处，与华盛顿联系紧密，是该地区的第二大港口，航运业非常发达。巴尔的摩曾经是一个以钢铁加工和汽车制造为主的工业城市，如今也经历了产业转型、科技产业的迅速发展。

5个中心城市周围的众多中小城市构成了美国东北部大西洋沿岸城市群产业层级结构的第三层，他们是中心城市的腹地，是城市群的黏合剂，为几大中心城市的生产生活提供服务与便利。由此可见，处于不同产业层级的城市都能充分利用其自身特点并发挥优势，与其他城市形成合作和互补的发展模式，最终形成一个在产业发展方面协同的城市群。这也保证了城市群的均衡发展。

（三）城市群交通网络发达

发达的交通网络是城市群的骨架，也是城市群形成的重要条件。在美国东北部大西洋沿岸的城市群中，高速公路、铁路、机场、港口等多种交通基础设施共同组成了城市群多层次的网络化交通系统。这为城市群的协同发展创造了便利的沟通渠道，最大程度上促进了城市之间的密切联系，这不仅改变了城市的外部形态，而且使其空间扩展更具有指向性。

美国东北部大西洋沿岸城市群高速公路密布，城市群内几乎所有城市都能通过高速公路抵达。城市群内的铁路网为东北至西南方向，主干道起于波士顿，途径纽约到达华盛顿，主要负责城市群内各中心城市的连接；轻轨主要负责中心城市与远郊地区、周边城镇等的短途客运，不仅扩大了中心城市的辐射范围，而且带动了城市周边的发展。公路、轻轨、地铁等高频的交通方式构成了便捷的交通网，主要服务于日常的短距离客流。5个中心城市的轨道交通（地铁和轻轨）客流量占全美的80%。在距离纽约最主要的城际火车站40千米的范围内，有超过700万人和超过300万人分别居住和工作在距地铁站800～1600米的半径范围内。费城、波士顿、华盛顿亦均有20%～35%的工作地点靠近其当地的轨道交通系统。航空交通方面，美国东北部大西洋沿岸城市群内拥有肯尼迪国际机场、洛根国际机场、费城国际机场等9个大型机场。这些机场均分布在5个中心城市内，各中小城市之间也形成了发达的航空交通网络体系，航空运输是城市群长途客运的主要形式。[①] 港口交通方面，除华盛顿外，纽约、费城、波士顿、巴尔的摩等中心城市均拥有重要港口，并通过合理的分工形成独具特色的港口群。其中，纽约港为中心枢纽，重点发展集装箱运输，费城港主要从事近海货运，巴尔的摩港是矿石、煤和谷物的转运港，波士顿港则兼有商港和渔港的功能。

（四）多主体联动的区域协调机制

在美国东北部大西洋沿岸的城市群内，区域之间的协调基于"政府—非政府—

---

① 参见潘芳、田爽《美国东北部大西洋沿岸城市群发展的经验与启示》，载《前线》2018年第2期，第74–76页。

市场"的多重作用,形成了政府制度引导、行业专业指导和市场竞争驱动的多主体协同机制。政府层面,联邦政府会就环境等敏感问题在全国层面出台法案,并安排相应的基础设施建设,各地方政府在交通、环境保护、社会服务等领域也会进行合作。非政府组织层面,民间组织在区域管治中发挥了重要作用。1922年成立的纽约区域规划协会,是一个独立的非营利性的地方规划组织,它基于民间团体的规划模式在美国东北部纽约州、新泽西州和康涅狄格州的规划中一直发挥着重要作用。该协会不仅是地区研究和规划组织,还是拥有巨大影响力的民间团体和教育机构,与美国建筑学会、美国规划学会、美国公共管理学会等学术团体及林肯土地政策研究中心等研究机构长期保持紧密合作,并逐步形成一个包括地方政府、专业团体、商业社区等利益相关者的发展联盟。市场机制层面,由于各城市间的资源禀赋不同,交通优势、技术优势等多方面存在差异,通过发达的市场竞争和合作机制,驱动各城市间优势互补、错位发展,进而实现了资源的合理配置及区域的协同发展。[①]

二、日本东京都市圈

东京都市圈位于日本东海岸地区,其覆盖范围是以东京市为圆心、半径为100千米的圆形区域,包括东京、京都、神奈川县、千叶县等地区。东京都市圈的总面积约为1.34万平方千米,仅为日本国土总面积的4%,但人口与地区总产值均占日本总人口和全国国内生产总值的30%左右。同时,全国有一半固定资产超过50亿日元的企业都聚集在都市圈内,整个都市圈的城镇化率水平超过80%。[②] 圈域内各城市职能分工极为明确,全国的政治、文化以及经济重心均分布于此。东京都市圈是世界范围内著名的大都市圈之一,其独特的发展模式和治理经验对我国城市群发展具有一定的借鉴和参考价值。东京都市圈的发展是多方面因素共同作用的结果,其中主要包括科学的城市规划、完善的制度保障、通达的交通网络和区域规划协调机制的建设。

(一)科学合理的城市圈规划

不同于西方国家城市群,东京都市圈的发展更多地受到政府的影响,日本政府在东京都市圈的空间布局与产业分布等各方面起到了决定性作用。同时,区域规划与城市规划也奠定了城市群总体形态的基础。为了科学、合理地建设东京都市圈,日本政府、日本规划学会以及东京都市圈建设委员会做了细致的调研,并在此基础

[①] 参见潘芳、田爽《美国东北部大西洋沿岸城市群发展的经验与启示》,载《前线》2018年第2期,第74-76页。

[②] 参见张晓兰、朱秋《东京都市圈演化与发展机制研究》,载《现代日本经济》2013年第2期,第66-72页。

上反复斟酌规划方案,提出了多种都市圈发展方案,确定了科学完善的规划体系。[1] 规划是其首都圈建设和发展的依据,确定着区域发展方向、布局和规模,并考虑到对资源和环境的影响。因此,从 1959 年开始,针对首都圈的建设,日本先后五次制定基本规划,每一次基本规划的制定都充分考虑了当时的政治、经济、地理因素和文化背景以及人口规模等诸多因素。规划协调的主要特点是自上而下,通过项目的规划和实施来协调地方间的利益,同时,区域规划机构在规划过程中也对地方建设进行指导和协调。

(二) 完善的法律保障体系

日本都市圈的建设还得益于法律的保障。为了促进首都圈的建设,1956 年,日本国会制定了《首都圈整备法》,为首都圈的规划与建设提供了法律依据。随后又相继颁布了《首都圈市街地开发区域整备法》(1958 年)、《首都圈建成区限制工业等的相关法律》(1959 年)、《首都圈近郊绿地保护法》(1966 年)、《多极分散型国土形成促进法》(1986 年)等多部法律法规,并在首都圈建设的不同阶段,对相应的法律法规进行修改和完善。一系列法律法规的实施,使首都圈的规划建设有法可依。[2]

(三) 高度发展的轨道交通

在交通系统发展方面,东京都市圈最为显著的特征是轨道交通的高度发展。东京都市圈可以说是城市交通基础设施最为发达的地区,有地下轨道交通线、国铁的山平线和私铁等各类轨道交通。都市圈内的大部分客流运输都是以轨道交通的方式进行的。有资料显示,东京都市圈内超过 85% 的学生与上班族会选择轨道交通作为每日的出行方式,在人流高峰时期,该比例超过 90%。这说明日本轨道交通无论是在区域覆盖面,还是客流容纳性上都发展得极为成熟。交通系统的高度完善得益于日本政府的高度重视与财力投入的支持,这一点充分体现在日本的区域规划与城市规划中,东京都市圈任何一次规划都是将公共交通系统的布局与建设放在首位,同时投入大量的财政补贴。现今,随着交通系统的完善,轨道交通网络已经勾画出东京都市圈的结构骨架,以城市群轨道交通线路为轴线,形成了功能完善、联系紧密的城市圈空间结构。东京都市圈作为日本经济发展的核心区域,区域内的高速铁路密度非常高,城市间的联系因而得到进一步加强。此外,公路交通也是东京都市圈交通系统内不可缺少的组成部分,区域内高速公路总里程超过 8000 千米,除了陆地

---

[1] 参见王鹏、张秀生《国外城市群的发展及其对我国的启示》,载《国外社会科学》2016 年第 4 期,第 115–122 页。

[2] 参见王玉婧、顾京津《东京都市圈的发展对我国环渤海首都区建设的启示》,载《城市》2010 年第 2 期,第 35–39 页。

交通系统对城市圈发展产生积极的推动作用外,空中交通与海上交通同样是东京城市圈跻身世界一流城市群行列的重要因素。[1]

(四) 都市圈跨行政区划的区域协调治理机制

在东京都市圈的发展过程中,随着中心城市功能集聚和辐射能力的增强以及圈内生活性、生产性活动半径的快速扩张,很多城市问题(如交通、环境、产业、公共服务等)的产生及影响范围逐渐呈现出跨越行政区划、覆盖都市圈大部分区域的特征。为解决这一系列纷繁复杂的区域性问题,除了具有引导性的统一规划之外,也离不开有效的区域性行政协调和管理机制。从区域行政的历史经验看,东京都市圈内的区域性协调机制,多年来主要以中央政府为主导,即中央政府通过完善、权威的区域性规划体系和强有力的项目资金保障、政策配套以及自上而下的宏观调控,达到区域行政协作的目的。而以地方政府为主体的区域联合组织或机构的数量和活动范围受到诸多行政法令的严格限制。其主要原因除了与日本国家政体的集权化特征高度相关之外,也与大规模的区域开发关于效率提升、资金保障、资源合理配置等方面的要求密切相关,相对集中的协调机制有利于避免重复建设、资源浪费和地方政府间的恶性竞争等问题。

不过,即使在这种行政管理体制下,东京都市圈内各地方自治体之间仍然探索出了与中央集权主导相配套的一些区域性协作机制,保证了处理具体性区域问题的针对性和灵活性。早在1947年,日本政府颁布的《日本地方自治法》就赋予了都道府县各级地方政府相应的自治职能,并规定各地方政府可以通过设立协议会、共同设置机构、事务委托、设立事务组织和区域联合组织等形式建立处理区域性事务的协作机制。当前,一些正式体制外的跨区域协议会是最常见的形式。其中,既有以解决专业性问题为导向的区域协议会,如东京都市圈交通规划协议会;也有各地方自治体的首脑自发组成的联席会议,如1965年成立的关东地方行政联席会议、1979年成立的七都县首脑会议、2002年成立的首都圈港湾合作推进协议会等。这些自下而上、非正式的协调机制成为中央政府主导区域协调机制的有益补充。[2]

(五) 充分发挥市场机制的动力作用

对于东京城市群的演变发展,政府发挥了主导作用,但在城市治理过程中,市场发挥了很大的动力作用。首先,在产业组织模式和人口协调方面。城市群发展初期阶段,东京作为都市圈的城市,城市规模较大,辐射带动能力较强,集聚了大量

---

[1] 参见王鹏、张秀生《国外城市群的发展及其对我国的启示》,载《国外社会科学》2016年第4期,第115-122页。
[2] 参见张军扩《东京都市圈的发展模式、治理经验及启示》,载《中国经济时报》2016年8月19日第5版。

的企业，引发了都市圈内人口向此处的迁徙，从而导致人口膨胀，物价、地价的上涨。此时，市场的价格机制发挥作用，通过市场调整，促使很多企业向郊区转移，因此带动了人口向外迁徙，同时促进了郊区城市化发展，给予了中心城市发展空间，实现了都市圈内资源的合理配置。其次，在东京都市圈的治理过程中，区域内城市为了争取更多的资源用以发展自身城市建设进行的竞争，在一定程度上促进了城市群内部生产要素的流动，特别是东京核心城市与其他非核心城市的竞争，由于核心城市具有竞争优势，其他非核心城市为了自身的发展，以及为了增强自身竞争力，需要实现自身城市功能的完善、升级，缩小与核心城市间的差距，从而努力提升自身竞争力。因此，东京都市圈在发展过程中，合理的市场竞争机制也促进了城市圈的有效治理。①

三、英国伦敦城市群

（一）城市群空间规划科学合理

伦敦城市群的雏形最早源于由巴罗委员会规划的 4 个同心圆设计。它以伦敦—利物浦为轴线，涵盖了伦敦、伯明翰、谢菲尔德、曼彻斯特、利物浦等大城市及周边中小城镇，占地约 4.5 万平方千米，占英国总面积的 18.4%；人口有 3650 万人，经济总量达到了英国的 80% 左右。从空间结构划分来看，城市群由内至外可以分为 4 个圈层：中心层为内伦敦，包括金融城和内城的 12 个区；第二层是伦敦市区，内、外伦敦所属的 20 个市辖区；第三层是大伦敦都市圈，既包括相邻大都市在内的大都市圈，也包括伦敦都市圈的外圈。伴随着城市集群化的演进发展，以伦敦为圆心，辐射带动城市群内周边城市及小城镇发展，使得伦敦城市群不仅是世界经济、金融、贸易中心，同时也成为高新科技中心、国际文化艺术交流中心和国际信息传播中心。可以说，以"同心圆"为模型的城市规划设计奠定了城市群的发展基础。

在 20 世纪三四十年代，巴罗委员会为解决伦敦人口过于密集的问题而专门提出了《巴罗报告》，将伦敦地区工业与人口的不断聚集归因于工业的发展，认为人口集中的弊端远大于其有利因素。因此，疏散伦敦中心地区的工业和人口势在必行。于是，20 世纪五六十年代，政府在离伦敦市中心 50 千米的半径内建设了 8 座新城（卫星城），而后以伦敦为起点，沿主要快速交通干线向外扩展，开始在区域范围内构建"反磁力吸引"体系，这些做法的主要目的就是解决人口密集、交通堵塞、住房困难等突出矛盾，以期在更大的地域范围内解决伦敦及其周围地区实现经济、人口和城市的合理均衡发展的问题。为了达到这个目标，具有"反磁力吸引"功能的区域和城市开始千方百计地引进工业，配备完善的基本生活服务设施，并为迁移居

---

① 参见王佼《世界典型城市群内部协调发展机制研究及对京津冀协同发展机制建设的启示》（学位论文），对外经济贸易大学 2016 年。

民提供各种工作岗位，不仅有效地发挥了大城市的过剩人口疏散点的作用，同时在自身特色产业的基础之上也成为该区域的经济发展中心。在众多新城发展的实践中，米尔顿凯·恩斯的建设堪称成功的主要原因，就在于它堪比伦敦、曼彻斯特等大城市，以零售、信息、咨询、保险、科研和教育培训等服务业为支撑，成功构建了一定规模并具有吸引力的"反磁力"现代化城镇，从而吸引和转移了中心城市的就业人口。

(二) 优化产业结构布局

随着伦敦地区城市规划的不断健全和完善，产业格局也有了进一步的优化和调整，加上发达的交通网络紧密联系着各地区，形成了多中心的产业网络型格局。先进的生产服务业使周边主要城市各具特色，并分别承担不同的职能分工，从而使得城市群具有区域综合职能和产业协作优势。像这种一个核心、多个副中心和发展轴线的规划，不仅有效引导了人口和产业的合理集聚，更为伦敦都市圈经济注入了新活力。

第一，经历了几个世纪的发展，伦敦由一个工业中心逐渐演变成世界金融和贸易中心，而在近十多年里，政府开始实施"创意伦敦"的概念运作，现代化的伦敦不仅是全球的政治经济中心，同时还被誉为"国际设计之都"，随着创意产业的高速发展，其将超过金融服务业而成为最大的产业部门。

第二，英国第二大城市曼彻斯特充满了电子气息，它以电子、化工和印刷为中心，主要发展新兴工业。作为自由贸易、经济自由化和合作运动先导的重建城市，曼彻斯特已经集金融、教育、旅游、商业和制造业于一体，对英国经济有着极强的影响力。

第三，按照伦敦都市圈的规划布局，经历了几十年的产业结构调整，大批伦敦及其他城市转移的工业产业被伯明翰所承接。政府通过改造"夕阳产业"来加速发展电子工程和汽车制造业，使之成功地实现了传统工业向现代制造业的迅速转型。如今的伯明翰是英国主要的制造业中心之一，拥有全世界最大、最集中的工业区、金属加工区和规模非常庞大的汽车工业区等。

第四，利物浦的船舶制造中心开始了迅猛的服务业发展。船舶修造厂、修造厂和大型船坞主要分布在港区内侧，新兴工业主要集中在市郊，而商业和旅游业则成为利物浦的重要经济支柱。当前，面对伦敦都市圈的产业分工布局，它所做的一切都是为了重新发掘历史遗迹。

第五，谢菲尔德原属于一座主要从事钢铁制造的工业城市，从 1950 年开始，该城市开始了特色服务业的发展。目前，谢菲尔德已经拥有了完整的体育产业链，同时，它还是世界著名的创意产业城市，其快速崛起的著名的文化产业区主要从事音乐、电影、电视、电台节目制作、新媒体、设计、摄影、表演艺术及传统工艺等创作活动。

总体看来，依托于"反磁力吸引体系"，伦敦沿交通干线发展城镇带充分发挥了中心城市的辐射作用，把新建工业分散至各卫星城中，并为其经济、文化发展提供各种条件，促进它们专业化的分工协作，使它们成为具有主导产业的副中心。

（三）完善生态环境治理体系

伦敦一度被称为"雾都"，但随着一系列环境政策的出台和制度体系的日臻完善，今日的伦敦已成为最适合人类居住的城市之一。目前，为了进一步加强大伦敦地区的城市环境保护，政府在净化空气质量、处理废弃物、控制交通和环境噪声以及治理水污染等方面提出了更高、更细的要求。

第一，净化空气质量。自20世纪80年代起，汽车成为英国大气的主要污染源。因此，伦敦开始通过健全公共交通网络和对交通堵塞收费来控制伦敦交通总量；开发和使用新能源交通工具，减少单个交通工具的排放量，同时加大低碳交通工具的推广力度。

第二，运用多种方式处理废弃物。伦敦处理垃圾等废弃物的方式大致有三种：回收利用、填埋和焚烧。伦敦的两个大型焚烧厂处理了伦敦市约20%的垃圾，而71%的城市垃圾被填埋在郊外。近年来，伦敦政府不断加大制造业投资力度，刺激和调整对回收材料的新市场和新用途的发展，同时建立垃圾数据库，这样不仅可以减少污染，还可以创造新的产业和工作机遇。

第三，控制环境噪声污染。近几十年来，伦敦人口和经济的快速发展，带来了更多的噪声污染。其中，公路、铁路沿线和机场是城市环境噪声的"罪魁祸首"。因此，伦敦市政府确定了环境噪声战略方案，包括提高伦敦公路路面质量，取消夜间航行，更好地规划设计新住宅，等等。

第四，治理水污染。从19世纪中叶起，为拯救泰晤士河，英国历届政府采取了各种措施和方式来治理水污染，其中最主要是从农业生产和城镇生活两方面入手解决水体污染问题，同时设立"环境监管项目"，确立各方在水体保护方面的责任和义务，并投入资金支持居民区污水管道改造等，以降低居民生活污水对公共水体的污染，此外，还通过重金处罚的方式惩治污染水体行为。[①]

（四）交通运输体系完善

伦敦都市圈区域内功能一体化以及各级中心城市的有效合作，均离不开发达的交通网络。伦敦的航空运输十分发达，有希思罗和盖特威克两个机场。希思罗机场位于伦敦西郊，是欧洲客运量最大的机场，有时一天起降飞机近千架次，空运高峰

---

① 参见李凌《伦敦都市圈对建设中原城市群的启示》，载《财政科学》2016年第9期，第124-129页。

期间，平均每分钟就有一架飞机起降。伦敦的市内交通方便，地铁是市内主要交通工具。截至2009年，伦敦全市地铁干线有9条，全长414千米。伦敦地铁的技术和管理设备先进，所有调度和信号系统均为自动控制。如今，大伦敦市区共有公共汽车线路350多条，总长度为2800千米，公共汽车6600多辆，而且都是双层公共汽车。此外，伦敦还有约1.3万辆出租车。伦敦港是英国最大的港口，也是世界著名的港口之一。全港包括皇家码头区、印度和米尔沃尔码头区、蒂尔伯里码头区，与70多个国家的港口建立了联系，年吞吐量约4500万吨，仅次于鹿特丹、纽约、横滨和新加坡等港口。[1]

（五）构建信息化发展战略

伦敦城市群在利用信息化推动城市群治理方面，采用了战略规划先行、专门机构统筹的统一治理模式，在开放政府数据、构建智能交通体系、缩小数字鸿沟、大气污染联防联控等方面都开展了信息化联动治理。

第一，战略规划先行，牵引信息化建设。伦敦城市群成员都认为信息化是发展的机遇和挑战，十分重视信息化战略的制定和实施。因此，先后制定了多项战略规划以实现伦敦的信息化发展。就伦敦而言，2001年，政府发表《电子伦敦：伦敦的机遇和挑战》报告，制定"连接伦敦"战略；2009年，推出首都雄心计划和连接数据论坛等八个信息化项目；再如，曼彻斯特制订了"曼彻斯特科技城市计划"；另外，伯明翰还启动了"数字伯明翰计划"，发布了《伯明翰智慧城市愿景声明》。

第二，设立专门机构，统筹信息化工作。为更好地开展战略规划，伦敦城市群还设立了专门机构统筹工作。如伦敦成立了跨部门的"连接伦敦"工作组，设有连接委员会，成立首都雄心理事会，等等。又如，曼彻斯特设立数字发展委员会，伯明翰成立智慧城市委员会。

第三，将信息化手段融入多项公共服务。大伦敦市政府指定伦敦市的各级机构、公务员以及其他数据捐助者把数据积累到公共数据库，通过数据库发布实施数据，保证数据公开，鼓励公众参与。伯明翰通过"东部服务"等增强落后地区的信息化建设，缩小东西部地区信息化发展的差距，通过加强教育来提高弱势群体信息化能力，保证更多的人可以通过数字渠道了解信息。此外，伦敦城市群还借用信息手段开展清洁革命，实现大气污染的联防联治；利用信息化技术多系统构建智能交通体系，解决了城市群交通难题。[2]

---

[1] 参见邓汉华《伦敦都市圈发展战略对建设武汉城市圈的启示》，载《学理论》2011年第10期，第135-136页。

[2] 参见汪礼俊《信息化对京津冀协同发展的作用研究：基于世界五大城市群的经验》，中国软科学研究会第十一届中国软科学学术年会论文，北京，2015年，第115-123页。

(六) 建立健全协同治理机制

伦敦城市群在发展过程中逐步形成了都市圈协同治理的工作机制，主要表现在以下四个方面。

第一，召开伦敦城市群地方政府峰会。该峰会由英格兰东部地区政府协会主席、英格兰东南部地方政府理事会主席、大伦敦市长负责召集，一般是每年一次，必要时可增加频次。峰会的主要任务是为峰会下辖的常任性的政治领导小组活动提供战略指引并授权，听取政治领导小组的工作汇报，确定下次峰会的召开时间。

第二，成立伦敦都市群的政治领导小组。人数为15人，由英格兰东部地方政府协会、英格兰东南部地方政府理事会和大伦敦市长各提名5人，设主席1人，轮流担任，每年开会2～3次。政治领导小组的主要职能是更具体地处理峰会确认的重大事项，发起、指导和共同商议泛东南区域跨区域性的战略合作活动，寻求接触和共同行动的机会。①

第三，设立战略空间规划官员联络小组。该小组的主要职责是为伦敦都市圈政治领导小组和伦敦都市圈地方政府峰会提供服务。包括告知各方政治领导小组的战略安排，为政治领导小组安排会期、准备会议议程、协同推进政治领导小组交办的事项，为协同工作提供战略性技术支持，向地方政府发布会议成果和工作成效信息。联络小组由18名跨域高级官员组成，每年至少召开4次会议。

第四，建立伦敦都市圈跨域协同治理网站。大伦敦市长、伦敦地方政府理事会、英格兰东南部地方政府理事会、英格兰东部地方政府协会共同在大伦敦官网上开辟专门的跨域协同治理网站——泛东南区域政策和基础设施协同网，发布相关法律、政策、峰会会议文件、新闻等。②

第三节　国外案例的经验借鉴

一、国外城市群的发展特点

(一) 城市群内各城市的职能分工明确

城市群的形成过程实际上是城市群中的产业在不同区域的集聚分布与优化的过程，因此应根据区域中各城市自身的资源优势和比较优势来确定城市的职能与发展定位，发挥相应的功能，形成不同的分工，并加强城市之间的合作与竞争。城市群

---

① 参见邢琰、成子怡《伦敦都市圈规划管理经验》，载《公关世界》2019年第3期，第76－79页。
② 参见邢琰、成子怡《伦敦都市圈规划管理经验》，载《前线》2018年第3期，第76－78页。

的形成与发展是建立在城市职能分工的基础上的。随着城市间相互联系程度的加深，区域内逐步形成产业协作体系，区域经济发展的趋同性逐渐加大，同时产业层次得到提升，形成更长的产业链，从而最终实现区域空间结构与布局的优化。例如，前文提到的纽约都市圈，不仅有全球金融中心纽约市作为整个城市群经济发展的依托，同时还有政治中心城市华盛顿，为城市群涂上了浓重的政治色彩。除此之外，次中心城市，如波士顿、费城等分别具有高新技术产业、重工业等各不相同且极具地方特色的主导产业，将自身的产业优势和资源优势转化成区域优势，并发挥比较优势，促进了中心城市与其他城市的合作，形成统一发展、共同进步的格局，为纽约都市圈的繁荣奠定了坚实的基础。

（二）城市群的发展不受行政区划的限制

从东京都市圈的发展经验可以看出，在制定城市群区域规划的时候，政府是跳出了行政区划的约束来做决策的，这一点对城市群的发展尤为重要。因为城市群区域发展是一个具有整体性、动态性的过程，区域内各城市间都有着或多或少的联系，如果不跨越行政区划的壁垒，逃脱行政区划带来的约束，势必会阻碍城市群的发展。因此，城市群区域规划需要用长远的眼光从国家层面对城市群做出科学合理的发展规划。

（三）城市群的发展规划合理

国外城市群能够发展成为全国乃至全球范围内的经济增长极，是因为前期的城市规划与区域规划工作做得充足且到位，为城市群后期的快速发展奠定了基础，并且在发展过程中根据实际情况和需要不断做出调整。一方面，城市群发展要以合理的规划为基础。例如，东京都市圈的规划工作就做了很长时间的前期调研，充分考虑到当时东京都市圈区域的发展现状和自然环境，因地制宜，提出了多个规划方案进行综合选择。① 另一方面，合理的规划也指引着城市群的空间扩张。综观世界几大城市群的规划历程，其空间扩张都受到了城市群区域规划的指引，通过空间规划合理引导产业和人口集聚，强化土地的集约节约利用，保护绿色休闲空间和历史文化遗产，协调区域均衡发展。例如，伦敦都市区城镇布局和建设用地扩张主要沿用了规划的环状放射交通网络，由此形成多个圈层空间结构。日本大力扶持东京的经济发展，凭借着优越的区位条件，大量人口及企业向东京聚集，东京很快便发展成为日本最发达的地区，并成为全国重要的增长极。但这种"单级"的空间发展结构导致东京人口密度过大、空间拥挤、区域发展不平衡，不利于国家整体竞争力的提升。因此，日本政府提出了发展都市圈副中心，发展周边卫星城镇，合理规划空间，

---

① 参见王鹏、张秀生《国外城市群的发展及其对我国的启示》，载《国外社会科学》2016年第4期，第115-122页。

促进"多心多核"空间结构的形成。① 国外城市群的发展经验都显示出了科学规划的重要性,只有前期规划合理,城市群的发展才能有的放矢。

(四) 建立发达的交通网络系统

交通运输、通信网络、市政工程等基础设施,是经济社会发展的基础,是商品流、人才流、资金流、信息流等不可或缺的物质载体。其中,方便快捷的交通运输网络体系,是城市群一体化发展的重要前提和有力支撑。可以说,城市群一体化首先是从交通一体化开始的,特别是以轨道交通、高速公路为标志的现代交通运输水平,决定了城市群一体化发展的速度和规模。以日本东京都市圈为例,在其发展过程中,日本政府始终坚持"优先公共交通"原则,十分重视综合交通体系的建设。1925—2000 年,东京都市圈历经 9 次轨道交通规划,并通过政府颁布的"通勤五方向作战计划"和"新线、复线建设项目制度"(P 线制度),以及允许东京政府、私人企业共同参与修建地铁等多项政策措施,使东京轨道交通进入高速建设时期,有力地促进了都市圈内各个城市的互动发展。进入 21 世纪后,东京以申办 2020 年奥运会为契机,加强了首都中央环状线等基础设施的建设,缓解了交通拥堵并满足货运需求,使交通运输服务体系的进一步优化得到提升。目前,东京都市圈已形成位于 4 个不同圈层,由 JR 铁路(原日本国铁)、私铁、地铁和其他铁路组成,总规模约为 3500 千米的轨道交通运输体系。② 凭借着高度的交通网线,东京都市圈内城市间的社会经济交流频繁,实现了人口、信息和资金等要素的高效流动。又如,伦敦都市区已形成了"环状 + 放射状"的公路交通网络。公共交通网络的核心是地铁,伦敦地下铁路的乘客量每日高达 300 万人。伦敦还是重要的国际航空交通站之一,拥有希斯罗、盖特威克、斯坦斯特德、卢顿和伦敦城市 5 座机场。

(五) 形成以核心带动周边的发展模式

各大城市群内的城市产业分工明确。核心城市人口规模和经济总量在整个区域内占据着重要地位,控制着城市群内资本、信息等生产要素的流动,并处于大都市区内生产网络的核心环节。这些核心城市在世界级城市排行榜中位列前十,是全球重要的经济增长极,对整个大都市区的社会经济发展起到明显的辐射带动作用。例如,2014 年纽约市金融、保险、房地产和租赁产业增加值占国内生产总值的比重为 32.2%,增长了 3.9%,对经济增长的贡献最大;专业和商业服务产业增加值占国内生产总值的比重为 12.5%,增长了 3.4%,对经济增长的贡献较大;金融、保险、

---

① 参见姚士谋、周春山、王德等《中国城市群新论》,科学出版社 2017 年版,第 131 页。
② 参见金世斌《国外城市群一体化发展的实践成效与经验启示》,载《上海城市管理》2017 年第 26 期,第 38－43 页。

房地产和租赁产业及信息产业在全国占据重要地位，增加值占全国的比重均超过了12%。[①] 纽约市凭借着强大的经济总量和服务能力，以现代化的交通网络、互联网等为载体向周边城市输出资本、信息、技术劳动力和游客等。东京是日本政治、行政、金融、信息、经济和文化中心，也是国际金融中心，还是日本国内大型企业总部的聚集地。位于东京周边的城市横滨、千叶和川崎为港口工业聚集地，工厂较多，是东京产业转移的重要基地。东京与周边城市建立了"总部—制造基地"的区域合作链条，通过这个链条带动周边城市产业的发展。

（六）注重人才培养和科技创新

综合科技实力决定城市群参与经济全球化过程中的竞争力，决定其在全球产业链中的地位，是影响着区域可持续发展的重要因素之一。因此，各大城市群都重视对人才的培养和科技的创新。例如，东京都市圈从传统工业区快速演变为具有现代化特征的特大都市区，并成为全球最具有创新力的城市圈之一，原因就在于其非常重视科技创新。20世纪70年代，东京都市圈在经历了高速的工业化后，产业结构重型化明显，产品附加值较低，凭借前期的资本积累，通过大规模引进国外先进生产技术，并进行创新，造就了当今一批科技实力突出的跨国企业。同时，东京都市圈还非常注重引进科技人才，重视技术研发企业以及大学与企业间的科研合作。同时，政府通过资金等手段支持技术研发，不断实现技术创新。

（七）完善法律法规和城市群管理体系

城市群作为一个复杂的社会经济系统，其发展得益于有效的管理体制和政策创新。在各大城市群的发展过程中，政府的行政管理体系对发展进程发挥着重大作用。政府除了牵头组织城市群区域发展规划外，还制定了各种保障措施，并将其法制化。例如，伦敦城市群中伦敦市政府颁布了《绿带法》《新城法》等法律文件以保障第一次伦敦城市群规划的顺利实施。再如，为了推动东京都市圈的建设发展，日本国会从1956年制定《首都圈整备法》开始，先后制定了多部法律法规以保障城市群的有序发展。此外，由于城市群管理涉及多级行政管理机构，因此部分国家通过整合地方政府管理机构，打破行政界限对区域发展的制约。例如，伦敦都市群先后经历了市和区之间的对抗、大伦敦议会的统一与分散管理和建立大伦敦市政府几个阶段后，最终建立了城市群内各城市相互协调的政府管理组织。

（八）注重生态环境建设

从城市群发展历程来看，各大城市群都很重视生态环境保护，强调人与自然和

[①] 参见姚士谋、周春山、王德等《中国城市群新论》，科学出版社2017年版，第131页。

谐共处的理念，致力于将城市群建设融入大自然中。例如，历次伦敦城市群发展规划都非常重视滨水空间、地方公园和绿色走廊等开放空间的建设。目前，伦敦市是世界公认的绿色城市和最适宜居住的城市之一，其绿色框架，如换乘绿带、开放空间网络、人行道和运动休闲设施等都被国际社会所推崇；纽约城市群则认为环境资源已经成为后现代可持续发展的宝贵资源，应该系统、科学地分析和预测人口规模增长、自然资源消耗与供给、环境变化与经济增长。①

二、国外城市群治理经验启示

改革开放以来，受经济全球化的影响，城市群逐渐在我国出现，主要分布在东南沿海等具有较高区位优势的地区，如珠三角城市群、长三角城市群等。经过几十年的发展，这些城市群已经成为带动区域经济发展的核心地区，并演化成全国经济增长极。与此同时，我国中西部地区也逐渐涌现出一批城市群，这些城市群一般是以省会城市为中心，周边中小城镇为节点而形成的综合发展体，相比东部地区的城市群来说，这些城市群无论在规模、发展程度、功能完善度，还是在基础设施建设等方面都有较大差距。为了整合区域资源、优化资源配置，应扩大现有的城市群规模，在更大的区域范围内形成职能分工明确、城镇体系完善、基础设施一体化的城市群。事实上，这种大范围集聚发展的形式已经受到政府的高度重视，并付诸于发展实践，例如，2014年国务院提出了《关于依托黄金水道推动长江经济带发展的指导意见》，2015年4月正式批复了《长江中游城市群发展规划》等。与国外高度发展的城市群相比，我国城市群还处于发展的起步阶段，借鉴国外城市群的发展经验，能够更有效地实现区域一体化。

（一）建立城市群层面组织协调机构

从国外城市群的发展经验来看，建立更高层级的组织与协调机构是十分必要的。城市群往往由多个不同规模的城市群组成，而各城市群又由多个大大小小的城市组成。一般来说，在各个不同层面都设有专门的负责机构，如美国采用的就是市县合并以及设立都市区政府等策略，用以协调都市圈内各层面发展的问题。在这方面最突出的是巴黎都市圈，该都市圈地跨4个国家，包含数个高度发展的城市群。由于各国发展环境与政策不同，为了解决地区间差异带来的发展问题，巴黎都市圈成立了专门的发展委员会，针对都市圈内的城市联合发展做出规划与决策。同时，各国政府签署协议，明确对城市群的具体发展过程不予干涉，只负责决策重大项目的建设。

---

① 参见姚士谋、周春山、王德等《中国城市群新论》，科学出版社2017年版，第131页。

（二）制定科学合理的发展规划

区域规划作为公开政策，具有很强的导向性，会对整个城市群区域的社会发展和居民生活产生重大影响。因此，城市群必须制定科学合理的发展规划，以保证城市群区域社会的和谐发展。

首先，要明确各城市职能。当前，我国城市群存在较严重的产业同构现象。由于缺少合理和定位清晰的规划，区域内城市间缺乏分工与协作，而且存在大量低水平重复建设等问题，导致社会资源被极大浪费，并且可能会导致城市间的恶性竞争。因此，需要根据城市自身特色和资源优势，因地制宜地制定科学合理的区域规划，为形成层级分明、城市职能明确的发展格局奠定坚实的基础。其次，要加大社会各界的参与度。发展规划对社会各方面的发展都有着巨大的影响，规划内容涉及社会各界多方面的利益，因而应在各方利益代表共同协商探讨的基础上综合考虑。欧洲国家制定区域规划是在区域内各行政区域代表经过多次探讨的基础上，按照法律程序进行的，并保持高度的对外反馈性，根据外界意见与影响迅速做出调整。在区域规划的制定工作完成后，还需通过公众表决，对区域发展中的重点问题进行投票，之后再进行最终审核。有些国家的环境与发展部门甚至可以提出修改区域规划内容的要求，以减少对环境的破坏，同时合理运用区域内的自然资源。

（三）提高区域规划的地位

在我国现行的规划体系中，只有根据《中华人民共和国城乡规划法》和《城市规划编制办法》制定的城乡规划，以及依据《中华人民共和国土地管理法》制定的土地利用总体规划才属于法定规划范畴。其中，城乡规划的内容包括总体规划、分区规划、控制性详细规划和修建性详细规划，而区域规划、城市设计、城市群规划之类的规划都不属于城乡规划的范围，因而不具备法律效力。区域规划的作用体现在为城镇体系规划决策做出先决指导、为城市规划和专业工程规划提供宏观的技术依据等方面，而在现实中，对于区域或者城市群的实际发展没有太大的约束力，这使得规划中的发展目标与发展方式往往难以实现。因此，在城市群治理中应提高区域规划的地位。

国外也制定了大量相关法规，以协调重点开发区域的发展，如美国的《阿巴拉契亚区域开发法》、日本的《北海道开发法》、英国的《特别地区法》等。在这方面，我国可以借鉴国外的做法，为重点开发区域的协调发展工作立法，确保区域规划的权威性、强制性，并确保其能够顺利实施。除此之外，还应减少各级政府对区域规划的干涉，由城市群协调机构全权负责区域规划的实施，政府只在规划的制定阶段参与审批，并负责重点发展项目的决策，以减少各层级规划发展目标之间的矛盾与冲突。①

（四）发挥市场与政府的双重作用

尽管在市场经济的条件下，市场因素决定着城市的形态和结构，形成了世界级城市群发展过程中相似的空间重构过程，但基于城市群所在国家和地方政府的体制与机制模式、历史差异，也会促使不同国家的世界级城市群走向不同的模式。大体上来看，主要有两种基本模式：一是市场主导型世界级城市群的原发模式。从美国东北部城市群、英国中部城市群的形成过程中可以发现，交易成本的下降、对前后向的联系需求、对成本收益的考量催生了城市间的彼此联系和要素的相互流动，进而导致了资源要素在某一区域的集中。二是政府主导型世界级城市群的治理模式。从世界主要城市群的发展历程来看，其形成和发展都离不开政府的规划与引导作用。在美国东北部城市群的形成过程中，为推动区域的整合，纽约州曾于1897年进行立法，将曼哈顿、布朗克斯、国王郡（包括布鲁克林）、皇后郡和里士满郡合并成一个较大的城市，称为纽约城，并结合发展形势的需要组建了华盛顿—巴尔的摩大都市区、纽约—纽瓦克联合大都市区、费城—雷丁—卡姆登联合大都市区、波士顿—伍斯特—普罗维登斯联合大都市区等。英国政府曾发布《巴洛报告》《产业分配法》《1961—1981年东南部地区研究报告》等，以推动伦敦城区的制造业向周边地区，主要是伦敦周边地区的转移。日本、法国等政府也针对东京、巴黎的无限扩张和人口过度集聚而采取过一系列措施。近年来，围绕维持与提升全球竞争力，欧美国家开始制定与世界城市及城市群相关的区域规划。

在经济全球化的大背景下，在赶超欧美国家的进程中，政府主导型是后发国家普遍采取的模式。尽管市场和经济全球化的影响日益凸显，但经济结果不仅取决于各种市场力量，还需要政府政策的推动。政府既利用国家和地方的资源，在推进外向型经济过程中争取本国、本区域的利益，也可以通过内部的资源整合集中，促使某一区域具有先发优势和规模优势。从我国四十多年改革开放的经验来看，在以政府为主导、主要依靠市场运作的模式下，集群战略和特区战略是我国在区域开放进程中取得的宝贵经验。因此，在未来的世界级城市群建设中，中国需要采取政府与市场相结合的体制、机制模式。②

（五）以科技创新增强城市群核心竞争力

发达国家城市群内的核心城市是世界创新资源的集聚中心和创新活动的控制中

---

① 参见王鹏、张秀生《国外城市群的发展及其对我国的启示》，载《国外社会科学》2016年第4期，第115–122页。

② 参见河北省发展和改革委员会宏观经济研究所课题组、肖金成《京津冀世界级城市群发展研究》，载《经济研究参》2018年第15期，第25–44页。

心，是人类知识和技术的生产和推广的重要基地，引领着世界科技潮流。譬如，东京集中了日本约30%的高等院校和40%的大学生，拥有全国三分之一的研究和文化机构。纽约集聚了全美10%的博士学位获得者，10%的美国国家科学院院士，以及近40万名科学家和工程师。伦敦集中了英国三分之一的高等院校和科研机构。[①]

改革开放以来，我国技术创新水平不断提高，从以政府导向为主的技术创新逐渐向自主创新演变。在此过程中，我国的城市群自然也承担了大部分技术创新工作，特别是发展水平较高的长三角、珠三角和京津冀城市群。诚然，与发达国家城市群较高的科技创新发展水平相比，我国的科技创新在各方面还存在一定差距，不利于中国参与全球竞争与合作。与发达国家城市群的核心城市相比，我国城市群中重要城市的科技创新能力还相对较薄弱。因此，加强我国城市群科技创新能力，建设具有全球影响力的创新型城市群是重要举措。

一是应编制建设科技创新中心城市发展规划战略，将科技研发作为城市的主导产业，把着重培育创新引擎企业和世界一流大学等作为重大概念。二是建立科技创新成果产业转化中心，打通技术创新的产业应用中的"关键中间环节"，结合企业化和信息化共同推广数字制造技术和智能技术，推动产业转型升级。三是加强自主创新财政投入、知识产权保护等支撑体系的建设，建立以风险投资为主体的民间户主基金，促进中小型科技企业融资，推动科技型私营企业的发展。四是支持龙头企业和高新技术产业的发展，扶持技术型中小企业，构建以小企业为主、中小企业专业化分工、产业化协作的产业组织体系。五是加快速度引进人才，通过放宽签证期限、减免个人所得税等手段，优化人才发展环境，吸引顶尖人才。六是加强区域合作与国际合作，完善城市群区域创新布局，构建开放融合、布局合理、支撑有力的区域创新体系。七是促进城市群地方创新资源的集中和合理配置，上下联动凝聚创新合力。[②]

[①] 参见姚士谋、周春山、王德等《中国城市群新论》，科学出版社2017年版，第131页。
[②] 参见姚士谋、周春山、王德等《中国城市群新论》，科学出版社2017年版，第135页。

第八章 城市群治理的未来走向

通过对城市群治理一系列内容的梳理和学习，可以帮助我们全面思考新时代城市群的未来走向。未来的城市群要致力于实现治理的法治化、协同化、智慧化和国际化。

第一节 城市群治理的法治化

法治化理念是关于法治的理性认识，也是关于法治的思想观念、价值判断的总和。它是对法治的性质、功能、制度设计、组织机构、实践运作等的整体认识和把握。法治理念是对法律本质及其发展规律的一种宏观的、整体的理性认知、把握和建构，也是通过在法律实践中对法律精神的理解和对法律价值的解读而形成的一种理性的观念模式。法治化理念有助于消除行政壁垒、市场壁垒和制度障碍，形成具有权威性、稳定性和持续性的城市群法律体系，确保整体规划的贯彻与执行。[①]

我国宪法及相关行政法未明确规定城市群内各政府间合作的具体内容，区域合作中的国家、地方职责以及合作形式、组织机制、利益分配等问题都处于缺失状态。在城市群政府间合作中，多以协定、备忘录的形式进行，而相关协议、备忘录没有相关法律加以约束或者保护，导致城市群发展的协议缺乏约束力，致使其在促进政府间合作、约束政府行为等方面的作用有限，城市群政府间的合作流于形式。形成这种状况的原因主要是行政区划及等级制度的影响。我国地方政府按照行政区划来组织经济活动，行政区域内的资源受控于一方政府，带有强烈的地方政府行为色彩。在城市群内，同时存在着多个行政等级相同的地方利益主体，受各自利益的驱使，在城市群发展的全局性问题上往往难以达成共识，导致行政区经济严重制约着区域经济的发展。同时，不同级别的城市政府拥有的行政权力各不相同，致使城市群的发展亦受到行政等级制度的制约。[②] 城市群区域的治理离不开法律、行政法规、地

---

① 参见于迎《从经济优先型到整体性规划：中国城市群发展新型动力建构战略及其实现路径》，载《行政论坛》2017 年第 24 期，第 45－52 页。

② 参见丁国峰、毛豪乾《论我国城市群协调发展的法律保障机制——以滇中城市群为例》，载《学术探索》2016 年第 6 期，第 59－64 页。

方性法规、政府规章等制度体系。区域立法对于完善市场经济的资源配置，提高资源利用效率，缩减地区差异，保障区域稳定发展，有效维护区域交往主体的合法权益，促进区域社会顺利健康发展具有重要价值。① 法治保障对于促进城市群主体间的合作，完善协作网络，促进城市群协调发展，进而实现城市群一体化发挥着重要的指引作用。因此，城市群治理需要树立法治思维，健全城市群治理的法律规制，完善城市群法律制度的保障，以实现城市群治理法治化。

首先，推动城市群一体化发展的立法工作，制定城市群合作公约。为进一步提升城市群内政府合作的权威性，政府应该在有关的法律、法规中加入"促进城市群经济社会协调发展，调控城市群差距"及"明确省区际协议的法律效力"等条文，以明确这种协议对缔约各方的约束力。根据合作的具体领域成立专门的执行机构，全面贯彻落实相关协议，以切实提高政府的执行力。同时，要制定城市群内各成员共同遵守的城市群公约，以强化地方政府调控政策的规范化和法制化。此外，还要构建城市群政府合作政策，规范城市群政府的合理竞争，消除地方保护主义现象，建立调解企业在不同地区贸易与投资的争端解决机制，逐步形成统一的投诉、调解、仲裁机制等。

其次，修订《中华人民共和国城乡规划法》，增补城市群规划的内容。目前，我国的城乡规划有《中华人民共和国城乡规划法》做保障，土地利用总体规划有《中华人民共和国土地管理法》做保障。然而，城镇群规划的法律法规制度建设相对落后，城镇群规划的编制与实施至今仍然没有一部专门的国家法律给予保障，严重影响了城镇群规划的权威性，在空间规划体系中没有获得应有的主体地位与指导作用。目前仅有个别省份开始尝试以地方立法的形式，赋予城镇群规划一定的法律地位，如 2007 年 9 月 29 日，湖南省第十届人民代表大会常务委员会第二十九次会议通过的《湖南省长株潭城市群区域规划条例》。因此，应尽早对我国的城镇群规划进行立法，并与现行的《中华人民共和国城乡规划法》和《中华人民共和国土地管理法》等各种规划与法规相互衔接，形成比较完整的规划法规体系，从法律上明确不同空间规划体系的分工关系、编制与实施的行政主体，使城镇群规划真正成为一种新的"制度"，并且真正得到贯彻与实施。

再次，适时出台相应的《城市群规划编制办法》。为使城市群规划的编制规范化，提高城市群规划编制与审批的科学性，建议参照国家相关法律法规的有关内容，尽快出台《城市群规划编制办法》，并在办法中明确城市群规划编制的有关规定，包括城市群空间范围的界定标准、规划重点内容、资质管理制度与条件、禁止性规定、技术规范和要求、编制程序与公众参与、审批程序等。

最后，适时出台《城市群规划实施管理条例》。为有效调整和优化城市群地区

---

① 参见眭鸿明《区域治理的"良法"建构》，载《法律科学（西北政法大学学报）》2016 年第 34 期，第37－45 页。

的城镇布局和产业空间布局,促进产业和人口合理集聚,指导城镇总体规划、区域性专项规划、专业规划的制定和重大项目的选址布局,统筹协调区域内外、城镇之间、城乡之间、城市和各项区域设施之间的关系,加强生态环境和资源的保护与合理利用,建议国家相关部门适时出台《城市群规划实施管理条例》,明确城市群规划实施的有关规定,主要包括城市群规划的实施依据、实施范围、实施主体、行政审批程序、资格及其条件、技术规范和要求以及处罚规定等。①

第二节　城市群治理的协同化

一、城市群治理协同化的内涵

城市群的协同治理应该是城市群发展的题中之意。自20世纪八九十年代以来,协同治理理论已经成为西方发达国家公共行政改革的一个新的理论范式。在学界,人们普遍认为,协同治理理论的首次实践源于英国的"协同政府"(joined-up government)改革,它强调的是政府、私人部门与非政府组织间,不同层级或同一层级内部的不同职能部门在政策制定、政策执行、公共服务提供等多方面的合作与整合,同时强调以"公民需求"为导向,解决与人们生活息息相关的棘手问题。协同治理的内涵主要包括三个方面:①治理主体的多元性。协同治理突破了传统治理理论的"政府中心论",确立了"多中心治理"的理念,主要指政府与社会组织、公民之间通过分享公平治理的权力,以形成治理合力对公共事务进行治理。②治理主体的协作性。西方协同治理理论强调的"协作"是在平等基础上的合作,即协同治理中各主体的法律地位平等且相互依赖,通过加强信息交流与沟通,最终在区域公共事务上达成共识,各相关主体为了实现环境、资源协调发展而共同努力。③治理目的的明确性。协同治理的直接目的是最大限度地维护和增进社会公共利益,将解决特定的社会问题作为各参与主体一切活动的逻辑起点。在协同治理的过程中,各主体围绕特定的公共事务或公共服务目标,发挥各自的资源技术优势,从而达到"1+1>2"的治理功效。

随着城镇化进程的不断加快,区域协调发展的需求不断增强,城市群作为区域协调发展的主要载体在促进我国城镇化进程以及推动我国治理体系和治理能力现代化方面起到越来越重要的作用。2014年3月,中共中央、国务院出台了《国家新型城镇化规划》,主要就2014年到2020年我国新型城镇的发展方向做出了规划。文件指出:"要建立城市群协调机制,统筹制定实施城市群规划,明确城市群发展目标、

---

① 参见方创琳、张舰《中国城市群形成发育的政策保障机制与对策建议》,载《中国人口·资源与环境》2011年第21期,第107-113页。

空间结构和开发方向,明确各城市的功能定位和分工,统筹交通基础设施和信息网络布局,加快推进城市群一体化进程。"由此可见,城市群的一体化协同发展已经上升到国家战略层面。如何突破当前我国城市群碎片化的发展现状,实现区域内的人口、资源、产业经济和环境的综合协调发展,是我国城市群发展面临的一个重大问题。

目前,城市群在协同发展的过程中面临着诸多障碍,其中最大的障碍主要来自城市群区域内的行政条块分割与经济社会全面协同发展之间的矛盾。受属地管理模式的制约,我国城市群跨部门协同工作的难度较大,由此导致的社会资源配置不合理、竞合效应缺失等问题突出。城市群的协同治理过程既涉及权力的重新配置,又涉及利益的重新分配,受诸多因素的限制。当前,我国城市群的协同治理更多的是停留在口头上的"协商一致",但实际上仍然是"各自为政"。[①]

二、世界级城市群治理协同化的经验

综观世界城市群协同治理的历程,世界城市群协同发展具有一定的规律性,主要特点有以下四点。

第一,协调组织规模高效。基于政府治理和市场机制的相互作用,世界城市群均有高效的协调机构存在,协调模式主要有以下三种:一是以英格兰城市群、日本太平洋沿岸城市群为代表的中央政府特设机构主导协调模式;二是以欧洲西北部城市群的市(镇)联合体为代表的地方联合组织主导协调模式;三是以民间组织为主、政府为辅的联合协调模式,如美国东北部城市群和北美五大湖城市群。随着市场化趋势的加速,民间组织在区域协调中的地位和作用越来越突出。

第二,城镇布局紧凑、生态空间隔离。从各大城市群来看,一方面,核心区域高度集聚,如东京区人口密度为每平方千米1.4万人,美国东北部都市群核心区人口密度高达每平方千米2.8万人。另一方面,城市间重视生态隔离,如英国绿带占伦敦都会区面积的23%,政府对绿带进行了严格的空间管制,突出其农业、游憩功能,保持原有小城镇的乡野风光;荷兰兰斯塔德地区则采用"绿核"的形式,城市环绕在湿地、农地周边,避免了城市建成区的首尾相连,从而提供了都市的休闲郊游空间。

第三,交通联通便捷。城市群地区轨道交通成为重要的交通方式,如日本太平洋沿岸城市群自1964年即以新干线联通名古屋、大阪等城市;大伦敦地区轨道交通由11条地铁线、3条机场轨道快线、1条轻轨线路和26条城市铁路线组成,伦敦轨道交通日均客运量为470万人次左右,占步行以外交通方式日均客运总量的22.1%;法国高速铁路(TGV)是连接欧洲西北部大城市带的主要综合运输通道,

---

[①] 参见蒋敏娟《城市群协同治理的国际经验比较:以体制机制为视角》,载《国外社会科学》2017年第6期,第47-53页。

年均运送乘客数量始终保持在1亿人次。

第四，区域规划引领。城市群的形成受自然地理、社会经济发展的影响，但其布局优化则由持续更新的区域规划所引导，区域空间战略具有明确的法定地位。如2004年英国对规划体系进行了调整，法定规划以"区域空间战略"和地方政府的"发展规划框架"为主体，加强了区域层面的指导作用。另外，规划还对大城市带的空间组织具有强势调控作用。例如，欧洲西北部的巴黎—鲁昂城市群是法国政府为了限制巴黎大都市区的扩展，改变原来向心聚集发展的城市结构，沿塞纳河下游在更大范围内规划布局工业和人口而形成的带状城市群；而日本几轮国土规划的出发点都是为了改变太平洋沿岸大城市带东京独大的单核结构，形成以东京为政治中心、大阪为商业中心的"双中心"布局；英国的《东南区区域规划指引》则根据地区的经济发展水平和面临的问题，将英国东南部分为大伦敦地区、泰晤士门户区、经济复兴优先区域、西部政策区和潜在增长区域。

三、我国城市群治理协同化的路径

我国城市群治理的协同化在借鉴国外经验的同时，要从自身实际出发，通过创新协同发展的组织模式，完善城市群内空间、产业等要素的协同，探索协同治理的相关制度，完善城市群跨区域治理的协调规划等方式以实现城市群治理的协同化。

第一，创新城市群协同发展的组织模式。城市群协同发展的组织模式、协调机制和规划引导，是城市群未来实现协同与共赢发展的关键与基础。鉴于我国城市群组织模式大多属于政府主导型，欲实现城市群协同发展，则需建立多元化的区域协调机构。可在国家、省、市层面设置多层级协同机构以行使协调职能，明确不同层级协调机构的重点协调内容，推进城市群形成平等、互利、互动的治理结构和协调新机制。同时，搭建城市群内部各城市间平等对话的平台，形成多种利益集团、多元力量参与、政府组织与非政府组织相结合、体现社会各阶层意志的新公共管理模式，以推动多方主体不断沟通与协调，缓解原有行政区域的约束，主动联合，共促发展。

第二，探索城市群发展的利益和事权交易制度。要想真正有效地推动城市群走向协同共赢发展之路，就必须从根本上建立相对完善的利益评判与分配、补偿机制和事权交易制度，确保合作各方的综合收益大于合作成本。一方面，可以探索建立城市群内关于碳排放权、排污权等事权交易制度，以及生态保护补偿、土地异地调剂等利益补偿机制，从而实现城市之间的合作与制衡。另一方面，在中央和跨地方层面设立区域共同发展基金，由中央政府、成员地方政府（省级政府）、成员城市政府三方按比例共同出资，发挥基金对区域内基础设施、产业合作、生态治理、公共服务等项目的保障作用和引导调节作用，以有效促进区域集聚发展和均衡发展，实现跨行政区域利益的共享。

第三，以跨界协调规划作为城市群规划的新方式。跨界协调规划以协调项目、事项为重点，以解决有争议的空间问题为有限目标，通过明确具体的行动工程，促使跨界协调规划行之有效。在一定程度上，跨界协调规划是一种行动规划。在协调内容方面，重点关注交通、生态等内容。例如，依据城市群协同发展的态势，明晰需重点协调的跨界地区高速铁路、城际铁路、高速公路等交通项目，提出需要协商的市域轨道、城市道路等城市交通线位、标准和建设时序，协调港口、机场等交通设施的空间布局；明确生态廊道、生态保护片区等各重点功能地区的空间管控要求，推动生态空间协同保育，建立区域生态安全格局，共同制定生态补偿机制，共建专项资金，促进环境共同治理的区域共享，建立区域补偿和协商机制等。[①]

第三节 城市群治理的智慧化

一、城市群治理智慧化的内涵

随着智慧城市的快速发展，城市间的数据信息的互动日益密切，在原有城市群的基础上，越来越多的国家和公众对建设智慧城市群有了浓厚的兴趣。在我国，一些综合实力较强的区域已经具有了一定规模的智慧城市组群，城市间也表现出要求与外界进行更多信息交流、打破信息孤岛和行政壁垒以建立区域的智慧城市群的强烈愿望，如京津冀城市群、长三角城市群、珠三角城市群、北部湾经济区都确立了信息化和互联化的智慧城市群发展模式以促进区域间协同发展，通过扩大信息技术的运用加快城市转型、促进新型产业发展，在一定程度上实现了城市群治理的智慧化。

智慧城市群是城市群基于信息技术进一步在智慧城市的运用及社会创新环境的支持下发展的高级阶段。对于其定义可以认为，智慧城市群是智慧城市在发展中为了解决高层次的问题而寻求与区域内外其他城市的联系而形成的。在社会层面，其适应当前我国新型城镇化的需要；在科技层面，其为信息技术的进一步推广及应用平台和综合服务网络一体化开拓了更广阔的空间；在应用层面，通过技术手段实现了城际和区域间信息共享及资源的优化配置；在管理层面，智慧城市群对顶层设计及促进政府、公众、产学研等多主体共同参与提出了更高的要求。智慧城市群是信息技术在成熟的智慧城市中的进一步运用，通过加强城市的联系进而增强城市群的

[①] 参见陈小卉《协同与共赢：世界城市群之借鉴》，载《江苏城市规划》2017年第9期，第4—6+29页。

智慧化。①

城市群治理智慧化就是要实现智慧城市群的建设。智慧城市群基于物联网、云计算等新一代信息技术以及社交网络、综合集成法等工具和方法的应用，营造出有利于创新涌现的生态环境，实现全面透彻的感知、智能融合的应用，以及以用户创新、开放创新、大众创新、协同创新为特征的可持续创新。

推动智慧城市群建设是我国城市群发展的新方向，2014年3与6日发布的《国家新型城镇化规划（2014—2020年）》明确提出要推进智慧城市建设，统筹城市发展的物质资源、信息资源和智力资源利用，推动物联网、云计算、大数据等新一代信息技术创新应用，实现与城市经济社会发展的深度融合。强化信息网络、数据中心等信息基础设施建设。促进跨部门、跨行业、跨区域的政务信息共享和业务协同，强化信息资源社会化的开发利用，推广智慧化信息应用和新型信息服务，促进城市规划管理信息化、基础设施智能化、公共服务便捷化、产业发展现代化、社会治理精细化。智慧城市群是未来中国城市群发展的一个新的重要方向，是城市群发展到高级阶段的产物，它将直接影响着中国城市群发展的空间格局。②

二、国内外智慧城市群建设的实践

当前，国内外在城市群治理智慧化上取得了一定成果，在不同方面、不同程度均实现了城市群的智慧化治理。

（一）国外城市群治理的智慧化成果

1. 欧盟的城市群智慧化建设

欧盟的智慧城市群建设是在区域发展战略支持下开展的多样性行动。以成员国为个体，2005年欧盟提出I2010战略，各成员国通过政府、非政府组织、社区等多方力量的协作，开展提高全民信息素养的教育，以建设新网络、发展新通信技术、提供新服务等为主要目标，重点改善包括电网联通、智慧办公、物流制造业在内的六大领域的信息通信技术。同时，政府还鼓励对日常所涉及的跨政府部门、跨欧盟区域政府进行在线合作，以满足公众的需要。

2. 美国大都市群的智慧化建设

基于成熟的技术和雄厚的资金支持，美国率先在全球提出了国家信息基础设施计划，使得智慧城市项目不只局限在某个城市，还带动了整个国家的信息化和智慧化。在已形成的美国东北部大西洋沿岸城市群的基础上，纽约于2009年创建了业务分析解决方案中心，进而优化纽约与其他城市间的电子政府的合作流程；华盛顿也

---

① 参见张协奎、乔冠宇、徐筱越等《国内外智慧城市群研究与建设评述》，载《工业技术经济》2016年第35期，第56–62页。

② 参见方创琳《城市群发展能级的提升路径》，载《国家治理》2018年第48期，第3–10页。

作为智慧政府建设的优先试点地区；波士华城市群则逐渐形成了以政府智能化为核心的智慧城市群。

3. 日本城市间智慧能源合作

日本在2009年提出的"i-Japan战略2015"，重点在于推动国民本位的新电子政府和电子自治体的完善、远程数字化医疗、数字化教育与数字化人才培育。同年，日本在智慧城市群建设方面提出了一个关于家庭、社区和汽车的能源使用智能化城市协同建设试点计划，计划包括丰田、北九州、横滨、关西4个城市，通过信息交换与控制系统，协调电力、热能与运输方面的能源使用。[①] 4座城市具体项目的细节有所不同，通过4个城市间的协同规划和智慧化连接，达到网络综合控制系统的普及，降低碳排放量，并提高对可再生能源的使用。

4. 新加坡全国智慧化建设

新加坡早在2006年就启动了"智慧国2015"计划，在全国范围内致力于电子政府公共服务架构的建成，以提高政府工作效率。在基础设施的建设上，新加坡对全国的网络基础设施建设进行普查并制订相应的补充计划，以提高有线宽带的覆盖率，开发智能交通系统，为人们提供及时、准确的交通信息，提升了全国的智慧化水平。

（二）国内城市群治理智慧化的成果

目前，尽管国内关于智慧城市群的理论还未形成较为成熟的体系，但在城市群治理智慧化方面的实践却取得了一定成果。

1. 长江三角洲城市群信息网络提升战略

2021年，工业和信息化部公布的《长江三角洲地区通信发展"十二五"专项规划》指出，到"十二五"规划的末期，长三角地区将基本建成智慧城市群，初步实现"网络无处不在，信息普惠全民"的目标。按照规划要求，长三角地区充分利用自身的经济和科技实力，将智慧城市群建立在超高速、大容量、高智能干线传输网络基本形成的基础之上，以实现"网络无处不在，信息普惠全民"为目标，建设若干智能型现代化城市，率先建成"智慧城市"。

2. 苏南地区一体化发展模式

2015年，科技部印发的《苏南国家自主创新示范区发展规划纲要（2015—2020年）》明确提出要完善创新一体化布局，要以南京、苏州、无锡、常州、昆山、江阴、武进、镇江等8个国家级高新区和苏州工业园区为载体，打造产业技术创新核心区，建设世界一流的高科技园区、国家创新型科技园区和国家创新型特色园区。2020年，江苏省人民政府发布《苏南国家自主创新示范区一体化发展实施方案

---

① 参见徐振强《中外智慧城市联盟发展：对比·启示·建议》，载《建设科技》2015年第5期，第48—58页。

（2020—2022年）》，方案明确提出要打破"行政经济区"的束缚限制，构建以基础研究、原始创新为导向的城市群协同创新共同体，推动区域间共同设计创新议题、互联互通创新要素、联合组织重大项目，形成"创新一张网、产业一盘棋"的协同发展格局，加速建设以科技创新为支撑的现代化经济体系。预计到2022年，苏南自创区一体化发展取得突破，创新一体化发展体制、机制基本建立，并形成若干个世界级产业集群，建立实体化运作的一体化组织工作体系。

3. 鄱阳湖生态经济区产业的智慧化治理

鄱阳湖生态经济区智慧工程建设已经得到了初步的成果。江西省数字化园区、信息化服务综合平台已正式投入使用，实现全省94个园区的全部接入，包括四大智能体系和六大重点领域建设，辐射带动12个"智慧城市群"。具体规划体现在：努力推进环境、交通、绿色产业、社会治理四大智能化体系建设，在环保、物流、智能电网、创意园区、电子城管、智慧旅游等六大重点领域实施40项智能化应用，以感知化、物联化、智能化的方式，辐射带动江西省11个区市和共青城展示区共计12个"智慧城市群"。

4. 长三角城市群智慧产业发展

随着智慧城市进程的加快，长三角城市群智慧产业的发展特点逐渐凸显。作为我国智慧城市建设的排头兵，长三角城市群引领着城市及产业智慧化发展的风向。截至2015年4月，住建部和科技部公布的第三批国家智慧城市试点名单之中，长三角城市群的城市占比突出。2016年6月出台的《长江三角洲城市群发展规划》进一步明确了长三角城市群协调发展、产业升级、创新带动等要求。长三角城市群单位城市借助智慧城市建设的奇迹，不断探索城市产业转型升级、优先发展的路径。在长三角城市群内，上海作为城市群经济发展的先驱城市，以其较成熟的城市智慧化建设体系，尤其是近年来陆续建成的各类供给侧新经济产业中心，如上海科创中心等，对整个长三角城市群内城市经济、产业智慧化发展的转型升级提供了较多经验；城市群内的其他城市如合肥、南通等也都在着力打造与之配套的智慧产业联动、配套体制和机制。加之近年来民众对城市智慧产业发展的关注程度日渐加深，催生了智慧产业政策及智慧城市特色发展的新趋势。

5. 京津冀智慧城市群

京津冀城市群以发达、便捷的交通，雄厚的科教实力奠定了其在中国转型升级发展过程中重要的战略地位。然而，城市群区域因内部差距、人口集聚引发的"大城市病"、空气污染形势严峻。推动京津冀协同发展，建设以首都北京为核心的世界级智慧城市群，建设整体统一的智慧城市系统，必须以京津冀协同战略为指引，依据城市群内各城市的发展基础，从交通协同发展、生态环境保护、产业升级转移等方面来发展智慧产业。与此同时，京津冀城市群将协同发展智慧环保，使用信息化的手段联合减排，对空气污染等生态环境问题进行有效治理。京津冀城市群将建设成为以信息产业为主导的智慧城市群。

6. 珠江三角洲地区智慧城市群

珠三角地区作为我国改革开放的先行区,经过四十多年的发展,经济水平不断上升,是我国重要的增长极。随着区域内设施的完善以及各城市之间经济合作的加强,城市群呈现出区域一体化的趋势。以信息技术为核心的新一轮科技革命的兴起来建设智慧城市群,为城市群区域内产业的升级与发展提供了新的路径。珠三角城市群内各城市早在2014年就明确表示要实现信息一体化,建设智慧城市群,打造全国智慧应用先行示范区以不断推动城市群内各城市公共服务平台实现一体化对接,政府信息资源共享平台互通等。[1]

总的来说,城市群治理智慧化建设必将为人们的智能化生活提供更为便利的空间。当前,我国关于"智慧城市"建设的研究成果逐渐增多,但对于城市群的智慧化建设,还缺乏系统的研究。[2]

(三) 建设智慧城市群的路径

为了顺应第三次工业革命的到来、更好地实现城市群的智慧化建设,智慧城市群作为未来城市群发展的新形态,建议继续引进国内外最先进的智慧技术、信息技术、互联网技术、云计算技术、大数据技术、低碳技术等高科技技术,着重发展智慧农业、智慧制造业、智慧服务业等智慧产业,构建智慧型产业体系,将智慧城市与智慧产业有机融合,优化发展智慧生态空间、智慧生产空间和智慧生活空间,形成"三生"智慧空间优化组合的新模式,形成产业与城市融合程度高的示范区,以城促产、以产促城,避免出现智慧城市群建设的空心化和产业发展的空心化。

加快智慧城市群建设的进程需要依托网络通信技术、信息采集与物联网技术、云计算技术、"3S"技术、三维可视化与虚拟现实技术、安全维护技术等智慧产业发展的关键技术,大力发展智慧产业,包括智慧服务业、智慧制造业和智慧农业等多种行业,将其作为支撑未来中国城市群发展的核心支撑产业。一是大力发展城市群智慧服务业,包括智慧交通、智慧医疗、智慧政务、智慧金融、智慧教育、智慧旅游、智慧管理和智慧安防等,这是智慧城市群建设中最重要的产业支撑,涵盖智慧城市群建设的多种智慧服务。二是积极发展智慧制造业,包括智能产品制造、智能制造服务、智能制造装备、智能制造系统等。三是兼顾发展智慧农牧业,包括智慧种植业、智慧林业、智慧畜牧业和智慧渔业,这是集新兴的互联网、移动互联网、云计算和物联网技术于一体,依托部署在农业生产现场的各种传感节点和无线通信

---

[1] 参见毕治方、孙斌、王路路等《国内外智慧城市群研究与实践述评》,载《科技和产业》2018年第18期,第21-26+55页。

[2] 参见张协奎、乔冠宇、徐筱越等《国内外智慧城市群研究与建设评述》,载《工业技术经济》2016年第35期,第56-62页。

网络，以实现农业生产环境的智能感知、智能预警、智能决策、智能分析、专家在线指导，为农业生产提供精准化种植、可视化管理、智能化决策的新业态。四是实时发展智慧云（计算）产业，延伸智慧城市群建设中的智慧云计算产业链，建设智慧云计算产业园，发展以云计算数据中心、云计算平台为主的云计算产业，做好产业链中各核心环节的建设，加快与云计算有关的基础设施建设，建设智慧城市群云计算数据中心，搭建智慧城市群云计算平台。①

第四节 城市群治理的国际化

随着全球化时代的到来，国际竞争的主要单元已经从国家层面转移到城市群层面，是否拥有全球影响力的国际化城市群，是一个国家能否占据全球高端价值链、产业链的关键所在。我国正在进入改革开放的新时期，进入了以高质量发展代替高速发展的新常态，特别是面临全球化的一系列不确定因素，迫切需要建立自主可控的现代化经济体系，以及与此相对应的国际化城市群以应对新的挑战。因此，城市群治理的国际化是未来城市群发展的方向之一。② 要实现城市群国际化建设，必须充分发挥城市群重要经贸开放性区域的"窗口"作用，以区际合作、国际合作为平台，大力推进对内对外开放，全面加强与世界主要经济体的联系，积极主动参与国际分工，率先建立全方位、多层次、宽领域、高水平的开放型经济新格局，建设中国对外开放合作的高端发展门户区。③ 此外，还要把握和协调内在逻辑关系，从城市、产业和机制三方面切入，抓住关键点以实现突破。

一、提升开放型经济发展水平，打造国际合作的门户区

首先，创新城市群内对外贸易的发展方式。一方面，要优化进出口结构，积极推动外贸经营模式的转变，延伸产业链条，发展高端贸易。另一方面，要大力发展金融、软件、文化等服务贸易，建立服务外包基地。特别是在沿海城市群区域，须加强国际合作，提高国际城市的竞争力，打造国际合作的门户区。其次，提高利用外资水平。不断吸引世界500强企业和全球行业龙头企业投资，引导外资投向高新技术产业、现代服务业以及研发、营运中心等，推动能源、交通、环保、物流、旅游等领域的流动。同时，要吸引海外优秀人才，以吸收和借鉴国外先进的技术和管理经验。最后，加快实施"走出去"战略。鼓励有条件的企业在国外建立生产基地

---

① 参见方创琳《城市群发展能级的提升路径》，载《国家治理》2018年第48期，第3–10页。
② 参见陈建军《建设国际化大都市群 推进高质量发展》，载《中国社会科学报》2019年1月16日第4版。
③ 参见姚士谋、周春山等《中国城市群新论》，科学出版社2017年版。

营销中心、研发机构和经贸合作区，开展境外资源合作开发、国际劳务合作、国际工程承包。

二、优化对外开放政策与创建国际合作

对外开放政策直接影响到一个地区乃至全国的对外开放程度，优化现阶段的对外开放政策，构建规范化、国际化的营商环境，对于中国各大城市群的对外开放经济的发展来说有着积极的意义。合理利用国际惯例与规则，积极参与国际规则、标准的制定，主动建立与其相适应的体制机制；强化法治观念和商业信用意识，建立完善的法制、透明稳定的商业制度和规范的商业纠纷解决机制，培育熟悉国际规则的金融、法律、会计等方面的专业人才队伍；优化对外开放政策是中国对外开放经济不断发展的基石。

三、逐步建立中国国际性城市

国际性城市是世界政治、经济、金融、文化科技与信息交换的枢纽城市以及门户城市，社会经济等各种要素、产业和商务贸易等高速集聚的中心。因此，要有一套完整的支撑体系，以支持国际性城市的运行和可持续发展，且一般要求该支撑体系可以分为技术设施子系统、用地空间和生态环境的子系统，比如伦敦、纽约、东京、巴黎、香港、芝加哥、首尔、新加坡等一流城市。

随着我国对外开放与外国资本的进入，经过多年的城市建设，我国已有若干城市具有国际性城市的特征。近年来，我国多个大中城市提出要建成国际大都市，但多是自发地进行建设，缺乏宏观调控。我国应统一规划国际性城市的建设，将北京、上海、广州、香港等城市作为我国今后一段时期内建设国际性城市的重点区域。特别是北京，其作为我国的首都城市，聚集着大量的全球功能性机构，也完全有可能成为未来世界财富的聚集中心。从国际性城市建设条件分析，我国沿海若干个发育较快且具有雄厚经济实力的超大城市有一定的条件，但比较世界国际性城市仍有较大差别，需要有一个较长的建设过程。主要城市的主导功能要有明确分工，需要分期分批地规划建设，才能逐步实现。[1]

四、把握城市、产业、机制的内在逻辑，建设国际化城市群

我国是世界制造业第一大国，但并非制造业强国，原因之一就是我国的制造业大多还处在全球价值链的中低端。要改变这种格局，重点在于产业转型升级和打造高品质产业集聚空间以加快多产业协同的集聚步伐。因此，加快城市群治理的国际化速度对多产业协同发展具有重要意义。

---

[1] 参见姚士谋、周春山等《中国城市群新论》，科学出版社2017年版。

在全球竞争中，我国具有社会主义制度优势、人口和人力资本优势，以及地理空间优势。我国的人口分布主要集中在沿海和沿（长）江地区，在工业化和后工业化时代，这种人口空间集聚格局，实际上意味着我国具有建设国际化城市的先天地理空间优势。在京津冀、长三角、珠三角以及长江中游和成渝地区，均已形成了大中小城市和城镇密集分布的地理空间。利用这种地理空间优势，加快城市化和现代化建设的步伐，例如，加快交通基础设施建设，加快培育产业集群空间，加快城市群的体制、机制创新和区域一体化发展步伐，将有利于推动我国的地理空间优势转化为产业升级优势、区域治理优势以及国际化竞争优势。

一系列国家发展战略的出台表明，建设国际化城市群正在成为国策，京津冀协同发展、粤港澳大湾区战略、长江经济带发展和长三角区域一体化发展四大国家发展战略，涵盖了包括长江中游和成渝在内的五大国际化城市群的培育和发展。综上来看，建设国际化城市群的关键在于把握发展和协调的内在逻辑关系，从城市、产业和机制三方面切入，抓住关键点以实现突破。①从城市群发展的层面，要重视核心城市的带动作用，如北京、上海、杭州、南京、广州、深圳、香港、澳门、武汉、重庆、成都等特大城市、大城市对城市群的带动作用。②注重城市内产业集聚平台的打造，形成城市群内外卓有成效的产业分工和连接平台。产业体系完备、产业链纵横交织、产业专业化分工细密是城市群得以成为推动经济高质量发展的主要平台的关键因素，其基础条件是集聚、连接、联动和共享。集聚形成连接，连接引致分工，分工推动联动，而连接、联动的基本动力则来自共享。在国家化城市群产业发展平台的构建过程中，需要突破发展理念的更新，强调城市和区域间的抱团发展和合作共赢。③构建有效和有序的一体化发展与竞争机制。大都市群的一体化发展和有序竞争格局的形成是对立统一的，区域合作和市场化竞争是城市群发展的议题，无论是经济高质量发展还是统一市场的构建，都必须建立在形成有序竞争机制的基础上。同时，一体化发展也会带来更大的空间范围和更高层面的竞争。①

---

① 参见陈建军《建设国际化大都市群 推进高质量发展》，载《中国社会科学报》2019年1月16日第4版。

参考文献

[1] 保建云. 中国经济转型期的区域市场治理机制及其演变[J]. 学术研究, 2004 (4): 72-76.

[2] 毕治方, 孙斌, 王路路, 等. 国内外智慧城市群研究与实践述评[J]. 科技和产业, 2018, 18 (5): 21-26+55.

[3] 蔡赤萌. 粤港澳大湾区城市群建设的战略意义和现实挑战[J]. 广东社会科学, 2017 (4): 5-14+254.

[4] 蔡岚. 解决区域合作困境的制度集体行动框架研究[J]. 求索, 2015 (8): 65-69.

[5] 蔡中为. 中国建设城市群的意义及推进城市群协调发展的路径[J]. 北方经济, 2018 (Z1): 102-104.

[6] 常爽. 国内跨域治理中政府间合作的策略选择[D]. 济南: 山东大学, 2017.

[7] 陈福时. 长江中游城市群产业趋同性测度分析及协同发展研究[J]. 产业与科技论坛, 2018, 17 (17): 12-14.

[8] 陈建军, 陈菁菁, 陈怀锦. 我国大都市群产业—城市协同治理研究[J]. 浙江大学学报(人文社会科学版), 2018, 48 (5): 166-176.

[9] 陈建军. 建设国际化大都市群 推进高质量发展[N]. 中国社会科学报, 2019-01-16 (4).

[10] 陈小卉. 协同与共赢: 世界城市群之借鉴[J]. 江苏城市规划, 2017 (9): 4-6+29.

[11] 陈奕杉. 京津冀协同发展与城市群基础设施建设的研究[C]. 廊坊市应用经济学会, 2018: 140-145.

[12] 陈玉光. 城市群形成的条件、特点和动力机制[J]. 城市问题, 2009 (1): 18-22+34.

[13] 陈玉光. 从城市群形成的条件看我国城市群发展[J]. 江淮论坛, 2009 (5): 22-27.

[14] 陈玉兰, 张灵. 长三角城市智慧产业发展比较研究[J]. 南通大学学报(社会科学版), 2017, 33 (6): 6-11.

[15] 崔大树. 经济全球化进程中城市群发展的制度创新[J]. 财经问题研究, 2003

(5)：68-72.

[16] 崔晶．以整体性治理推进区域协调发展机制的创新［J］．国家治理，2018 (47)：17-23.

[17] 崔俊富，陈金伟，苗建军．城市群利益冲突初探［J］．华北电力大学学报 (社会科学版)，2016 (1)：48-53.

[18] 戴宏伟，回莹．京津冀雾霾污染与产业结构、城镇化水平的空间效应研究 ［J］．经济理论与经济管理，2019 (5)：4-19.

[19] 单菁菁．粤港澳大湾区：中国经济新引擎［J］．环境经济，2017 (7)：44-47.

[20] 邓汉华．伦敦都市圈发展战略对建设武汉城市圈的启示［J］．学理论，2011 (10)：135-136.

[21] 刁一平，王晶娜．我国区域政策冲突的原因及解决方法探析［J］．法制与经济，2016 (4)：172-174.

[22] 丁国峰，毛豪乾．论我国城市群协调发展的法律保障机制：以滇中城市群为例［J］．学术探索，2016 (6)：59-64.

[23] 董树军．城市群府际博弈的整体性治理研究［D］．长沙：湖南大学，2016.

[24] 樊霞飞．长三角一体化发展的战略意义、现实困境与路径选择［J］．长春金融高等专科学校学报，2020 (1)：74-81.

[25] 范柏乃．政府绩效评估与管理［M］．上海：复旦大学出版社，2007.

[26] 范恒山，肖金成，方创琳，等．城市群发展：新特点新思路新方向［J］．区域经济评论，2017 (5)：1-25.

[27] 方创琳，高倩，张小雷，等．城市群扩展的时空演化特征及对生态环境的影响：以天山北坡城市群为例［J］．中国科学：地球科学，2019，49 (9)：1413-1424.

[28] 方创琳，毛其智，倪鹏飞．中国城市群科学选择与分级发展的争鸣及探索［J］．地理学报，2015，70 (4)：515-527.

[29] 方创琳，姚士谋，刘盛和．2010 中国城市群发展报告［M］．北京：科学出版社，2011.

[30] 方创琳，张舰．中国城市群形成发育的政策保障机制与对策建议［J］．中国人口·资源与环境，2011，21 (10)：107-113.

[31] 方创琳．城市群发展能级的提升路径［J］．国家治理，2018 (48)：3-10.

[32] 冯丹娃，刘琳．生态治理区域合作策略［J］．学术交流，2016 (10)：127-130.

[33] 傅志寰，陆化普．城市群交通一体化理论研究与案例分析［M］．北京：人民交通出版社，2016.

[34] 盖美，连冬，耿雅冬．辽宁省经济与生态环境系统耦合发展分析［J］．地域研究与开发，2013，32 (5)：88-94.

[35] 高国力，李天健，孙文迁．我国城市群的基本特征、主要问题及对策思路

(下) [J]. 中国发展观察, 2018 (2): 34-36+41.

[36] 耿云. 新区域主义视角下的京津冀都市圈治理结构研究 [J]. 城市发展研究, 2015, 22 (8): 15-20.

[37] 郭景涛. 城市群重大公共安全事件应急指挥协同研究 [D]. 武汉: 华中科技大学, 2016.

[38] 郭苏. 中原城市群建设视角下的文化认同感研究 [J]. 科协论坛 (下半月), 2012 (5): 189-190.

[39] 韩锋. 360度绩效考核在政府绩效管理中的应用性探析 [J]. 经济与管理, 2011, 25 (9): 93-96.

[40] 何叶. 公共部门人力资源绩效评估的基本程序 [J]. 商业研究, 2007 (5): 89-94.

[41] 河北省发展和改革委员会宏观经济研究所课题组, 肖金成. 京津冀世界级城市群发展研究 [J]. 经济研究参考, 2018 (15): 25-44.

[42] 胡悦, 金明倩, 刘群芳, 等. 京津冀城市群生态文明建设研究: 有鉴于世界著名城市群 [J]. 资源开发与市场, 2017, 33 (12): 1478-1482.

[43] 黄彬, 王馨. 主导产业选择及对区域经济发展影响的实证考察 [J]. 商业经济研究, 2017 (16): 144-146.

[44] 黄丽. 国外大都市区治理模式 [M]. 南京: 东南大学出版社, 2003.

[45] 黄亚兰. 城市群府际环境合作治理困境的原因分析 [J]. 理论界, 2019 (7): 53-58.

[46] 黄征学. 城市群的概念及特征分析 [J]. 区域经济评论, 2014 (4): 141-146.

[47] 姜策. 国内外主要城市群交通一体化发展的比较与借鉴 [J]. 经济研究参考, 2016 (52): 78-82+90.

[48] 姜流, 杨龙. 制度性集体行动理论研究 [J]. 内蒙古大学学报 (哲学社会科学版), 2018, 50 (4): 96-104.

[49] 蒋敏娟. 城市群协同治理的国际经验比较: 以体制机制为视角 [J]. 国外社会科学, 2017 (6): 47-53.

[50] 蒋宗彩. 城市群公共危机管理应急决策理论与应对机制研究 [D]. 上海: 上海大学, 2014.

[51] 金世斌. 国外城市群一体化发展的实践成效与经验启示 [J]. 上海城市管理, 2017, 26 (2): 38-43.

[52] 荆立新. 区域产业一体化发展的现实需求分析 [J]. 学习与探索, 2013 (12): 122-124.

[53] 寇大伟. 我国区域协调机制的四种类型: 基于府际关系视角的分析 [J]. 技

经济与管理研究，2015（4）：99-103.

[54] 寇丹．整体性治理：政府治理的新趋向［J］．东北大学学报（社会科学版），2012，14（3）：230-233.

[55] 赖先进．论城市公共危机协同治理能力的构建与优化［J］．中共浙江省委党校学报，2015，31（1）：60-66.

[56] 雷晶晶．城市社区治理绩效评价研究［D］．长沙：湘潭大学，2015.

[57] 黎鹏，吴磊，杨宏昌．城镇体系视角下北部湾城镇群空间结构演化研究［J］．广西财经学院学报，2016，29（2）：7-15.

[58] 李娣．我国城市群治理创新研究［J］．城市发展研究，2017，24（7）：103-108+124.

[59] 李红艳．中原城市群与生态文明建设协调发展研究［J］．广州广播电视大学学报，2017，17（4）：100-103+112.

[60] 李凌．伦敦都市圈对建设中原城市群的启示［J］．财政科学，2016（9）：124-129.

[61] 李民梁．北部湾城市群：国内外典型城市群协同发展经验及借鉴［J］．中共南宁市委党校学报，2019，21（6）：28-33.

[62] 李旻．扬子江城市群信息化协同发展研究［J］．城市建设理论研究（电子版），2017（35）：18-22.

[63] 李妮．经济全球化背景下城市群协调发展研究［J］．营销界，2019（38）：123-124.

[64] 李秋香，李麦产．城市群建设进程中的地域文化整合［J］．同济大学学报（社会科学版），2008（2）：26-31.

[65] 李天勇．基于平衡计分卡的政府绩效评估研究［J］．山东社会科学，2019（9）：166-170.

[66] 李文彬，陈浩．产城融合内涵解析与规划建议［J］．城市规划学刊，2012（S1）：99-103.

[67] 李孝永，匡文慧．京津冀1980—2015年城市土地利用变化时空轨迹及未来情景［J］，经济地理，2019（3）：13.

[68] 李艳荣，张长念．区域协同发展战略下京津冀体育产业一体化发展研究[J]．广州体育学院学报，2019，39（1）：40-44.

[69] 李桢．区域产业结构趋同的制度性诱因与策略选择［J］．经济学动态，2012（11）：63-68.

[70] 梁经伟，毛艳华，江鸿泽．影响粤港澳大湾区城市群经济发展的因素研究［J］．经济问题探索，2018（5）：90-99.

[71] 梁亚文，董大朋，侯美玉，等．基于产业视角的哈长城市群协同发展问题研

究［J］．科技经济导刊，2017（9）：115．

［72］刘德平．大珠江三角洲城市群协调发展研究［D］．武汉：华中农业大学，2006．

［73］刘东林．半岛城市群总体规划对山东区域经济的影响分析［J］．理论学刊，2005（12）：54-55．

［74］刘静玉，王发曾．我国城市群经济整合的理论与实践［J］．城市发展研究，2005（4）：15-19+10．

［75］刘生，邓春玲．复合行政：我国中部区域管理之模式［J］．中国行政管理，2008（1）：85-87．

［76］刘士林．改革开放以来中国城市群的发展历程与未来愿景［J］．甘肃社会科学，2018（5）：1-9．

［77］刘晓丽．中原城市群空间整合研究［D］．开封：河南大学，2006．

［78］刘昕．360度反馈的管理能力开发功能及其实践启示［J］．江海学刊，2009（4）：94-99+238．

［79］刘玉亭，王勇，吴丽娟．城市群概念、形成机制及其未来研究方向评述［J］．人文地理，2013，28（1）：62-68．

［80］刘云甫，朱最新．论区域府际合作治理与区域行政法［J］．南京社会科学，2016（8）：82-87．

［81］鲁烨．城市群发展中的风险防控："扬子江城市群"公共安全治理机制构建［J］．扬州大学学报（人文社会科学版），2017，21（6）：45-50．

［82］陆小成．京津冀污染防治与低碳发展［J］．前线，2019（1）：62-64．

［83］路洪卫．长江中游城市群区域协调发展机制探析［J］．湖北经济学院学报，2014，12（4）：59-65．

［84］罗湖平，龙兴海，朱有志．基于复合行政理论的"3+5"城市群合作模式研究［J］．经济地理，2011，31（6）：947-953．

［85］罗世俊，叶舒娟，王秉建．泛长江三角洲城市群空间整合发展研究［J］．经济问题探索，2008（12）：43-47．

［86］毛艳华．粤港澳大湾区协调发展的体制机制创新研究［J］．南方经济，2018（12）：129-139．

［87］孟祥林．城市群内中心地的功能互补与等级有序的差异化发展：兼论京津冀多层次多中心城市体系的建构［J］．上海城市管理，2019，28（5）：21-30．

［88］米鹏举．国内城市群治理研究综述：文献述评与未来展望［J］．理论与现代化，2018（2）：90-98．

［89］莫文志，何宝峰．粤港澳大湾区协同发展思考：基于陆路交通一体化视角［J］．特区经济，2019（12）：34-37．

[90] 母睿，贾俊婷，李鹏．城市群环境合作效果的影响因素研究：基于13个案例的模糊集定性比较分析［J］．中国人口·资源与环境，2019，29（8）：12-19．

[91] 欧阳慧．谨防当前我国城市群、都市圈发展误区［J］．北方经济，2007（3）：22-23．

[92] 潘芳，田爽．美国东北部大西洋沿岸城市群发展的经验与启示［J］．前线，2018（2）：74-76．

[93] 彭姝．城市治理现代化演进中的市场机制作用分析［J］．特区实践与理论，2019（5）：124-128．

[94] 祁敖雪，杨庆媛，毕国华，等．我国三大城市群生态环境与社会经济协调发展比较研究［J］．西南师范大学学报（自然科学版），2018，43（12）：75-84．

[95] 秦荣环，刘惠欣，曹健，等．京津冀城市群信息资源协同共建对策［J］．河北联合大学学报（社会科学版），2015，15（2）：22-24．

[96] 任海林，代小瑞，魏琳，等．城市群综合交通一体化发展模式研究［J］．公路与汽运，2012（2）：36-41．

[97] 阮晓波．紧抓粤港澳大湾区建设机遇　推进广州第二机场建设［J］．广东经济，2019（6）：28-35．

[98] 石涛，鞠晓伟．要素禀赋、市场分割对区域产业结构趋同的影响研究［J］．工业技术经济，2008（5）：124-127．

[99] 睢鸿明．区域治理的"良法"建构［J］．法律科学（西北政法大学学报），2016，34（5）：37-45．

[100] 孙根紧，陈健生．中国区域产业结构趋同的研究综述［J］．工业技术经济，2012，31（5）：96-103．

[101] 孙轩．城市群产业协调发展的多指数评价与分析［J］．城市与环境研究，2016（3）：99-110．

[102] 锁利铭，廖臻．京津冀协同发展中的府际联席会机制研究［J］．行政论坛，2019，26（3）：62-71．

[103] 覃成林，潘丹丹．粤港澳大湾区产业结构趋同及合意性分析［J］．经济与管理评论，2018，34（3）：15-25．

[104] 田星亮．网络化治理：从理论基础到实践价值［J］．兰州学刊，2012（8）：160-163．

[105] 汪丽．我国城市群发展现状、问题和对策研究［J］．宏观经济管理，2005（6）：40-42．

[106] 汪阳红，贾若祥．城市群走协同共赢之路［M］．北京：人民出版社，2017．

[107] 汪阳红，贾若祥．我国城市群发展思路研究：基于三大关系视角［J］．经济学动态，2014（2）：74-83．

[108] 汪阳红. 城市群治理与模式选择 [J]. 中国城市经济, 2009 (2): 50-55.

[109] 王安平. 产业一体化的内涵与途径: 以南昌九江地区工业一体化为实证 [J]. 经济地理, 2014, 34 (9): 93-98.

[110] 王发曾, 程丽丽. 山东半岛、中原、关中城市群地区的城镇化状态与动力机制 [J]. 经济地理, 2010, 30 (6): 918-925.

[111] 王佼. 世界典型城市群内部协调发展机制研究及对京津冀协同发展机制建设的启示 [D]. 对外经济贸易大学, 2016.

[112] 王婧, 刘奔腾, 李裕瑞. 京津冀人口时空变化特征及其影响因素 [J]. 地理研究, 2018, 37 (9): 1802-1817.

[113] 王梅. 我国城市群的环境合作机制 [J]. 环境教育, 2012 (12): 70-72.

[114] 王明, 刘月颖. 长株潭城市群产业协调发展的问题与对策研究 [J]. 特区经济, 2018 (1): 30-33.

[115] 王鹏, 张秀生. 国外城市群的发展及其对我国的启示 [J]. 国外社会科学, 2016 (4): 115-122.

[116] 王伟, 张常明, 陈璐. 我国20个重点城市群经济发展与环境污染联动关系研究 [J]. 城市发展研究, 2016, 23 (7): 70-81.

[117] 王伟. 基于社会效益最大化的城市治理绩效研究 [D]. 天津: 天津大学, 2009.

[118] 王玉海, 宋逸群. 共享与共治: 中国城市群协同治理体系建构 [J]. 开发研究, 2017 (6): 1-6.

[119] 王玉婧, 顾京津. 东京都市圈的发展对我国环渤海首都区建设的启示 [J]. 城市, 2010 (2): 35-39.

[120] 王玉明. 城市群区域环境治理模式的转换 [J]. 成都行政学院学报, 2019 (3): 4-10.

[121] 王中和. 以交通一体化推进京津冀协同发展 [J]. 宏观经济管理, 2015 (7): 44-47.

[122] 蔚超. 政府部门引入360度绩效评估反馈系统的路径思考 [J]. 云南行政学院学报, 2009, 11 (4): 22-24.

[123] 魏彩杰, 薛富兴. 差异与认同: 长株潭城市群的文化发展探讨 [J]. 大众文艺, 2012 (8): 282-283.

[124] 文石金. "复合行政"视角下长株潭城市群政府管理创新研究 [D]. 长沙: 湖南大学, 2008.

[125] 文余源, 段娟. 区域规划研究进展与我国区域规划重大问题探讨 [J]. 北京行政学院学报, 2019 (4): 88-96.

[126] 武文霞. 粤港澳大湾区城市群协同发展路径探讨 [J]. 江淮论坛, 2019

（4）：29-34.

［127］席恺媛，朱虹．长三角区域生态一体化的实践探索与困境摆脱［J］．改革，2019（3）：87-96.

［128］邢琰，成子怡．伦敦都市圈规划管理经验［J］．前线，2018（3）：76-78.

［129］熊娜，郑军，汪发元．长三角区域交通高质量一体化发展水平评估［J］．改革，2019（7）：141-149.

［130］熊远帆．发力产业升级［N］．湖南日报，2015-06-30（15）．

［131］徐建中，荆立新．区域产业一体化发展的支撑保障体系构建［J］．理论探讨，2014（4）：103-105.

［132］徐康宁，赵波，王绮．长三角城市群：形成、竞争与合作［J］．南京社会科学，2005（5）：1-9.

［133］徐肇忠．城市环境规划［M］．武汉：武汉大学出版社，1999：60.

［134］薛东前，姚士谋，张红．城市群形成演化的背景条件分析：以关中城市群为例［J］．地域研究与开发，2000（4）：50-53.

［135］薛宏伟，殷建国，杜永吉．战略谋划扬子江城市群公共安全治理［J］．群众，2017（22）：42-43.

［136］薛艳杰，王振．长三角城市群协同发展研究［J］．社会科学，2016（5）：50-58.

［137］闫国庆，孙琪编．高新区公共治理绩效评价［M］．杭州：浙江大学出版社，2011.

［138］杨海华，郝宏桂．新时代下扬子江城市群区域一体化发展：瓶颈及消解［J］．中国名城，2018（3）：27-33.

［139］杨兰桥．提高中原城市群协调发展能力研究［J］．黄河科技学院学报，2019，21（4）：73-77.

［140］杨迅周，杨延哲，刘爱荣．中原城市群空间整合战略探讨［J］．地域研究与开发，2004（5）：33-37.

［141］姚鹏．京津冀区域发展历程、成效及协同路径［J］．社会科学辑刊，2019（2）：127-138.

［142］姚士谋，陈振光，王书国．城市群发育机制及其创新空间［J］．科学，2007（2）：23-27.

［143］姚士谋，周春山，等．中国城市群新论［M］．北京：科学出版社，2017.

［144］叶林，宋星洲．粤港澳大湾区区域协同创新系统：基于规划纲要的视角［J］．行政论坛，2019，26（3）：87-94.

［145］叶玉瑶，王景诗，吴康敏，等．粤港澳大湾区建设国际科技创新中心的战略思考［J］．热带地理，2020，40（1）：27-39.

[146] 叶玉瑶，张虹鸥，罗晓云，等．中外城镇群体空间研究进展与评述［J］．城市规划，2005（4）：83-88．

[147] 易承志．从分散到集中：伦敦大都市政府治理机制的变迁［J］．社会主义研究，2015（1）：125-131．

[148] 于刚强，蔡立辉．中国都市群网络化治理模式研究［J］．中国行政管理，2011（6）：93-98．

[149] 于丽英，蒋宗彩．城市群公共危机协同治理机制研究［J］．系统科学学报，2014，22（4）：53-56．

[150] 于迎．从经济优先型到整体性规划：中国城市群发展新型动力建构战略及其实现路径［J］．行政论坛，2017，24（5）：45-52．

[151] 余世红．平衡计分卡下政府部门绩效评价体系优化研究［D］．厦门：厦门大学，2017．

[152] 张定安．平衡计分卡与公共部门绩效管理［J］．中国行政管理，2004（6）：69-74．

[153] 张福磊，曹现强．中国城市群的空间特性与治理体系［J］．学习与实践，2018（12）：5-15．

[154] 张国强．粤港澳大湾区港口群优化协调发展研究［J］．综合运输，2019，41（1）：1-6．

[155] 张继德，许小崇．平衡计分卡在我国应用的现状、问题和对策［J］．会计之友，2014（27）：123-126．

[156] 张建伟，陈颖佳．演化理论视角下长三角城市群整合研究［J］．城市，2010（2）：30-34．

[157] 张京祥，罗小龙，殷洁．长江三角洲多中心城市区域与多层次管治［J］．国际城市规划，2008（1）：65-69．

[158] 张京祥．城市与区域管治及其在中国的研究和应用［J］．城市问题，2000（6）：40-44．

[159] 张军扩．东京都市圈的发展模式、治理经验及启示［N］．中国经济时报，2016-08-19（05）．

[160] 张梦茜．标杆管理：推进地方政府绩效评估改进的有效途径［J］．科技管理研究，2009，29（4）：35-37．

[161] 张日新，谷卓桐．粤港澳大湾区的来龙去脉与下一步［J］．改革，2017（5）：64-73．

[162] 张晓磊．标杆管理：政府绩效评估发展的新趋势［J］．中州学刊，2006（5）：46-48．

[163] 张协奎，乔冠宇，徐筱越，等．国内外智慧城市群研究与建设评述［J］．工业

技术经济, 2016, 35 (8): 56-62.

[164] 张学良, 林永然, 孟美侠. 长三角区域一体化发展机制演进: 经验总结与发展趋向 [J]. 安徽大学学报 (哲学社会科学版), 2019, 43 (1): 138-147.

[165] 赵婷. 我国城市群的空间结构及其分形特征研究 [D]. 石家庄: 河北师范大学, 2008.

[166] 赵维良, 王呈慧. 中国城市群多中心性研究 [J]. 大连海事大学学报 (社会科学版), 2014, 13 (2): 5-9.

[167] 钟炎君. 改革开放40年国家对城市群发展战略的认识与推动 [J]. 武汉轻工大学学报, 2018, 37 (5): 65-70.

[168] 周靖. 略论城市群经济发展的路径选择 [J]. 内蒙古财经大学学报, 2017, 15 (1): 64-66.

[169] 周丽旋, 易灵, 罗赵慧, 等. 粤港澳大湾区生态环境一体化协同管理模式研究 [J]. 环境保护, 2019, 47 (23): 15-20.

[170] 周敏. 城市群发展对环境影响及对策研究 [D]. 西安: 长安大学, 2011.

[171] 朱鹏华, 刘学侠. 新型城镇化: 基础、问题与路径 [J]. 中共中央党校学报, 2017, 21 (1): 114-122.